Über den Autor:
Peter Rammes, 1979 in Wülfrath geboren, ist Garten- und Landschafts-
bauer. 2009 begann der studierte Philosoph seine Tätigkeit als Baumpfleger. Der geprüfte European Treeworker und Baumkletterer bildet
selbst im Baumklettern und an der Motorsäge aus und nimmt mindestens jährlich an lokalen, nationalen und europäischen Baumkletter-
meisterschaften teil. Er engagiert sich ehrenamtlich bei der ISA Ger-
many (International Society of Arboriculture).

PETER RAMMES

und Moritz Buchmüller
mit Leo G. Linder

DIE BAUMHIRTEN

ZWEI MÄNNER,
EINE SÄGE UND DER WALD

DROEMER

Besuchen Sie uns im Internet:
www.droemer.de

Originalausgabe 2020
© 2020 Droemer Verlag
Ein Imprint der Verlagsgruppe
Droemer Knaur GmbH & Co. KG, München
Covergestaltung: total italic, Thierry Wijnberg
Coverabbildung: Fabian Stürtz
Satz: Adobe InDesign im Verlag
Druck und Bindung: CPI books GmbH, Leck
ISBN 978-3-426-30218-7

2 4 5 3 1

*Ich widme dieses Buch allen »Baumlobbyisten«,
aber ganz besonders allen Frauen,
die sich in der männerdominierten Welt
der Baumpflege durchsetzen!*

INHALT

UND DAS SOLL EIN BERUF SEIN?

Ich hänge in der Luft. Über mir nur Himmel und Geäst. Wenn ich den Blick nach unten richte, wandert er tief, bis er den Boden berührt. Selbst die nächste Umgebung wirkt klein und fern, noch kleiner, noch ferner als sonst. Nichts verstellt den Blick über das Tal der Wupper, die bewaldeten Hänge und die Stadt, die sich an ihren Ufern durchs Tal windet.

Die Eichhörnchenperspektive.

Menschen gehören hier oben eigentlich nicht hin. Unsere Füße sind dafür geschaffen, festen Untergrund zu berühren, damit bewegt man sich vorzüglich am Boden fort und sollte dort auch bleiben – da hat ein Fehltritt keine allzu bösen Folgen, da fällt man nicht besonders tief. Ich hingegen … Nicht einmal meine Hände kann ich zum Festklammern benutzen, sie halten die Säge. Mein Leben habe ich einem Seil anvertraut, meine Füße tasten nach einem Halt, und jetzt fräst sich die Motorsäge mit heiserem Gebell in den Eschenstämmling vor mir.

Späne spritzen. Aus der Kerbe auf der abgewandten Seite der Esche löst sich eine keilförmige Halbscheibe und fällt in die Tiefe. Jetzt noch ein Schnitt auf meiner Seite, etwas höher angesetzt, dann ein leichter Stoß mit der Hand, der Stämmling neigt sich, kippt, reißt, und ein komplettes Kronenteil segelt davon, schaukelt in der Luft, pendelt, von einem eigenen Seil gehalten, und schwebt dann abwärts, langsam, wie in Zeitlupe, wie im Traum.

Ich hänge die Säge zurück an den Gurt. Den Rest besorgen für den Moment die Jungs am Boden, der Mann am Poller, der Mann an der Winde. Meter für Meter lassen sie das Kronenteil ab, 30 Meter tief, und was da im Seil hängt, das wiegt ordentlich, das will mit Gefühl behandelt werden. Es muss eine Punktlandung werden, denn das Grundstück zwischen der Hauswand gegenüber und dem Steilhang auf meiner Seite ist klein, von mir aus gesehen nicht größer als ein Topflappen. Was die beiden leisten, ist Präzisionsarbeit.

Wie alles an diesem Tag. Denn wir haben gezaubert, haben die Nachbarbäume einbezogen, um ein kunstvolles System aus Seilen und Rollen zu installieren, das uns erlaubt, auf engstem Raum mit größter Behutsamkeit zu operieren. Jeder Handgriff, jedes Manöver muss zwischen mir und denen da unten abgestimmt werden, eine heikle Koordination über eine beträchtliche Entfernung hinweg, aber es funktioniert, wir sind aufeinander eingespielt, sind ein Team.

Ich arbeite mich in Etappen am Stamm nach unten. Weitere Schnitte, ein weiterer Stoß, und ein astloser Stämmling, vier Meter lang, etliche Zentner schwer, fällt ins Seil, kommt zur Ruhe und gleitet, von den Männern am Boden gesteuert, sachte abwärts, ohne in Fensterscheiben zu krachen, ohne den Hang zu verwüsten, ohne jemanden zu verletzen. Mein Daumen zeigt nach oben: Das wäre geschafft. Alle vier Eschen auf der Kante des Steilhangs sollen weg, drei Tage wird es wohl dauern, aber jetzt ist über mir nur noch Himmel zu sehen, keinerlei Geäst mehr, jetzt fehlen nur noch fünf Meter Stamm – und die erste Esche ist gefällt. Mein Bart ist mit Sägespänen gesprenkelt, mein Grinsen breit. Unser Wunderwerk von Ablasssystem hat sich bewährt, die Arbeit hat Spaß gemacht, morgen geht's weiter.

Manchmal muss gefällt werden. Aus Sicherheitsgründen. Bäume können vergreisen. Sie können erkranken. Sie können gefährlich werden. Es sind Riesen, die im Sturz alles mitreißen und beim Aufprall alles zerschmettern. Für ein Unglück genügt ein Ast, ein abgestorbener Ast, von dem sich ein Baum eines Tages ohne Vorwarnung trennt – auch deshalb müssen wir sie im Auge behalten, die Bäume, deren Wohlergehen uns anvertraut ist. Etwa hundert sind es alles in allem, Straßenbäume, Parkbäume, Gartenbäume, Friedhofsbäume, Hinterhofbäume – Stadtbäume eben, die sich den Lebensraum mit uns teilen. Zu denen sind wir so freundlich wie möglich, und wenn es dann heißt: Der Baum stört! Der Baum muss weg!, kommt es nicht selten vor, dass wir sagen: Der Baum bleibt da!

Seit ich auf sie aufmerksam wurde, haben mich Bäume fasziniert. Dort, wo der Baum in seinem Element ist, zwischen Himmel und Erde, bin ich es auch. Früher hätte ich nach meinem Aufstieg erst einmal eine Zigarette geraucht. Mich auf einem tragfähigen Ast niederlassen, so hoch wie möglich, Tabak und Blättchen herausholen, drehen, anzünden, den Rauch einziehen, die Augen schweifen lassen, die Höhe genießen – das war ein Ritual. Inzwischen habe ich das Rauchen drangegeben, nur … Nein, ich vermisse es nicht. Doch oben angekommen in einer Buche, einer Zeder, einem Mammutbaum womöglich, fehlt mir diese Komm-wieder-zu-dir-Zigarette, diese Sei-eins-mit-der-Welt-Zigarette. Sie zögerte den Moment hinaus, in dem ich meine Tour durch den Baum begann und die Säge zückte, sie regte zu Betrachtungen an. Seither …

Selten, dass ich heute noch dazu komme. Aber das Tarzangefühl ist geblieben. Die Lust am Klettern. Ich übertreibe nicht: Es ist meine Leidenschaft, mich frei im Geäst eines 30 Meter hohen Baums zu bewegen. Ein archaisches Erbe unserer geschwänzten Vorfahren? Vielleicht. Auf jeden Fall finde ich es berauschend, als Gast eines Baums aus seiner Höhe auf die Welt hinabzuschauen und seine Sicht, seinen haushoch überlegenen Standpunkt einzunehmen. Man versteht einen Baum von hier oben aus besser, man schärft auch das eigene Auge für die Verhältnisse dort unten, und wieder am Boden bleiben Respekt für diese Riesen und ein Gefühl der Vertrautheit, der geheimen Mitwisserschaft zurück.

Und das soll ein Beruf sein?

Erfreulicherweise ja. Dieser Beruf hat seinen Sinn und seinen Zweck, und der Zweck leuchtet unmittelbar ein: Er besteht darin, allen Gefahren vorzubeugen, die von Bäumen an bewohnten und belebten Orten ausgehen. Was aber seinen Sinn angeht – den haben wir diesem Beruf selbst beigelegt, nach unserem Verständnis vom friedlichen Zusammenleben zweier höchst unterschiedlicher Lebewesen: Das eine nennt sich Mensch, das andere Baum, und im Prinzip besteht der Sinn für uns darin, den Baum vor dem Menschen zu schützen.

Also sind wir für beides da, fürs Reden und fürs Sägen. Fürs Aufklären, Beraten, manchmal auch fürs Ausreden, und fürs Absägen, Zurechtschnibbeln, manchmal auch Fällen. Das eine verlangt Wissen und Überzeugungskraft, das andere Wissen, Körperkraft und Können. Eine gewisse Portion Mut nicht zu vergessen und – eine Säge, eine Motorsäge, wie ich sie Tag und Nacht bei mir trage, als Tattoo auf meinem linken Unterarm, maßstabgerecht und wirklichkeitsgetreu und unübersehbar …

WIE MAN AUF DIE IDEE KOMMT, SICH EINE MOTORSÄGE TÄTOWIEREN ZU LASSEN

Ja, Motorsägen. Ein unerschöpfliches Thema. Niemand, der mit ihnen vertraut ist, betrachtet sie rein technisch. Immer mischen sich Gefühle, Vorlieben, Neigungen und Abneigungen ein, und schon gehen die Diskussionen los: Welcher Hersteller? Die Nummer 1 aus Deutschland oder die aus Schweden? Keine ist deutlich besser als die andere, aber das befeuert nur die Debatte, denn jetzt kommt die eigene tagtägliche Erfahrung ins Spiel, jetzt fallen geringfügige Unterschiede ins Gewicht: Die deutsche liegt hervorragend in der Hand, die schwedische besticht durch ihren rabiaten Biss – also? Und dann: eine brennstoff- oder eine akkubetriebene Säge? Verbrennungsmotoren beschleunigen beim Start mit einer minimalen Verzögerung, während der Akku sofort mit voller Geschwindigkeit loslegt, der ist ruckzuck von 0 auf 100 – gibt bei winterlichen Temperaturen allerdings auch bald den Geist auf, wir arbeiten ja nicht drinnen. Außerdem zählt natürlich die Kettengeschwindigkeit, es zählt das Verhältnis von Gewicht zu Leistung, und wie sieht's eigentlich mit der Händlerdichte aus? Ein dankbares, ein unerschöpfliches Thema.

Klar, kaum etwas ist ärgerlicher als ein Werkzeug, das nichts taugt, weil es zum Beispiel zu schnell schlappmacht. Aber endlos ist dieses Thema auch deshalb, weil jemand, der mit solchen Sägen täglich umgeht, zwangsläufig eine emotionale Beziehung zu seiner ständigen Begleiterin entwickelt. Sie wächst ihm womöglich ans Herz. Bei 60, 75, gar 90 cm Schwertlänge hat man eben ordentlich was in der Hand, und wenn dieses Teil auch noch bissig zur Sache geht, mit der entsprechenden Kraft- und Geräuschentfaltung, dann merkst du: Genau darauf habe ich gewartet! Mit der macht es Freude …

Leidenschaftliche Gefühle sind im Verhältnis zwischen Mensch und Säge jedenfalls nicht auszuschließen. Und eine dieser Sägen hat es, wie gesagt, sogar auf meinen Arm geschafft. Sie war meine erste große Liebe im Reich der Motorsägen, sie hatte es mir angetan, doch als ich meinen Tätowierer seinerzeit aufsuchte, hatte ich sie trotzdem nicht im Sinn. Vielmehr schwebte mir eine schlichte Handsäge vor, wie sie bei uns ebenfalls beinahe täglich in Gebrauch ist, etwas, um kleinere Äste zu entfernen. Griff und gezacktes Sägeblatt hätten mir folglich durchaus gereicht, doch mein Tätowierer war anderer Meinung.

»Ja, cool«, sagte er. Und dann, nach einem kurzen Augenblick des Nachdenkens: »Aber – warum keine Motorsäge?«

»Motorsäge? Ist das nicht ein bisschen prollig?«

Darauf er, mit leuchtenden Augen und dreckigem Grinsen: »Genaaau!«

Damit hatte er mich. Okay, dann Motorsäge. Überredet. Ich brachte ihm zwei verschiedene Typen als Muster mit, eine 441 und eine 660, beides schwäbische Modelle, und der Effekt war enorm: Was an Kundschaft gerade im Laden war, machte große Augen, und die zwei Geschäftsführer strahlten, rissen mir beide aus den Händen, hielten sie für ein Foto über ihre Köpfe und tanzten machomäßig damit herum – dem gewöhnlichen Menschen kommt so etwas nun mal nicht alle Tage unter die Augen.

Für mich war klar, dass es die 441 werden sollte. Auch sie ist ein Monster, auch sie zieht einem fast den Gurt aus, an dem sie von der Hüfte hängt, aber am Stamm lässt sie sich trotzdem gut handhaben. Die 660 hingegen ist einfach riesig und entsprechend schwer, für die Arbeit im Baum weniger geeignet, und überhaupt – ich wollte vermeiden, mit einer Monstersäge herumzulaufen, ich bin ja eigentlich kein Baumfäller. Folglich schied die 660 aus, und mein Tätowierer machte sich ans Werk, fotografierte die Säge, fertigte die Vorlage an, zog die Umrisse auf meiner Haut nach, malte die Flächen aus, und als es an den Markennamen ging, sagte ich: Stopp, da setzen wir stattdessen ein kleines, grünes Herz rein.

Aha. Hatte sich da etwa ein Anflug von schlechtem Gewissen gezeigt? Denn letztlich ist ja beides verräterisch, die Säge wie das Herz. Wer mir seither gegenübersitzt, könnte jedenfalls auf den Gedanken kommen: Steckt dem Kerl mit der tätowierten Kettensäge nicht doch der alte Holzfäller in den Genen, der muskelbepackte Lumberjack, der Bäume mit Säge oder Axt kurzerhand niederzumachen trachtet? Oder der Motorsägenfreak, der seine unterdrückten Gewaltfantasien im Wald auslebt? Und ist das grüne Herz nicht im Grunde genommen ein Feigenblatt?

Ich will deshalb ehrlich sein und von vornherein klarstellen: Ja, der altertümliche Holzfäller regt sich tatsächlich ab und zu – das beobachte ich bei mir wie bei den meisten meiner Kollegen und Kolleginnen. Einen großen Baum in ganzer Länge zu fällen, das hat ja tatsächlich etwas Überwältigendes, das ist mit Aufregung und Herzklopfen verbunden, das ist auch für mich immer noch eine große Nummer. Ich will es einmal an der Pappel verdeutlichen, die wir kürzlich gefällt haben.

Es handelte sich um eine Säulenpappel, an die 40 Meter hoch. Zu groß, um sie an einem Stück zu fällen, aber sie stand frei, Platz war da, die Ablassvorrichtung konnten wir uns sparen, und so kletterte ich hoch, mit einem Seil gesichert, um mir die Spitze vorzunehmen. Allein diese Spitze belief sich auf etwa 15 Meter, der Stammdurchmesser dort, wo ich die Säge ansetzte, immerhin noch auf einen Viertelmeter, und wenn ein solches Teil im freien Fall zu Boden saust, gibt es beim Aufprall einen gehörigen Krach, da erzittert der Stamm, und die Vibration ist noch oben bei mir knapp unterhalb des Baumwipfels zu spüren. Natürlich geht das unter die Haut. Schon deshalb, weil du dir einerseits in einem solchen Baum selbst ziemlich klein vorkommst, andererseits aber gerade die Erfahrung machst, diesem Riesen mit deinen Mitteln, deiner Geschicklichkeit und deiner Intelligenz gewachsen zu sein.

Später habe ich unten ein letztes Mal die Säge angesetzt und den Fällschnitt für den Stamm gemacht – anderthalb Meter Durchmesser, wieder gut 15 Meter hoch –, und auch diesmal krachte es beim Aufprall, auch diesmal bebte die Erde. Ich jedenfalls kann mich der Wirkung eines solchen Vorgangs nicht entziehen. Das Nervensystem reagiert nun mal, wenn man es mit etwas derart Großem, derart Gewaltigem zu tun bekommt – da werden Kräfte entfesselt, da werden Energien freigesetzt, kein Wunder, dass man kurz den Atem anhält. Und genauso begreiflich, dass die meisten meiner Kollegen nach solchen kribbligen, kniffligen Aktionen hinterher mit Hochachtung im Blick und beifälligem Nicken dastehen, die Mundwinkel anerkennend herabgezogen, und einander zufrieden abklatschen, nachdem das Durchchecken ergeben hat, dass alle noch da sind und bei jedem noch alles dran ist.

Also – wenn schon Fällen, dann mit Leidenschaft. Allerdings, viel häufiger als erregende Momente der beschriebenen Art, und viel wichtiger für uns, ist etwas anderes. Wir sind Baumpfleger, wir nennen uns Baumhirten, und unser Bestreben ist es, Bäume zu erhalten, sie wenn möglich zu retten, sie auf keinen Fall grundlos zu fällen. Die Sägen mit den langen Schwertern bleiben deshalb meist an ihrem Platz im Wagen, die Holzfällerromantik bekommt immer wieder für längere Zeit Urlaub, und wir kümmern uns um das, was ich als Sinn und Zweck unseres Berufs bezeichnet habe: das reibungslose Zusammenleben von Mensch und Baum.

DEN BÄUMEN EINE STIMME GEBEN

Wie wir auf unseren Firmennamen gekommen sind? Wir haben lange gegrübelt, damals, nachdem wir beschlossen hatten, uns selbstständig zu machen und gemeinsam eine Firma zu gründen. Wir, das sind mein Kompagnon Moritz, genannt Mo, und ich. Aber dazu später mehr. Welches Wort, so haben wir überlegt, trifft genau das, was wir vorhaben?

Wir kamen beide aus der Baumpflege, in dem Sinne, dass wir Bäume mit der Säge bearbeiteten. Dass wir reinkletterten, schadhafte Äste aussägten, vorbeugende Sicherungsschnitte an verdächtigen Ästen vornahmen und Kronensicherungen einbauten, in dieser Art. Aber wir wollten mehr anbieten. Wir wollten an einem Baum nicht bloß die Vorstellungen eines Kunden exekutieren, wir wollten unseren Auftraggebern auch die Bedürfnisse oder Ansprüche eines Baums vermitteln. Also Schluss mit dem ständigen: Kunde befiehlt, wir sägen.

Nehmen wir ein Beispiel. Auch die Lebenszeit eines Baums läuft einmal ab; dann vergreist er allmählich, bildet seine Krone zurück, wirft Äste ab und stürzt irgendwann ein. Muss man absterbende Bäume also rechtzeitig fällen? Nicht unbedingt. Im Botanischen Garten von Nantes in Frankreich fiel mir ein sehr alter Baum auf, der tatsächlich eine Bedrohung darstellte. Mit Schnittmaßnahmen hätte man bei dem nichts mehr erreicht. Wie hatte die Gartenverwaltung reagiert? Sie hatte seinen Standort abgesperrt, Schilder mit »Betreten verboten« aufgestellt, und jetzt konnte der Baum zusammenbrechen, wenn seine Zeit gekommen war. Aber bis dahin würden Spechte und Meisen und Käfer und Pilze ihre Freude an ihm haben – und Leute wie ich; mit anderen Worten: Dieser Baum durfte seine Äste abwerfen, durfte in aller Ruhe und Würde sterben und bis dahin als imposante Skulptur und Wohnstätte für alles mögliche Getier stehen bleiben.

Aus Baumliebhabersicht ist diese Vorgehensweise die beste. Und genau so stellten wir uns unsere Selbstständigkeit vor. »Lassen Sie ihn doch sterben«, würden wir dann einem Kunden sagen, der einen solchen Baum in seinem Park hätte, »wenn keine Kinder dort herumlaufen, reicht eine Warntafel, und dann können Sie Ihrem Baum täglich beim Sterben zusehen – das ist schön, das ist Natur, das ist der Kreislauf des Lebens ...«

Kurzum, wir wollten Bäumen eine Stimme geben, und zwar in allen ihren Lebensphasen, nicht nur den Prachtstücken, die ohnehin viel Aufmerksamkeit erfahren, auch den jungen, auch den angeschlagenen und sterbenden. Wir wollten Bäume von der Pflanzung bis zur Fällung begleiten – unmöglich leider, weil unsere Lebenszeit dafür niemals ausreichen würde, aber als Idee ganz nach unserem Geschmack. War das nicht aber im Grunde dasselbe, was ein Hirte für seine Herde tut? Der lässt seine Tiere auch nicht aus den Augen, fühlt sich für jedes zuständig, betreut und bewacht und versorgt und kuriert, hält die Herde zusammen, schert sie und schlachtet seine Tiere am Ende auch ...

Das passte zu uns. Das passte zu unserem Selbstverständnis, und so kam es zu den Baumhirten. Und nun zu den Bäumen.

Im Wald dürfen Bäume tun und lassen, was sie wollen, da sind sie unter sich. Aber in der Stadt hockt man aufeinander, die Menschen, die Autos, die Bäume, die Häuser, da muss sich einer gegen den anderen behaupten, da kommt es zwangsläufig zu Reibereien. Der Ahornast über dem Sandkasten des Kindergartens – ist er stabil oder macht er's nicht mehr sehr lange? Diese Platane am Straßenrand mit ihrer bedenklichen Schieflage – wird sie künftigen Stürmen standhalten? Und die Alleebäume an jener Ausfallstraße – wuchern sie nicht schon in die Bewegungszone der schweren Lkw hinein?

Würde man nicht hier und da eingreifen, wären Konflikte

zwischen Mensch und Baum unvermeidlich. Es liegen eben unterschiedliche Interessen vor. Lichthungrig wie er ist, nimmt ein Baum keine Rücksicht auf Gebäude und Straßenverkehr und strebt mit seinen Ästen in alle Richtungen. Und da er mit sich selbst nicht zimperlich ist, wirft er nutzlos gewordene Äste einfach ab, Äste, deren Blätter kein Sonnenlicht mehr abkriegen und folglich nichts mehr zu seinem Fortleben beitragen. Und jetzt kommen die Baumpfleger ins Spiel, also zum Beispiel wir.

Unser Job ist die Verkehrssicherung. Wir sollen Gefahrenquellen beseitigen. Dasselbe macht der Privatmann, wenn er im Winter morgens den Schnee vor seiner Haustür wegschaufelt, oder die Stadtverwaltung, wenn sie die Straßen vom Schnee räumen lässt und streut. Auf unserem Gebiet allerdings ist die Bedrohung meist nicht ganz so offensichtlich wie im Fall von Glatteis oder Schneewehen, die nimmt oft nur das geschulte Auge wahr, weshalb unsere Arbeit ganz unspektakulär damit beginnt, einen Baum gründlich in Augenschein zu nehmen.

Unser erstes Werkzeug sind die Augen. Sie stellen sich von selbst scharf, sobald ein Baum in Sicht kommt. Jetzt darf dir nichts entgehen, sage ich mir, und prompt liefern meine Augen Präzisionsaufnahmen. Mit dem Spurenlesen fängt es also an, und unsere Kunden sehen uns daher oft einfach nur zwischen ihren Bäumen hin und her laufen, den Blick nach oben, den Blick nach unten, Messungen vornehmen, kurze Bemerkungen austauschen und Eintragungen machen. Baumkontrolle nennt sich das oder Bestandsaufnahme, und wenn alles gut ist, bleibt es dabei. Doch wie gesagt, Bäume haben eine andere Auffassung von »gut« als wir – dazu vier alltägliche Beispiele.

Etwas Grundsätzliches vorweg. Bäume, vor allem Laubbäume, sind architektonische Meisterwerke, im Hinblick auf ihre gewagte Konstruktion jeder ein statisches Wunder. Ein Mensch bekäme ein derartiges Gebilde jedenfalls niemals nachgebaut. Denn solch ein Baum mit seiner ausladenden Krone, mit seinen weit in den Raum hineinragenden Ästen jongliert mit ungeheuren Gewichten, und bei der enormen Hebelkraft dieser Äste müsste es eigentlich den Stamm zerreißen. Dass selbst lange, waagerechte Äste gewöhnlich trotzdem nicht brechen, beruht auf der perfekten Balance zwischen Statik und Dynamik im Holz. Mit anderen Worten: Was Bäume uns Tag für Tag zu Hunderten in Gärten, Parks und an den Rändern von Landstraßen an konstruktiver Akrobatik vorführen, ist atemberaubend und eigentlich unmöglich. Der Baum aber weiß nicht, dass es unmöglich ist, er macht es einfach.

Bisweilen allerdings leisten sich Bäume überlange Äste. Die haben es irgendwie geschafft, aus der geschlossenen Blätterummantelung herauszuschießen. Bei denen stimmt das Verhältnis von Durchmesser zu Länge nicht mehr, sodass der Stamm oder der Ast selbst der Hebelwirkung eines solchen Auslegers nur noch mit Mühe standhalten kann. Insbesondere Äste, die über viele Meter horizontal verlaufen, setzen ihre Verankerung im Stamm unter enormen Druck, und wenn sich noch nasser Schnee drauflegen sollte – womöglich im Frühjahr, wenn er schon Blätter ausgetrieben und sein Höchstgewicht erreicht hat –, wenn es obendrein eine Nacht lang stürmen sollte, dann wird dieser Ast wahrscheinlich nachgeben und brechen. In diesem Fall würden wir bei der Bestandsaufnahme in unseren Maßnahmenkatalog schreiben: Einkürzen!

Oder: Zwei dickere Äste sind so aufeinander zugewachsen, dass sie sich berühren, dass sie sich kreuzen und aneinander reiben. Das stört die Äste zwar nicht, sie wachsen unbekümmert weiter, aber wenn dies über Jahre hinweg geschieht, scheuern sie sich auf. Selbst wenn an dieser Wundstelle keine Pilze eindringen sollten, besteht hier die Gefahr einer Sollbruchstelle. Sie ist gering, wenn diese Äste nah an ihrem Ursprung aufeinanderstoßen, weil nicht einmal starke Windböen die beiden in nennenswerte Bewegung versetzen – manchmal verwachsen die beiden dann einfach und bieten bisweilen einen skurril verschlungenen Anblick. Weiter von ihrer Basis entfernt aber kommt sehr wohl

Bewegung rein, da werden beide vom Wind in Schwingung versetzt, da nimmt die Reibung und damit die Verletzung der Äste zu, weshalb wir in unserem Maßnahmenkatalog notieren: Einen dieser Äste herausnehmen! Oder den oberen so weit entlasten, dass keine Reibung mehr auftritt.

Und dann das Totholz. Wie schon erwähnt, zwingen sich Bäume selbst zur Produktion von Totholz, sobald ein unterer Ast von einem oberen völlig abgeschattet wird. Der untere Ast stirbt in diesem Fall ab, egal ob dünn und leicht oder dick und schwer – er wird kurzerhand stillgelegt, so wie ein Unternehmer eine unrentable Produktionsstätte stilllegen würde, weil der Baum eine kühle Kosten-Nutzen-Rechnung aufstellt und sich nüchtern fragt: Was brauche ich an Ästen, und was schleppe ich bloß sinnlos mit mir herum? Totholz aber landet früher oder später unten, auf dem Bürgersteig, auf der Spielwiese eines Kindergartens, auf der Rasenfläche einer öffentlichen Parkanlage, und deshalb heißt es diesmal in unserem Maßnahmenkatalog: Totholzentfernung!

Und schließlich das Lichtraumprofil. Was damit gemeint ist? Ganz einfach: Alleebäume wölben sich über eine Straße, greifen mit ihren Ästen weit in den Verkehrsraum hinein und reißen dem nächsten Lkw womöglich die Plane auf. Also muss der Luftraum – mit anderen Worten: der lichte Raum – über einer Straße freigehalten werden, doch diesmal nicht nach Gutdünken des Baumpflegers, sondern nach strengen Vorgaben: Denn 2,50 m beträgt der lichte Raum über Fuß- und Radwegen, 4,50 m über Straßen – es sei denn, wir haben es mit schleppenbildenden Bäumen zu tun, mit Trauerbuchen, mit Trauerweiden oder Linden, die ebenfalls dazu neigen, ihre feineren Äste wie einen Schleier herabhängen zu lassen. Solche Bäume erhalten eine Sonderbehandlung, deren Astwerk wird auf der Straßenseite bis in sieben Meter Höhe entfernt, sonst wischen sie womöglich einem Lkw-Fahrer über die Windschutzscheibe und verdecken ihm die Sicht. In unserem Maßnahmenkatalog heißt es in diesem Fall also: Baumkrone anheben, Stämme bis in die vorgeschriebene Höhe aufasten. Was das ist? Wir müssen die Äste von unten nach oben entnehmen. Absägen.

Hier kommt ein Aspekt ins Spiel, den wir bei Bäumen nie außer Acht lassen dürfen: der Faktor Zeit. Denn Bäume nehmen sich Zeit, Bäume brauchen Zeit, sie sind für unser Gefühl unendlich langsam, sie konsumieren Zeit in ganz anderen Dimensionen als wir. Doch diese ganze lange Zeit über tut sich etwas bei ihnen, sie wachsen, sie verändern ihre Gestalt, sie bilden immer wieder neue Äste und können enorme Ausmaße annehmen – sie machen etwas ausnehmend Großartiges aus ihrer Zeit und sind so gesehen das genaue Gegenteil jener anderen Lebewesen, die meinen, unentwegt Tempo machen zu müssen, beim Arbeiten, beim Fahren, sogar beim Essen. Uns Baumpfleger stellen Bäume dabei vor die Herausforderung, bei allem, was wir uns zu ihnen einfallen lassen, vierdimensional zu denken und uns in jeder Lebensphase eines Baums vorzustellen, was aus ihm wird – in zwei, in fünf, in 20 Jahren. Im Hinblick auf das Lichtraumprofil bedeutet dies, dass wir Straßenbäume nach und nach aufasten, in dem Maße, wie sie an Höhe zulegen, und ihr Wachstum schon im Voraus berechnen und einkalkulieren müssen.

Ja, und dann kann etwas eintreten, was weder im Sinne des Baumes noch in dem des Menschen ist, und auch diese Möglichkeit ziehen wir bei der Baumkontrolle in Betracht: dass ein Baum im Ganzen umkippen könnte, sei es, dass der Stammfuß morbide ist, sei es, dass er sich mitsamt Wurzelteller aus dem Erdreich zu lösen beginnt. Ein kompletter Baum, der umstürzt und mit voller Wucht eine Reihe parkender Autos oder einen Wintergarten trifft, wäre natürlich der absolute Ernstfall, der hinterlässt Trümmer, schlimmstenfalls Tote. In solchen Fällen ist die Schwachstelle allerdings meist nicht im Baum, sondern im Untergrund zu suchen und in aller Regel nicht so leicht ausfindig zu machen wie bei jener Tiefgarage, deren Dach mit Bäumen bepflanzt worden war.

Es war eine gärtnerische Meisterleistung, hier Silberahorn zu pflanzen, auf das Dach einer Parkgarage, denn der Boden, in dem diese Bäume wurzelten, bestand lediglich aus einer 40 cm dicken Schicht Substrat, und Silberahorn kann eine beträchtliche Größe erreichen. Diese Bäume hätten es allerdings nie so weit geschafft. Ein flüchtiger Blick reichte, um festzustellen, dass es schlecht um sie bestellt war, und da half nun nichts – ihrem absehbaren natürlichen Ende musste man mit der Säge zuvorkommen.

UND ASTERIX HATTE DOCH RECHT

So viel vorerst zu den Bäumen. Eigentlich wäre an dieser Stelle ein Wort über die Menschen fällig, die uns beauftragen und die uns als Kunden lieb und teuer sind, auf die Eigenart von Bäumen aber gelegentlich verständnislos bis unwillig reagieren. Vielleicht sollten wir trotzdem zunächst ein anderes Thema anschneiden und uns die Frage stellen: Was haben Bäume überhaupt in einer Stadt verloren?

Mit etwas Fantasie könnte man sich vorstellen, dass sich ein Straßenbaum in einer Großstadt komisch vorkommt – schnurgerade mit allen anderen in einer Linie, alle 20 Meter der nächste, auf der einen Seite den ganzen Tag Autos, auf der anderen Fußgänger … Oder zu dritt auf einem betonierten Platz in der Fußgängerzone einer Innenstadt mit Blick auf die oberen Etagen von Kauf-, Büro- und Parkhäusern und mit der vornehmen Aufgabe betraut, Zeitungskioske und Würstchenbuden zu beschatten … Schon irgendwie artfremd. Aber so weit denken Bäume vermutlich nicht, und außerdem: Bäume haben erwiesenermaßen nichts gegen Städte.

Bäume sind sogar ganz scharf auf Städte – sobald diese vom Menschen aufgegeben wurden. Man sehe sich nur in tropischen Gegenden um, in Südostasien, in Lateinamerika, wie sie sich über verlassene Bauwerke hermachen, Ruinen überwuchern, ihre Wurzeln ins Mauerwerk krallen, ganze Tempelanlagen, komplette Mayastädte samt Pyramiden verschlingen und in Wald zurückverwandeln. Alles, was Kultur geschaffen hat, auch deutsche Heidelandschaften und Manövergebiete, würden sie wiedererobern, wenn man sie ließe. Bhagwan, der Gründer der modernen Sannyasin-Bewegung in Indien, hat den Baum deshalb – in eindeutig ironisch-provozierender Absicht – als den größten Feind des Menschen bezeichnet.

Wahr ist: Zivilisation bedeutet, diesen ungehobelten Kraftprotz von Baum in seine Schranken zu weisen. Jede Stadt ist ein Triumph über den Baum, und dieser Triumph wurde in der Vergangenheit weidlich ausgekostet: Aus den monumentalen Stadtanlagen des Mittelalters im Süden Europas oder in der arabischen Welt waren Bäume weitestgehend verbannt, und ihre Altstädte zeigen sich bis heute als reine Steinmasse, reine Architektur. Auf Luftbildern ist dieses menschliche Dominanzgehabe besonders gut zu erkennen. Aus einer grünen, bewaldeten Landschaft erhebt sich wie abgezirkelt der mal rötliche, mal gelb-graue Steinhaufen der ursprünglichen Stadt; erst ihre modernen Ausläufer versöhnen sich mit der baumbestandenen Landschaft ringsumher. Niemand aber hat dieser Siegermentalität unverblümter gehuldigt als die Maler der Renaissance – auf deren Bildern künftiger Idealstädte ist kein Blumentopf, kein Grashalm mehr zu sehen, geschweige denn ein Bäumchen.

Nur ein toter Baum ist ein guter Baum? Das könnte man fast meinen, wenn man bedenkt, wie über Jahrtausende rigoros abgeholzt wurde. Denn natürlich hätten wir es ohne Bäume nie zu etwas gebracht. Der Wald lieferte ja den Stoff, aus dem unsere Zivilisation in ihren Anfängen bestand; Holz war das erste Brennmaterial, das erste Baumaterial, aus Holz waren und sind Hütten, Fachwerkhäuser, Kutschen, Klaviere, Wasserfahrzeuge vom Einbaum über die Galeere bis zur spanischen Galeone, Palisadenzäune, Parkettböden sowie die Fundamente von Venedig und Amsterdam – die Aufzählung würde nicht enden. Der Stein- und Betonzeit ging jedenfalls die Holzzeit voraus, und sie hält bis heute an.

Zugegeben, die Geschichte ließe sich auch ganz anders erzählen, nämlich als eine Geschichte der heimlichen Liebe und offenen Verehrung des Menschen für den Baum; aber dazu kommen wir später. Zum Freund des modernen Europäers wird der Baum jedenfalls erst im späten 18. Jahrhundert, als es so langsam mit der Industrialisierung losgeht und das Leben dreckig und immer schneller und irgendwie ungemütlich wird.

In England setzt der Sinneswandel früher ein als anderswo. Wie kommt's? Als Mensch, dem die sinnliche Wahrnehmung unendlich viel bedeutet, befriedigt mich die Antwort zutiefst: Den Leuten gehen die Augen für die Schönheit von Bäumen auf. Sie sehen mit einem Mal, welche ästhetische Bereicherung ein Baum darstellt. Sie verfallen regelrecht seiner majestätischen Ausstrahlung.

Verliebtheit geht eben durch die Augen. Von nun an werden Bäume jedenfalls als monumentale Schmuckstücke bewundert – nicht mehr, wie zuvor bei den Franzosen, im beschnittenen und geometrisch zurechtgestutzten Zustand, sondern in ihrem natürlich gewachsenen Habitus. Schon zu Anfang des Jahrhunderts hatte der englische Dichter Alexander Pope festgestellt: »In der Erscheinung eines Baums zeigt sich mehr Adel als in einem Prinzen, der seine Krönungsrobe angelegt hat.« Einige Jahrzehnte später geht der englische Landadel daran, seine Landsitze mithilfe von Bäumen zu gestalten. Die Gentlemen sind geradezu verrückt nach Bäumen, das Pflanzen von Bäumen, das Komponieren von Baumgruppen wird zu einer Lieblingsbeschäftigung, und an sonnigen Tagen kann man die Herrschaften dabei beobachten, wie sie draußen stundenlang die Schönheit einzelner Bäume diskutieren, als seien es Jagdhunde oder Rennpferde. Angesichts mächtiger Eichen oder Ulmen geht man sogar so weit, von Baumpersönlichkeiten zu sprechen.

Wenig später schwappt die englische Begeisterung für Bäume auf den Kontinent, auch nach Deutschland. Der exzentrische Fürst Pückler in der Lausitz zum Beispiel lässt sich von ihr anstecken. Im frühen 19. Jahrhundert beschließt er, zur »allgemeinen Verschönerung unserer Mutter Erde« beizutragen, und legt zwei eindrucksvolle Landschaftsparks an, in Muskau, dem heutigen Bad Muskau, und in Branitz (Cottbus), indem er alte Bäume von weither kommen lässt, um sie nach künstlerischen Gesichtspunkten zu gruppieren – jede Baumgruppe eine ausgetüftelte Komposition. Von ihm ist überliefert, dass er in klaren Nächten seinen Park durchstreifte, um die Schattenwirkung seiner Bäume bei Mondlicht zu studieren …

Ob übertrieben oder nicht, an solchen Gestalten wie Fürst Pückler zeigt sich, dass wir dem Absolutheitsanspruch der Zivilisation etwas entgegenzusetzen haben, nämlich den wachen, unbefangenen Blick. Einen Baum nicht mehr als bloßes Wirtschaftsgut und Holzlieferanten zu betrachten, sondern als staunenswerte Skulptur und Hauptbestandteil eines Landschaftskunstwerks zu verstehen, das ist vielleicht nicht genug, aber es ist ein Erkenntnisfortschritt. Es ist ein Perspektivwechsel, eine neue Sichtweise. Es ist das, was ich an mir selbst erfahren habe, als ich anfing, mit Bäumen zu arbeiten. Es ist ein großer Schritt in Richtung auf die Anerkennung eines Baums als Lebewesen.

Dies alles spielt sich einstweilen allerdings ausschließlich vor den Toren der Städte ab. Aber es bleibt nicht ohne Folgen für die Städte. Dort erkennt man gegen Mitte des 19. Jahrhunderts nämlich, dass Bäume nicht nur Landsitze, sondern auch elegante Stadtteile und Regierungsviertel veredeln, ja, sogar verrußte Fabrikviertel aufwerten.

Und wieder haben die Engländer die Nase vorn. London ist wohl die erste europäische Großstadt, die sich Zehntausende von Platanen als kommunale Statussymbole zulegt. Eine andere Funktion haben sie fürs Erste nicht, aber die imposanten Platanen sind ein erhebender Anblick und passen perfekt zum Imponiergehabe eines Weltreichs. Mal ganz davon abgesehen, dass Platanen so ziemlich die einzigen Bäume sind, die der enormen Luftverschmutzung Londons gewachsen sind, weil sie von Zeit zu Zeit ihre Borke in tellergroßen Platten abwerfen und damit auch die Schmutzschicht loswerden, die an ihnen klebt. Das Ergebnis kennen wir ja, es ist der gefleckte, an eine Tarnuniform erinnernde Stamm.

Von London aus tritt die Platane ihren Siegeszug an, nach Paris, nach Rom, nach Frankfurt. Sie ist die Wegbereiterin für alle möglichen Stadtbäume, dominiert aber weiterhin das Stadtbild vieler Großstädte dieser Erde, und wer heute durch Buenos Aires geht, wandelt quasi ununterbrochen unter Platanen. Eine baumlose Straße würde in unseren Tagen jedenfalls unangenehm auffallen. Die Prachtstraße einer Stadt wird unweigerlich eine Linden-, eine Kastanien- oder Platanenallee sein, und nicht von ungefähr sind baumbestandene Stadtparks wie der Englische Garten in München oder der Hofgarten in Düsseldorf der Stolz einer Stadt, eine Sehenswürdigkeit für Fremde und der Lieblingsaufenthaltsort der Einheimischen. In der Gegenwart haben Bäume aber noch eine weitere ästhetische Funktion: Sie verdecken gnädig die Eintönigkeit moderner Architektur, sie stellen etwas erfreulich Nicht-Genormtes in einer weitgehend genormten Umgebung dar.

Wie riesig der Baumbestand großer Städte derzeit ist, kam uns nach dem 10. Juni 2014 wieder einmal zum Bewusstsein. Damals verwüstete der Orkan Ela Städte wie Düsseldorf und Essen, und hinterher las man in den Meldungen eindrucksvolle Zahlen: Allein in Düsseldorf hatte Ela 22 500 Bäume umgerissen oder beschädigt, ein knappes Drittel der fast 70 000 Bäume auf Düsseldorfer Stadtgebiet. In Essen waren es rund 20 000 an- oder abgebrochene Bäume. Später übrigens wurden aus dem Holz der umgestürzten Hofgartenbäume Brettchen für den Haushalt angefertigt, die bei den Düsseldorfern reißenden Absatz fanden. Wenn sich darin nicht eine starke Anhänglichkeit der Bürger an ihren Park und seine Bäume äußert …

Aber – was machen die Bäume eigentlich dort, in der Stadt, außer schön sein?

Ich will mit meiner Überlegung einmal vor meiner eigenen Haustür auf dem Ölberg in Wuppertal anfangen. Vor dieser Haustür wachsen Haselnussbäume. Die gefallen mir, die sehe ich gerne an, von denen habe ich deshalb einige im heißen Sommer

2018 auch gegossen. Wenige Schritte weiter gibt es einen Platz mit Linden am Rand und einer jüngeren Platane im Zentrum, zusammen etwa 30 Bäume. Von Frühjahr bis Herbst ist dort viel los, da trifft man sich, da hängt man ab, da wird Bier getrunken und das Weltgeschehen kommentiert, und damit sind wir bei der zweiten Funktion von Bäumen: Sie erfreuen nicht nur das Auge, sie fördern auch das soziale Miteinander, die Geselligkeit. Kann es ein Zufall sein, dass unser Symbol für Herz stark dem Lindenblatt ähnelt? Die Linde war doch der klassische Treffpunkt für Verliebte, für heimliche Pärchen, und zahllose Generationen müssen mit dem Lindenblatt die süßesten, die romantischsten Erinnerungen verbunden haben.

Stadtbäume tun nicht nur dem Auge, sie tun auch dem zwischenmenschlichen Klima einer Großstadt gut. Natürlich ist man auf diesem Platz auch weitgehend vor Sonne und Regenschauern geschützt – mit dem Blätterdach dürfte sich die erste Erfahrung eines schützenden Dachs in der Menschheitsgeschichte verbinden, noch vor dem Höhlendach. Und damit kommen wir zur dritten Funktion von Stadtbäumen.

Bäume machen zwar nicht das Wetter, aber sie beeinflussen das Klima. Wenn ich dort, wo ich jetzt gerade sitze, aus dem Fenster schaue, blicke ich auf zwei mächtige Platanen auf einem recht engen, von Büro- und Geschäftsgebäuden nach allen Seiten umschlossenen Platz mitten in der Stadt. Ihre starken, ausladenden Äste reichen beinahe in die Seitenstraßen hinein und decken diesen Platz fast vollständig ab. Wenn diese beiden Platanen nicht dort ständen, hätten wir im Sommer eine enorme Sonneneinstrahlung auf alles, was diesen Platz an Mauern begrenzt, die Steinplatten am Boden eingerechnet. Diese Steinmassen würden sich erwärmen, aufheizen und die Wärme wieder abstrahlen, noch lange, nachdem es dunkel geworden ist.

Im Hochsommer wäre es dort unten also unerträglich heiß. Dasselbe würde auf ganz Wuppertal zutreffen, sollte es im Stadtgebiet überhaupt nirgendwo Bäume geben. Moderne Städte sind eben anders angelegt als antike oder mittelalterliche Städte – die konnten auf Bäume verzichten, weil sie größtenteils aus engen Gassen bestanden, in die sich höchstens stundenweise ein Sonnenstrahl verirrte. In unseren Städten rückt die Bebauung aber weit auseinander, schon um dem Straßenverkehr Platz zu machen. Das mag angenehm großzügig wirken, doch wenn keine Bäume die beschattende Funktion von engen Gassen übernähmen, würde die Hitze an Sonnentagen nicht absorbiert und als warme Luft in die Atmosphäre aufsteigen.

Denn genau das machen Bäume: Sie absorbieren Sonnenenergie. Sie nutzen das Sonnenlicht als Antriebskraft für ihr eigenes biochemisches Labor, in dem Wasser und Kohlendioxid laufend in Zucker umgewandelt wird – ein Vorgang, der den meisten als Photosynthese seit der Schulzeit geläufig sein wird. Nun geht Energie bekanntlich nicht verloren. Würde dieser Umwandlungsprozess also nicht stattfinden, so würden Steinmauern und Betonwände an die Stelle der Bäume treten, die Sonnenenergie aufsaugen und als wertlosen Müll prompt wieder zurückwerfen. In die Atmosphäre gelangt, würde diese Energie dann zur Erderwärmung beitragen. Dasselbe gilt natürlich auch für kleinere Pflanzen, weshalb ich den Trend zu Schotterflächen in Vorgärten nicht gerade begrüße.

Auf Wuppertal beschränkt würde das nicht viel ausmachen. Sollte es aber in allen Großstädten der Welt genauso baumlos aussehen, hätten wir praktisch Tausende von Hochöfen, die die Atmosphäre bestrahlten und das Weltklima merklich beeinflussten – und das in einer Phase, in der unser Planet ohnehin eine bedrohliche klimatische Veränderung erfährt.

Zusammengenommen ergeben die Bäume einer Stadt also eine gigantische natürliche Klimaanlage, von der wir selbstverständlich auch unmittelbar profitieren, wenn wir uns im Sommer auf den Bürgersteigen von Baumschatten zu Baumschatten bewegen oder auf dem Platz in meiner Nachbarschaft treffen, zum Beieinanderhocken unter Platanen und Linden. Viertens aber – ich brauche es kaum eigens zu erwähnen – produzieren Bäume obendrein Sauerstoff.

Dass wir auf der Erde überhaupt Luft zum Atmen vorfinden, verdanken wir schlicht und ergreifend den Bäumen, die den Sauerstoff wie nebenbei in ihre Umwelt entlassen. Eigentlich ist er nämlich nichts anderes als ein Abfallprodukt der Photosynthese, das allerdings in vergleichsweise riesigen Mengen an die Außenwelt abgegeben wird. Mit den 1,7 Kilo Sauerstoff, die eine große Buche etwa in einer einzigen Stunde produziert, können sich 50 Menschen ebenfalls eine Stunde lang die Lungen füllen. Gar nicht vorstellbar, welches Keuchen und Husten in unseren Städten herrschen würde, gäbe es keine Stadtwälder, Parkanlagen, Straßenbäume und Alleen.

Mit anderen Worten: Ein Baum ist nicht einfach ein Holzgebilde, das an Straßenrändern herumsteht. Er ist auch mehr als bloß ein erhebender Anblick. Er ist ein gewaltiger Organismus, der uns unendlich Gutes tut. Wir können froh sein, dass Bäume uns keine Rechnung schreiben über den Sauerstoff, den sie herstellen, über den Schatten, den sie spenden, über den Feinstaub, den sie aus der Luft filtern, über die Pestizide der Bauern, die bis in die Stadtrandsiedlungen fliegen und von ihnen ebenfalls aufgefangen werden. Würde ein Unternehmen dasselbe erbringen, was allein jene beiden Platanen auf dem Platz vor meinem Fenster leisten, und sei es nur, das Stadtklima mithilfe riesiger Sonnensegel zu verbessern – wir würden arm, wir wären bankrott. Ich habe mich deshalb inzwischen der Auffassung des kleinen Galliers Asterix angeschlossen: Die Bäume stützen den Himmel. Sie sorgen dafür, dass uns dieser Himmel – nach einer uralten keltischen Metapher – nicht auf den Kopf fällt. Denn sie sind es, die Leben auf diesem Planeten überhaupt erst ermöglichen.

DAS ALTE LIED VOM GROSSEN, BÖSEN BAUM

Natürlich brauchen Bäume eigentlich keine Baumhirten. Bäume machen ihr Ding, seit Urzeiten. Aber wie gesagt, wir sind nicht im Wald.

»Der Baum muss weg!«

»Warum? Sieht auf den ersten Blick kerngesund aus.«

Schweigen. Dann: »Er macht mir Angst.«

Aha. Die Gebrüder Grimm lassen grüßen. Der große, böse Wald … Aber gut, ein Baum ist keine Zierpflanze und kein Brombeerstrauch. Er ist in vielen Fällen eben ein ziemlicher Koloss, da hat jeder so seine Assoziationen, erfreuliche und beklemmende. Kein Wunder. Ein Baum vor der eigenen Tür ist nicht zu übersehen, er ist ständig präsent, er macht sich in den verschiedenen Jahreszeiten unterschiedlich bemerkbar. Er legt sich als Schatten auf uns, auch wenn wir eine Gemütsaufhellung vertragen könnten. Er beherbergt Kolonien von Vögeln, die ein Auto in der Garageneinfahrt mit klebrigem Kot bespritzen, und zwar von vorn bis hinten. Er reckt sich im Winter als kahler Riese drohend oder wie verzweifelt in den grauen Winterhimmel, und wenn sich dann noch Krähen kreischend auf ihm niederlassen … Ja, ein Baum führt sein Eigenleben und lässt es den Menschen durchaus spüren. Er spielt im Leben der Menschen, die zufällig seine Nachbarn sind, eine Rolle.

Aber Angst? Wir werden gerufen, um ein Problem zu lösen, und stellen nach kurzer Zeit fest: Nicht der Baum, der Kunde ist das Problem. Aber für Traumata sind wir nicht zuständig. Andererseits, von wegen Baumpersönlichkeit … Sie haben ja tatsächlich eine Ausstrahlung, jede Baumart eine andere – einer Birke kann niemand ernsthaft böse sein, eine Zeder tritt schon deutlich weniger tänzerisch, eher gebieterisch auf. Außerdem stehen sie nicht nur herum, sie bewegen sich, sie zittern, sie schwanken und schütteln sich. Wie Gestalten. In der Dämmerung vor allem.

»Wenn er nur nicht so groß wäre. Und seine Äste so bizarr gewachsen.«

Man könnte zum Baumpsychologen werden – ja, Sie haben recht, bei diesem Baum spürt man eine unterschwellige Aggressivität, nehmen Sie sich in Acht. Aber im Ernst … Wir haben hier eine 150-jährige Eiche. Die kann noch mal so alt werden. Und noch einmal so alt. Und nur, weil Sie als Mensch mit Ihrer bescheidenen Lebenserwartung von 80 Jahren es so wollen, soll ich diese halbe Ewigkeit abwürgen …?

Sage ich natürlich nicht so. Formuliere ich diplomatischer.

»Könnte man nicht wenigstens die dicken unteren Äste so weit kürzen, dass er nicht mehr so anmaßend, dass er ein bisschen … manierlicher wirkt?«

Nein, kann man nicht. Dafür sind wir die falsche Firma. Das sind echte Starkäste mit einem Durchmesser von 30 cm. Gehe ich auf diesen Wunsch ein, riskiert man überall dort, wo geschnitten wurde, Faulstellen. Wenn wir in zehn Jahren zurückkommen, wird man sie sehen. Aus ökologischer Sicht wäre das super, weil da Pilze wachsen und Tierchen drin wohnen. Aber im Hinblick auf die Stabilität dieses Baums … Also, was wir tun können, ist, unser Fachwissen zur Geltung bringen, ein sachliches Beratungsgespräch führen und darauf hinweisen, dass der Baum ein Wörtchen mitzureden hat.

»Aber *ich* bezahle Sie, nicht der Baum.«

Trotzdem. Ich möchte keine verstümmelten Bäume hinterlassen …

Solche Situationen kommen vor. Moritz und ich versuchen, uns darauf vorzubereiten. Wie sollen wir reagieren, wenn Kunden Dinge verlangen, die uns ganz und gar gegen den Strich gehen? Wann ist der Punkt erreicht, an dem wir sagen: Machen wir nicht – und an dem wir einen Auftrag sausen lassen? Denn der Baum ist nicht selten das geringste Problem.

In einem kleinen, leicht verwilderten Garten steht eine allenfalls 10 Meter hohe Magnolie. Sie wächst direkt am Zaun, und der Nachbar ergreift die Gelegenheit, kommt herüber und spricht mich über den Zaun hinweg an – wir sollen sämtliche Äste abschneiden, die in sein Grundstück hineinragen. Warum? Die Blätter fallen auf sein Grundstück, die Blüten landen auf seinem Rasen, der Baum macht Ärger. Als ob Absägen etwas ändern würde! An den Schnittstellen werden sich Stresstriebe bilden, und zwar jede Menge, die wachsen sehr schnell, und in Kürze wird der erboste Nachbar mehr Laub und mehr Blüten denn je auf seinem Rasen haben. Ganz abgesehen davon, dass es nicht im Sinne meines Kunden sein dürfte, den Baum zu verunstalten. Das wäre Sachbeschädigung, und kein Nachbarschaftsrecht verlangt, überm Zaun alles wegzuschneiden. Also, ich halte nichts davon, ich erkläre ihm meinen Standpunkt, aber er lässt nicht mit sich reden. Er glaubt mir nicht.

Manchmal schlüpfen Moritz und ich spaßeshalber in die Rolle des nörgelnden Grundstücksbesitzers, der gerade eingezogen ist und als Erstes seine Nachbarn wegen ihrer Bäume verklagt – die sollen alle gefällt werden, weil dreckig, dunkel und gefährlich. »Außerdem verstopfen die Blätter im Herbst meinen Abfluss, und ich kann den schleimigen Brei dann rauskratzen!«

Stimmt, Bäume haben die Unart, Licht wegzunehmen und Schatten zu werfen – ich biete dann gerne an, die Krone etwas auszudünnen, sodass aus dem Schatten ein Halbschatten wird; aber zwölf Stunden Sonne am Tag heißt fällen, und dazu bin ich nicht bereit. Ja, stimmt auch, aus Bäumen rieseln alle Jahre wieder Blüten, Samen, Früchte, Laub und Vogeldreck, und je nach Baumart hört es gar nicht auf: Birken beispielsweise werfen im Frühjahr mit Pollen und Blüten um sich, im Sommer lassen sie abgestorbene Feinäste und Fruchtkörper fallen, und im Herbst kommt alles auf einmal runter. Nerven kann auch der Honigtau, den verschiedene Insekten ausscheiden. Doch wie viel ein Baum auch immer verdreckt: Angesichts des Plastikmülls an den Stränden, der Plastikinseln auf unseren Weltmeeren sollte diese Minimalbelästigung doch wohl mit Humor zu nehmen sein, oder? Zumal alles, was ein Baum abwirft, durch eine Unzahl von Klein- und Kleinstlebewesen wieder in den Nährstoffkreislauf eingebracht wird – vorausgesetzt, der Mensch gestattet ihnen zu überleben. Derzeit sieht es nicht danach aus, jedenfalls haben wir es im letzten Vierteljahrhundert geschafft, den Insektenbestand um 75 Prozent zu reduzieren.

Und schließlich folgender kurioser Fall: Eine Kundin verlangt, einen starken Ast der nächsten Buche zu kappen, weil er so viel Laub abwerfe. Würde ich machen, wenn sich Haus und Grundstück nicht inmitten eines Buchenwalds befänden. Denn Buchen werfen im Herbst wirklich große Mengen Blätter ab, und ich müsste alle Bäume im weiten Umkreis fällen, um die Dame von ihrem Unbehagen zu erlösen.

Gut, es gibt sie also, die Zeitgenossen mit dem leicht gestörten Verhältnis zum Baum, aber in der Mehrzahl sind sie nicht. Unser Idealkunde wäre selbstverständlich jemand, der auf unseren Vorschlag, einen absterbenden Baum zu fällen, entgegnen würde: »Aber ich möchte ihn gern behalten …« Darauf wir: »Natürlich lassen sich lebensverlängernde Maßnahmen durchführen, aber die sind aufwendig, die kosten Geld.« Und er dann: »Geld spielt keine Rolle.« So einer wäre ein Traum von einem Kunden, auch weil wir bei diesem Auftrag noch lernen und Vorgehensweisen ausprobieren könnten, zu denen im Alltagsgeschäft die Gelegenheiten fehlen. Aber wir sind schon glücklich, wenn Menschen sich für die Ansprüche eines Baums aufgeschlossen zeigen, was in der Regel der Fall ist.

Dass sich Baumpfleger zum Anwalt der Bäume machen, ist ja nicht gerade üblich. Dass ich aus diesem Grund gern mitbestimme, was mit einem Baum geschieht, ist wahrscheinlich ebenfalls gewöhnungsbedürftig. Fällen ist halt oft der einfachste Weg und auch billiger, als durch wiederholte Eingriffe dafür zu sorgen, dass ein kranker Baum weitere 50, 60 Jahre an seinem Standort bleiben und seine Funktion erfüllen kann. Aber kommen wir schließlich noch einmal zu dem, was auch jedem Laien an einem Baum ins Auge fällt, seine Form nämlich, seine Gestalt.

Ich habe einen ästhetischen Anspruch. Das heißt: Einerseits geht es mir darum, einen Baum durch meine Eingriffe nicht so zuzurichten, dass er seine artgerechte Form verliert. Diese natürliche Wuchsform ist für den Baum selbst funktional und sollte schon deshalb erhalten bleiben. Der natürliche Habitus hat sich ja evolutionär durchgesetzt, und wenn ich ihn verändere, pfusche ich der Evolution ins Handwerk.

Und andererseits – wenn ich einen Baum schon einkürzen, ihm also Wunden zufügen muss, dann möchte ich wenigstens seine Schönheit nicht schmälern. Meine Schnitte sollen anschließend in seinem Gesamtbild nicht auffallen, am besten unsichtbar bleiben. Nichts höre ich lieber, als wenn der Kunde hinterher sagt: »Aber Sie haben ja gar nichts geschnitten!« Gelegentlich ist dieser Satz allerdings als Reklamation zu verstehen, und bisweilen ist es ratsam, den Asthaufen am Boden als Beweis zu fotografieren. Es gibt Baumpfleger, die gehen so weit, zur Beruhigung des Kunden zumindest einen Schnitt zu machen, der unangenehm auffällt …

Ich bringe das nicht über mich. Und wer weiß – sollte es mir gelungen sein, den Baum nicht nur sicherer zu machen, sondern obendrein auch schöner, wird er sich am Ende vielleicht in seiner neuen Verfassung selbst wohler fühlen als vorher.

ERSTE VORBEREITUNGEN FÜR DEN AUFSTIEG

Wir sprechen von »Baustelle«, wenn wir unseren nächsten Arbeitsplatz beschreiben. Dabei arbeiten wir ja nicht auf dem Bau, sondern in Bäumen. Aber auch da ist 9 Uhr eine vernünftige Zeit, um anzufangen.

Es ist ein grauer Tag, es hat geregnet, obendrein ist es kalt, kaum über null. Um diese Zeit sind alle wach und haben das Frühstück hinter sich, da wird man erwartet, da wird einem geöffnet. Es ist ein Privathaus in einer Siedlung, dahinter der Garten, leicht abschüssig, mit der Magnolie, Sie erinnern sich. Der Nachbar wird seinen Unmut erst ein paar Stunden später an mir auslassen; was mich im Moment beschäftigt, ist: Regennasse Bäume können unangenehm zu klettern sein. Je nach Spezies sind Stamm und Äste glitschig. Eine nasse Buche vermittelt den Eindruck, als wäre gerade jemand vorbeigekommen und hätte sie mit Seifenlauge behandelt. Die schäumt regelrecht in den Astgabeln, und als Schaum läuft ihr auch das Wasser am Stamm hinunter. Alte Eichen hingegen sind borkig, die lassen sich auch bei Feuchtigkeit relativ problemlos klettern, es sei denn, sie sind mit Moos überzogen – nasses Moos ist die Urmutter der Glitschigkeit. Und erst die Platane … Sie hat praktisch keine Borke, sie ist schon trocken aalglatt.

Zum Glück hat es aufgehört zu regnen.

Dauerregen ist auch aus anderen Gründen keine Freude. Unser Allwetter-Job verlangt zwar nach Allwetter-Typen und Allwetter-Kleidung, und eigentlich erfüllen wir diese Bedingungen. Aber nicht genug damit, dass feuchte Bäume ihre Tücken haben können, auch unsere Arbeitskleidung wird mit der Zeit schwer, die Arbeit im Baum strengt doppelt an, und nach einigen Stunden regnet es einem direkt ins Herz. Man manövriert sich in der besten Regenschutz-Kleidung der Welt durch den Baum, bleibt am Körper auch tatsächlich trocken, aber der Regen trübt die Stimmung dennoch zusehends ein – bis zum Widerwillen gegen diesen schönen Beruf.

Heißen Kaffee (oder Tee) haben wir dabei. Im Laderaum unseres Hirtenmobils, in dem es auch ohne Thermosflasche voll zugeht. Da liegen die Sägen, ein gutes Stück neben dem anderen, Sägen jeden Kalibers – die kleinste hat 25 cm Schwertlänge, die größte 60. Die großen werden heute nicht gebraucht.

Der Plan sieht vor, ein paar Kornellkirschen zu fällen, in deren schmalen Kronen sich das Kabel einer Telefonleitung verfangen hat, dafür reichen die kleineren Motorsägen – je größer das Schwert, desto mehr hat man zu schleppen. Es reicht, wenn die Schwertlänge dem halben Stammdurchmesser entspricht, und eine Kornelkirsche ist sowieso nur eine halbe Portion (unter uns Bäumen gesagt); sie hat nicht den Ehrgeiz, zu den Großen zu gehören, und bleibt gewöhnlich unter zehn Metern. Halber Stammdurchmesser deswegen, weil man ja von zwei Seiten sägen kann.

Dann ist da die Buche, die jetzt hoffentlich nicht mehr schäumt; bei der werde ich Einkürzungen in der Krone vornehmen, aber dafür reicht die Handsäge. Im Baum zählt jedes Gramm, und Motorsägen wiegen nicht nur, die sind auch sperrig, die stören beim Klettern, die ziehen dich nach einer Seite runter. Eine Handsäge am Gurt merkt man kaum. Die macht zwar ein bisschen mehr Arbeit, aber wer keinen Bock auf Arbeit hat, ist in unserem Job sowieso falsch.

Und schließlich die Magnolie. Ein kleiner Baum. Bei der hat sich ein Druckzwiesel in der V-Gabel der Stämmlinge gebildet, so etwas ist immer heikel. Wer oder was heikel ist? Nun, wenn ein Stamm sich in mehrere Stämmlinge aufteilt, dann kann der Punkt, an dem sie zusammenstoßen, unter Druck geraten. Das wäre der Zwiesel. Der könnte aufreißen, den Teil müssen wir also sichern; auch keine große Sache – den Nachbarn haben wir nicht einkalkuliert.

Dann befindet sich im Laderaum des Hirtenmobils auch alles andere: die Seile, die Schutzkleidung, die Handsägen, die Gurte und tausenderlei Utensilien wie Karabiner, Aluringe, Visiere, Steigeisen, Handschuhe, Wurfhaken und so weiter. Die Steigeisen sind heute Mo vorbehalten. Der wird die Kornelkirschen fällen, und bei Fällungen kommt es nicht mehr drauf an, da rammt man die Dornen ins Holz und läuft so auf die bequemste Art am Stamm hoch. In die Buche werde ich allerdings ohne Steigeisen aufsteigen; so halten wir es grundsätzlich, weil wir Bäumen Verletzungen ersparen, wo immer es geht. Wenn sie sowieso gefällt werden, ist es egal.

Gut, als Erstes umziehen, die orangefarbene Sicherheitskleidung anlegen. Ohne Sicherheitskleidung läuft gar nichts, auch nicht an einem relativ ruhigen Arbeitstag wie heute. Man braucht sie aus mindestens zwei Gründen. Zum einen, weil man ziemlich nah am eigenen Körper mit einer Motorsäge hantiert, deren Kette mit bis zu 80 km/h unterwegs ist und nichts verschmäht, was ihr in die Quere kommt. Und zweitens, damit wir auffallen. Besser, man muss nicht lange suchen, wo sich der andere gerade aufhält, und nicht groß rätseln, was er gerade macht – das Bodenpersonal will mich im Auge behalten, und ich will die Männer am Boden im Auge behalten, zum Beispiel, wenn ich ein abgetrenntes Kronenteil im freien Fall nach unten schicke. Orange hebt sich gegen grün schön ab, und was die Arbeit mit der Motorsäge angeht …

Das Futter meiner Schnittschutzhose besteht aus einer Art grober Wolle. Die würde den Kettenumlauf im Sägengehäuse verstopfen, sollten sich Säge und Hose versehentlich berühren. Die Kette würde im selben Augenblick blockieren, in dem sie einen Fetzen des Futters hineinzieht. Die Beine sind auf diese Weise geschützt, und da die Hose eng anliegt, ist auf diesen

Schutz auch Verlass; bei einer Schlabberhose hingegen könnte mir die Säge die hintere Partie der Hose nach vorn reißen, und hinten fehlt der Schnittschutz meist, das wäre schlecht.

Aber die Sägenhersteller unternehmen ihrerseits schon alles Erdenkliche, um Unfälle auszuschließen. Natürlich ist es kein Zufall, dass Kettensägen gelegentlich Gastauftritte in Horrorfilmen haben. Mit denen kann man, ob absichtlich oder unfreiwillig, schlimme Sachen anrichten, ganz abgesehen davon, dass das Aufkreischen einer Motorsäge gut zum Soundtrack von Horrorszenen passt. Im Arbeitsalltag jedoch sind sie nur gefährlich für den, der sie nicht beherrscht oder wissentlich falsch bedient.

Kettensägen sind nämlich rundum auf Sicherheit ausgelegt, und ganz vorne rangiert in dieser Hinsicht die Kettenbremse. Solange die Säge nicht benutzt wird, ist diese Bremse grundsätzlich eingelegt, damit niemand die Kette versehentlich in Gang setzt. Entsichert wird die Säge nur für den eigentlichen Arbeitsprozess. Aber auch dann kann die Bremse jederzeit aktiviert werden, und zwar automatisch, denn die Bremse ist mit dem vorderen Handschutz gekoppelt, der den Handrücken normalerweise vor umherfliegenden Sägespänen, Ästen und dornigem Gestrüpp schützt. Bei einem reibungslosen Betrieb kommt man mit diesem Handschutz gar nicht in Berührung – sollte ich aber für einen Moment die Kontrolle über die Säge verlieren, würde meine linke Hand den Handschutz berühren und damit die Kettenbremse auslösen.

Um die Funktionsweise der Bremse einmal an einem dramatischen Szenario zu verdeutlichen: Gefährlich kann es zum Beispiel dann werden, wenn ich mit dem Schwert bei laufender Kette mit der oberen Spitze auf Widerstand stoße. Das nennen wir auch Kick-back. Im selben Moment nämlich käme es zu einem mehr oder weniger heftigen Rückschlag, wobei mir das Schwert schlimmstenfalls ins Gesicht oder seitlich gegen das Bein schlagen würde. Jede unkontrollierte Bewegung der Säge aber führt dazu, dass meine Hand mit dem Handschutz in Berührung kommt, der dann umgehend eine Feder im Gehäuse löst und die Kette auf der Stelle anhält. Die Säge kann mir dann immer noch gegen den Kopf knallen, aber sie kann mir nicht mehr den Schädel spalten.

Doch trotz aller Sicherheitsvorkehrungen – eine Motorsäge ist kein Küchengerät. Sie ist stets mit Vorsicht zu genießen. Es gehört zu unserem Beruf, dass wir mit einem Werkzeug arbeiten, vor dem man sich grundsätzlich in Acht nehmen muss, und wem einmal die Motorsäge ausgerutscht ist, dem sitzt der Schreck in den Knochen, der erholt sich nicht so schnell davon. Ich war dabei, als ein Kollege mit laufender Säge an seine Schnittschutzhose kam. Die Kette hatte kein Unheil angerichtet, bloß etwas Stoff weggekratzt, und war augenblicklich zum Stillstand gekommen, aber der Pechvogel musste sich anschließend erstmal hinsetzen und eine Zigarette anzünden. Die Begegnung mit einer Kettensäge ist einschneidend – in jeder Hinsicht.

Also ist es mit der Schnittschutzhose allein nicht getan. Meine Schutzkleidung umfasst des Weiteren einen Helm, einen Augenschutz – mal Brille, mal Visier – und einen Gehörschutz, weil Motorsägen einiges an Dezibel produzieren. Klar, selten wird es so laut wie unlängst bei einer Fällung, als ich ein 90-cm-Schwert auf der Säge hatte. Geräuschmäßig war das auf jeden Fall die Eintrittskarte in die Welt des Horrorfilms, sie lärmte nämlich bei 118 Dezibel herum, aber Krach machen sie immer, auch die kleinen.

Jetzt die Handschuhe. Es gibt Kollegen, die ziehen sich den ganzen Tag mit bloßen Händen am Seil hoch, aber ich muss auch an meine Frau denken. Ohne Handschuhe bildet sich schnell Hornhaut in den Handflächen, dann hätte ich dort Schwielen, und für meine Frau würde jede Berührung auf ein Peeling hinauslaufen … Will keiner von uns beiden, also arbeite ich grundsätzlich mit Handschuhen, die im Übrigen so geschmeidig sind, dass die Finger volle Bewegungsfreiheit haben und alles ausführen können, was bei der Arbeit im Baum an

Fummeln und Friemeln anfällt. Außerdem schützen sie meine Hände vor dem Abrieb der Aluminiumgerätschaften am Seil.

Was fehlt?

Vorerst nur noch die Schuhe, die Schnittschutzschuhe. Deren Schutzklasse bemisst sich nach der Zeit, die eine Motorsäge braucht, um sich ganz hindurchzufräsen. Auf die Idee, das auszuprobieren, käme im Alltagsbetrieb natürlich keiner, aber es ist trotzdem ein gutes Gefühl, massives Schuhwerk an den Füßen zu haben. Ich habe mir tatsächlich einmal in den Schnittschutzschuh gesägt. Es war nur zu einer leichten Berührung gekommen, aber die Säge hatte in dieser Sekunde schon das Deckmaterial mitgehen lassen.

Fertig. So, wie wir jetzt aussehen, sind wir zu Einsätzen aller Art bereit, auch zu außerirdischen. Wir gehen daran, Sägen, Gurte, Benzinkanister und Seile plus Zubehör vom Auto in den Garten zu schaffen. Sobald wir die Gurte bestückt und angelegt haben, kann's mit der Arbeit losgehen.

HÖHENANGST, HÖHENLUST

In der Baumkletterer-Szene wird in Internetbeiträgen und Videos ganz gern auf gefährlich und furchtlos gemacht. Wenn wir uns selbst auf den Arm nehmen wollen, reden auch wir uns den Job riskanter, als er es ist, und denken uns neue Namen und Werbestrategien aus – etwa: Baumpflege »Lebensgefahr«, Geschäftsführung: Peter Todesmut und Moritz Wagehals, Firmenmotto: Wir scheuen weder Tod noch Teufel …

Na ja, aber ein Risiko ist bei uns immer dabei. Das Wort Horror ist im letzten Kapitel bereits gefallen, auch wenn es sich vielleicht nicht gerade aufgedrängt hat. Dabei sind wir noch gar nicht beim Klettern angelangt. Zu diesem Hauptteil unserer Arbeit einige grundsätzliche Bemerkungen vorweg.

Wir sind ja nicht die Einzigen, die klettern. Auch die alpine Bergsteigerei ist mit Klettern verbunden, aber die Umstände und Herausforderungen an einer Felswand sind andere. Abstürzen kann man zwar hier wie dort, und wer 30 Meter tief fällt, für den ist es gleich, ob er von einem Felsen oder einer Douglasie abgerutscht ist. Aber eine Felswand ist eine annähernd ebene Fläche, und der Felskletterer bewegt sich vorwiegend in der zweiten Dimension, während ein Baum dreidimensional ist und der Baumkletterer sich seinen Weg durch einen Raum voller Hindernisse suchen muss, wobei er häufig die Richtung wechselt. Zumindest verhindert die Vielzahl der Äste, dass er auf geradem Weg ans Ziel gelangt, und die Kunst besteht darin, dieses äußerst unregelmäßige, anfangs verwirrende, manchmal verschlungene Gerüst aus Ästen so intelligent wie möglich für das eigene Fortkommen zu nutzen.

Davon abgesehen ist das Seil für den Felskletterer eine Sicherung für den Fall, dass die Körperkräfte versagen, also letzte Rettung in der Not. Der Baumkletterer hingegen arbeitet ständig
am gespannten Seil. Es wird oben im Baum verankert und hält
ihn, fängt sein Gewicht ab und erlaubt ihm, weit hinauszuklet-
tern bis in die peripheren Regionen der dünnsten Äste. Es ist
also einzig das Seil, das einem Kletterer im Baum die volle Bewegungsfreiheit verschafft, indem es ihn leicht macht – Könner
belasten einen Ast lediglich mit etwa 30 Prozent ihres Körpergewichts, und der übrigen 70 Prozent nimmt sich das Seil an.

Und eine weitere Besonderheit: Es gibt einladende und abwei-
sende Bäume. Wahrscheinlich ist die sehr persönliche Beziehung schuld, die unsereins mit der Zeit zu Bäumen entwickelt,
aber mir kommt es bisweilen so vor, als hätten bestimmte Bäume
keinen Bock darauf, beklettert zu werden. Ich werde natürlich
den Teufel tun und meinem Kunden erklären, dass ich seinen
Baum erst einmal überreden muss und dafür ein paar Tage Zeit
brauchen werde, und vielleicht bilde ich es mir auch bloß ein.
Aber dieses Gefühl kommt mir manchmal in einem Baum,
genauso wie ich mich in anderen Bäumen gleich willkommen
fühle, als ahnten die einen, dass ich ihnen Böses will, und die
anderen, dass ich es gut mit ihnen meine.

Doch auch nach streng objektiven Maßstäben gibt es Unterschiede, vor allem zwischen Laubbäumen und Nadelbäumen.
Gerade die komplexe Kronenstruktur von Laubbäumen mit ihrer immer neuen Ausformung des Geästs kommt uns entgegen,
weil sie Einfallsreichtum belohnt und die Abenteuerlust befriedigt. Nadelbäume andererseits mit ihren kerzengerade emporge-
wachsenen Stämmen und ihren regelmäßigen, dicht aufeinan-
derfolgenden Astkränzen gehören eindeutig nicht zu unseren
Lieblingen; sie sind bestenfalls langweilig, schlimmstenfalls wi-
derspenstig.

Der Mammutbaum mit seinem luftigen, gut ausgebildeten
Geäst kommt unter den Nadelbäumen noch am besten weg.

Auch die Kiefer kann einen gnädig stimmen, solange sie alt genug ist, um einen richtigen Kronenaufbau zu haben. Große Zedern haben ebenfalls ihren Reiz, sind aber alles andere als leicht zu klettern mit ihren nackten Stämmen und ihren genauso nackten, starken Ästen, bei denen sich lange nichts gabelt und nichts verzweigt und das Geäst erst sehr weit draußen beginnt; genau dort hinaus aber müssen wir in der Regel zum Arbeiten gelangen, und unterwegs können die Nerven schon mal flattern.

Aber alles kein Vergleich zur sibirischen Fichte, denn anders als sämtliche anderen Fichtenarten lassen sich ihre Äste erst einmal nach unten fallen, bevor sie sich wieder fangen und in die Horizontale weiterwachsen. Für das liebende Auge mag die sibirische Fichte die Anmut einer Tänzerin haben, aber ich sehe nur die hängenden Äste, den dünnen Stamm und die große Höhe, die dieser Baum trotz seines mickrigen Stammdurchmessers erreicht, und es graust mir davor, mich durch dieses Gestrüpp nach oben kämpfen zu müssen. Sibirische Fichten kürzt man natürlich nicht ein, sie werden nicht gepflegt, sie werden nur gefällt, und beim Aufstieg gelangt man rasch an den Punkt, wo dieser dünne Stamm bedenklich ins Schwanken gerät – dann schaut man hoch und stellt fest: Du hast sie gerade einmal zur Hälfte erstiegen. Soll ich den halben Baum als Spitze absägen und runterwerfen? Also weiter, noch höher … und nicht auf die innere Alarmanlage gehört, die gerade aufdreht und vom leisen Brummton in hektisches Piepen übergeht. Sollte dann noch eine Klimatis oder ein Efeu hineingewachsen sein, ist der Spaß endgültig vorbei.

Also, ungefährlich ist es niemals. Es gibt Höhen, in denen ich mir bei aller Routine einen Ruck geben muss, wo die Nerven unweigerlich reagieren und womöglich rebellieren. Aber Grenzen überschreiten hat mich immer gereizt, Selbstüberwindung muss schon als Kind in meiner Natur gelegen haben. Die Aussicht auf eine nie zuvor gemachte Erfahrung, ob harmlos oder lebensbedrohlich, zieht mich magisch an …

Mallorca in den späten 80er-Jahren. Meine Eltern haben für einige Wochen ein Haus gemietet, Schauplatz unseres jährlichen Familienurlaubs. Mir gefällt es dort. Ein Dorf weiter ist schon alles überlaufen, aber in unserem Ort bekommt man davon kaum etwas mit. Zwar gibt es auch hier ein französisches Hotel mit Animation und Touristenbelustigungen, aber wir haben ein Ferienhaus bezogen und animieren uns selbst. Und wie das so ist: Nach Jahren am selben Ort ist man miteinander bekannt und tut sich, kaum eingetroffen, mit anderen Familien zusammen, die ebenfalls an diesem Urlaubsort einen Narren gefressen haben. Die Erwachsenen bilden eine Clique, und auch die Kinder ziehen auf der Suche nach Abenteuern gemeinsam los.

Wir laufen von Bucht zu Bucht. Zwei Buchten sind leicht zugänglich, andere sind nur schwimmend zu erreichen. Eben dort aber gibt es Klippen, und die sind unwiderstehlich. Ich stelle mir vor, wie es sein muss, dort oben zu stehen und runterzuschauen, wo das Mittelmeer schwappt und wogt, in verführerischem Blau. Den anderen geht es wie mir, und so vergewissern wir uns, dass unter Wasser keine Gefahren lauern, schnorcheln und tauchen die Stelle unter unserer Klippe ab, bevor wir zurückschwimmen, über Land zurückkehren und runterspringen.

Und jetzt? Einmal springen reicht ja nicht. Einige schwimmen zurück, um abermals den Landweg zu nehmen. Ich gehöre zu denen, die jetzt den direkten Weg nehmen wollen und die Klippe vom Wasser aus zu erklettern beschließen.

Es geht 15 Meter an scharfkantigem Kalksteinfelsen steil nach oben. Unterhalb gibt es eine kleine, ausgespülte Bucht, da schwimme ich hinein, steige dann seitlich heraus, möglichst ohne auf Seeigel zu treten, und ziehe mich an der eigentlichen Steilwand hinauf, Überhänge eingeschlossen. Oben angekommen blute ich aus Händen und Füßen, ein Knie ist aufgeschlagen, aber ich habe es geschafft, Adrenalin macht's möglich.

Später machen es alle so. Wen auf halbem Weg die Kräfte verlassen, der stößt sich einfach von der Felswand ab und landet im

Wasser. Wer es bis oben schafft, steht mit riesengroßen Augen da, zitternd vor Anstrengung, erholt sich kurz, stellt sich auf die Spitze der Klippe und springt erneut. Und klettert wieder hoch und springt noch einmal.

Das war meine erste krasse Klettererfahrung, im Alter von neun oder zehn Jahren. Heute hätte ich gut zu tun, an dieser Klippe hochzukommen. Die Begeisterung fürs Klettern hat sich jedenfalls früh angekündigt. Was treibt einen da raus, da hoch, da runter? Mag sein, dass es kaum zu erklären ist – es zu beschreiben fällt aber leicht.

Als wir letztes Jahr, meine Frau und ich, abends in einem Dorf an der baskischen Küste ankamen, war Sturm, und ich hörte schon das Donnern der Brandung. Als Erstes musste ich runter ans Meer, die Lage begutachten, und da schlugen sie im graublauen Licht der Dämmerung auf den Strand – sieben, acht Meter hohe Wellen. Ein überwältigendes, beinahe überirdisches Erlebnis, und ich ging auf die Knie.

Anderntags bin ich mit meinem Surfbrett bei abklingendem Sturm ins Wasser gegangen, um ein paar Nachzügler-Wellen abzugreifen.

Irgendwann bahnte sich von weitem eine Welle an, ich paddelte sie an, und als sie sich höher und höher vor mir aufbaute, dachte ich: Das wird ein richtiges Biest, die wird schön groß, und wenn du sie nicht erwischst, wird's dir leidtun. Es gibt dann immer noch diesen letzten, kurzen Moment, in dem man abdrehen könnte, aber ich ließ ihn verstreichen. Ich sagte mir: Nein, das machst du jetzt, diese Erfahrung lässt du dir nicht entgehen ... Und sie wurde groß. Und ich erwischte sie nicht. Und ich wurde von ihr durchgeprügelt. Und habe es nicht bereut, im Gegenteil: Nach etlichen Stunden im Wasser und ganzen zwei Wellen, die mich haben wollten, war ich regelrecht in Hochstimmung. Poseidon hatte mich ganz schön verdroschen, wohl wahr, aber als meine Frau mich fragte, wie's war, fiel mir nur ein Wort ein: Geil!

Derartige Situationen sind für mich unwiderstehlich. Auch wenn absehbar ist, dass meine Chancen schlecht stehen – ich tu's trotzdem. Vielleicht, weil nichts über das Gefühl geht, überlebt zu haben. Doch vermutlich kommt noch etwas anderes hinzu. Etwas, das mit Stolz zu tun hat. Mit Stolz und mit Lust. Denn Stolz macht glücklich. Und Lust bedeutet Mut.

LETZTE VORBEREITUNGEN
FÜR DEN AUFSTIEG

Zurück zu dem feuchten, kalten Morgen in einem Wuppertaler Garten.

Was ich nicht haben kann, ist Leichtsinn. Klingt komisch, wo ich mich gerade als Freund des Risikos zu erkennen gegeben habe, ich weiß. Aber erstens: Ich gehe immer nur so weit, wie ich's mir zutraue. Und zweitens: Bei der Arbeit keine Sorge für die eigene Sicherheit zu tragen wäre unprofessionell, verantwortungslos und pure Dummheit. Das Klettern selbst ist schon riskant genug. Mit einer Höhe von 10, 15, womöglich 30 Metern ist nicht zu spaßen; von der Kettensäge ganz abgesehen. Nein, als Nervenkitzel reicht mir das Restrisiko.

Obendrein bin ich Pedant. Moritz kann ein Lied davon singen. Ich achte auf jede Kleinigkeit, ich ziehe alles in Betracht. Mich gegen jede erdenkliche Gefahr abzusichern ist mir in Fleisch und Blut übergegangen. Schon bei meinem ersten Arbeitgeber, in meiner Zeit als Angestellter, haben wir vor dem Aufstieg unsere Strategie im Baum festgelegt und sind zum Abschluss unserer Überlegungen kurz das Worst-case-Szenario durchgegangen: Was könnte schlimmstenfalls schiefgehen, wenn wir wie geplant vorgehen? Das und das … Ist aber sehr unwahrscheinlich … Könnte immerhin passieren … Wie verhalte ich mich dann? … So und so … Okay, prima, an die Arbeit!

Also: Alles mit Bedacht und nicht meinen, die Sicherheitsvorschriften wären etwas für Anfänger. Am besten vorher gedanklich durchspielen, welches Malheur eintreten könnte und wie man reagieren müsste, um heil rauszukommen. Sportler machen es genauso. Bevor sich ein Turner an eine gewagte Nummer traut, geht er sie im Kopf Schritt für Schritt durch, und nicht nur einmal, sondern zigmal, jeden Handgriff, jede Körperdrehung, den ganzen Bewegungsablauf.

Mache ich auch, bis heute. Furchtlosigkeit ist gut und schön, sie ist tatsächlich eine Voraussetzung für unseren Job, aber immer kombiniert mit einem wachen Gefahrenbewusstsein. Blindes Draufgängertum kann übel ausgehen. Wenn ich an meine Skateboard-Zeiten denke ... Wann immer ich mir eine Verletzung zugezogen habe, lag der Grund darin, dass ich mein Gefahrenbewusstsein ausgeschaltet hatte. In solchen Momenten wollte ich etwas erzwingen, von dem mir mein Instinkt dringend abgeraten hatte, und prompt war das Kreuzband in der Kniekehle gerissen.

Wenn ich jetzt, in dem Wuppertaler Garten, den Treibstofftank meiner Motorsäge fülle, weiß ich außerdem: Sie hat alle Ursache, mit mir zufrieden zu sein – von innen ist ihr Gehäuse sauber, ihre Zähne sind geschliffen, auch die Kettenspannung stimmt, und der Tiefenbegrenzer ist runtergefeilt. Und sie muss sauber sein, damit sie ihre Leistung entfalten kann. Die Zähne müssen geschliffen sein, weil sie sich – ja, erstaunlicherweise – unterschiedlich abnutzen. Kettensägen-Zähne arbeiten eben anders als die Zähne einer Handsäge, nämlich wie Hobel, die winzige Späne aus dem Holz ziehen. Man könnte sie maschinell schleifen, aber ich habe noch keine Maschine erlebt, die sauber geschliffen hätte, also schleife ich sie mit einer Rundfeile eigenhändig. Pedantisch, wie ich bin, finde ich's nicht mal lästig. Ich mach's sogar gerne, spanne das Schwert in einen Schraubstock und bin bei einem 30-cm-Schwert in fünf Minuten durch. Bei einem 75-cm-Schwert dauert's natürlich länger.

Und der Tiefenbegrenzer? Der bestimmt, wie tief der Hobelzahn an der Kette ins Holz eindringt. Ich kann damit festlegen, wie viele Millimeter die Zähne wegnehmen. Gäbe es den Tiefenbegrenzer nicht, würde die beste Säge der Welt nicht ruhig sägen, sie würde springen, weil zu viel Holz erfasst und rausgezogen würde. Allerdings ist der Tiefenbegrenzer genügsamer als die Zähne, der muss nicht bei jedem Schliff runtergefeilt werden.

Der Tank ist voll. Mo bricht mit der Säge schon mal in die Kornelkirsche auf, die übrigens keine Kirsche, sondern ein Hartriegelgewächs ist und sich schon strecken muss, um auf acht Meter zu kommen; nichts Aufregendes also. Das Orange seiner Arbeitskleidung leuchtet selbst an diesem grauen Tag zwischen den kahlen, schwarzen Ästen auf. Die nächsten zwei Stunden wird er fällen, und ich kann mich in Ruhe mit dem Herzstück der ganzen Baumkletterei beschäftigen, nämlich mit Gurt und Seil.

Inzwischen habe ich ihn angelegt, den Gurt. Von hinten könnte man meinen, ich hätte einen ganzen Trödelladen dabei. Der Gurt selbst verschwindet weitgehend unter einer Unmenge von Utensilien, die mir dicht gestaffelt von der Hüfte hängen und mich um einiges schwerer machen, als ich eigentlich bin. Das kommt davon, wenn man für alle Fälle gewappnet sein will, und niemand würde mir glauben, dass dieser Gurt meine Hängematte oder mein Bürostuhl ist. Und mir obendrein den Schreibtisch ersetzt.

Denn was heißt schon Gurt? – wenn man bedenkt, dass wir von diesem Teil unserer Ausrüstung ein Maximum an Bequemlichkeit, Sicherheit, Bewegungsfreiheit und Funktionalität erwarten. Kein Wunder, dass die Hersteller von Baumklettergurten nicht müde werden, ihre Produkte immer weiter zu testen, zu überarbeiten, zu optimieren. Zum besseren Verständnis will ich einmal Gurte aus anderen Bereichen zum Vergleich heranziehen.

Da gibt es den Industrieklettergurt. Was muss er leisten? Industriekletterer seilen sich an Gebäuden von oben ab, um Fenster zu putzen, um Verschraubungen oder Fugen zu kontrollieren, sie hängen stundenlang an einer Wand, sie bewegen sich nicht viel, sie kennen im Grunde auch nur eine Richtung, nämlich von oben nach unten. Der Gurt, der sie trägt, muss deshalb möglichst bequem sein und eine breite Auflagefläche haben, im

Idealfall ein regelrechtes Sitzbrett. Ist er auch, hat er auch. Industrieklettern ist, so gesehen, vergleichsweise gemütlich. (Wenn man sich anguckt, was für krasse Jobs diese Leute bisweilen machen – zum Beispiel auf Ölbohrinseln oder an Windkraftanlagen –, dann kann von Gemütlichkeit allerdings keine Rede mehr sein.)

Dann gibt es – zweiter Anwendungsbereich – den Felsklettergurt. Der gewaltige Unterschied zwischen Industriekletterern und Felskletterern besteht darin, dass die einen die ganze Zeit am Seil in ihrem Gurt hängen, die anderen sich aus eigener Kraft an der Wand bewegen, Gurt und Seil eigentlich überflüssig sind und nur ihrer Sicherheit dienen. Der Felskletterer sollte folglich seinen Gurt am besten gar nicht spüren, der darf ihm auf keinen Fall im Weg sein, und deshalb ist er hier auf die unscheinbaren Maße eines breiteren Gürtels zusammengeschrumpft.

Und jetzt zu uns. Wir laufen im Baum hin und her. Bei uns geht es hoch und runter. Wir verlangen den Komfort eines Industrieklettergurts und die Bewegungsfreiheit eines Felsklettergurts. Der Baumklettergurt ist daher tatsächlich ein raffiniertes Mittelding zwischen beiden: breit genug, um guten Halt zu geben – sogar mit zusätzlichen Halterungen für die Oberschenkel versehen –, sportlich genug, um auch akrobatischere Nummern zuzulassen, und hinten obendrein mit einer Menge Schlaufen für die diversen Ausrüstungsteile ausgestattet. Vorne sitzt das Kupplungselement, die sogenannte Brücke, über die durch einen Karabiner, eine Rolle oder einen Aluring die Verbindung zum Seil hergestellt wird, und jetzt haben wir die Hände frei – das Seil hält uns, der Gurt trägt uns.

Obendrein können wir im Baum nun praktisch jede Position, jede Körperhaltung einnehmen. Wir können halb liegend und weit nach vorn gebeugt, beinahe völlig ausgestreckt, arbeiten, wir sind frei beweglich – und da ist es fast schon wieder egal, wie dünn die Äste werden. Im Gurt hängend lassen sich selbst feinste Äste in der Kronenperipherie mit der Handsäge erreichen.

Hängematte, Bürostuhl? Ja, insofern, als wir Arme und Beine im Baum zwar immer noch brauchen, aber nicht, um unser volles Körpergewicht zu tragen oder abzustützen. Wir arbeiten aus dem Gurt wie der Steuerberater in seinem ergonomisch geformten Bürosessel.

Und Schreibtisch? Na ja, man schaue sich an, was wir hinten am Gurt mit uns herumschleppen, Schlingen, kurze Seile, Karabiner, Rollen, Metallringe, vieles doppelt und dreifach, sogar einen Wurfhaken für den Überstieg von einem Baum zum anderen und schließlich die Handsäge, gegebenenfalls die Motorsäge, beide in ihren Köchern – auf ein Büro übertragen würden solche Utensilien in die Schreibtisch-Schubfächer gehören, wo sie ebenfalls jederzeit zur Hand wären (aber natürlich, Schreibtisch sieht anders aus). Bleibt die Frage: Wozu diese Bestückung, wozu die zusätzliche Belastung?

Weil es oft nicht damit getan ist, das Aufstiegsseil zu Beginn einmal im Baum zu verankern. Der keiner Regel folgende Aufbau einer Baumkrone kann es nötig machen, das Seil umzuleiten und umzulenken oder den Ankerpunkt neu zu bestimmen und zu verlegen. Oder das Abseilen von abgesägten Ästen, von gefällten Stammteilen macht es erforderlich, ein zusätzliches Seilsystem einzubauen, und man will ja nicht für jeden Karabiner auf den Boden zurück.

Dies alles aber, das ganze komplizierte Arrangement von Seilen, Ringen und Rollen, hat weniger mit dem Zweck als mit dem Sinn unserer Arbeit zu tun: Da wir uns nun mal entschlossen haben, Bäume so freundlich wie möglich zu behandeln, unternehmen wir alles, um Seilreibung am Baum zu verhindern. Das heißt: Wir installieren unser Klettersystem so, dass Baum und Seil möglichst wenig direkten Kontakt haben, und beugen dadurch Verletzungen an Rinde und tiefergelegenen Holzschichten vor. Wir werden das später noch sehen, wenn wir zum Seil kommen.

EIN HAUCH VON SEEFAHRT

Gelegentlich, wenn das Thema Seil zur Sprache kommt, lasse ich mich zu der kühnen Behauptung hinreißen, die Erfindung des Seils sei für die Menschheit ein größerer Gewinn gewesen als die Erfindung des Rads. Warum? Weil das Seil die Grundlage der Segelschifffahrt ist und alle großen Entdeckungen mit dem Segelschiff gemacht wurden, nicht mit dem Ochsenkarren und nicht mit der Kutsche.

Beweisen kann ich es nicht, aber zwei Berufsgruppen würden mir vermutlich spontan beipflichten: Matrosen und Baumpfleger. Deren Masten sind unsere Bäume, und was uns darüber hinaus verbindet, ist das Seil. So unglaublich es klingen mag, aber wir Baumpfleger absolvieren in unserer Lehrzeit tatsächlich eine halbe Marineausbildung – oder anders gesagt: Die ruhmreiche Tradition der europäischen Segelschifffahrt lebt in Baumkletterer-Kreisen weiter. Es umweht uns ein Hauch von Seefahrt.

Jedenfalls lernen wir, was alle Seefahrer lernten, vor allem Knoten. Es ist fabelhaft, was man mit einem Seil alles machen kann, aber ein Seil ist nichts wert, wenn du keine Knoten beherrschst. Natürlich kann man nicht alle kennen. Es ist unglaublich, welchen Erfindungsreichtum die Menschheit auf diesem Gebiet bewiesen hat, zu welchen raffiniert geschlungenen Gebilden ein Seil inspiriert, was Knoten alles leisten. Knoten sind eine Wissenschaft für sich, aber vor allem sind sie unsere Lebensversicherung, denn wenn sich ein Knoten versehentlich lösen sollte, ist es mit deinem Erdenwandel schnell vorbei – bei der Seefahrt wie bei der Baumpflege.

Folglich nehmen wir Knoten sehr ernst. Knotenkunde macht einen großen Teil unserer Ausbildung aus, Knoten in Seile zu knüpfen ist eine der häufigsten Beschäftigungen des Baumkletterers. Und wahrscheinlich geht es mir wie allen Seeleuten der Vergangenheit: Wenn ich auf ein neues Seil zum ersten Mal einen Knoten setze, einen Klemmknoten zum Beispiel, dann verharrt mein Unterbewusstsein lange Zeit in einem Zustand gespannter Wachsamkeit. Diesen Knoten beobachte ich eine ganze Weile aus den Augenwinkeln, den kontrolliere ich immer wieder mit einem schnellen Blick – wie hält er, wie greift er, wie lässt er sich lösen? – und fummele ihn immer mal wieder zurecht, um seine Klemmeigenschaft zu verbessern, bis ich irgendwann Vertrauen zu ihm gefasst habe. Erst dann geht's unbeschwert weiter.

Andererseits ist der Knoten nichts wert, wenn kein Seil in der Nähe ist. Also nehmen wir uns einstweilen das Seil vor, an dem buchstäblich alles hängt.

Solange es nicht gebraucht wird, liegt es zusammengerollt im Seilsack. Aus dem Sack gelassen, kommt das klassische Kletterseil auf 45 Meter, das Aufstiegsseil, an dem wir in den Baum gelangen, auf 60 Meter. Da ich ihm mein Leben anvertraue, beruhigt es mich zu wissen, dass es ein Ausbund von Unverwüstlichkeit ist. Einer Säge wäre es zwar nicht gewachsen – die Säge gewinnt immer! –, aber es ist robust genug, um mich auch dann zu halten, wenn es im Baum zu einem Sturz kommen sollte.

Und der Moment, in dem das Seil einen stürzenden Körper auffängt, ist ein Augenblick extremer Belastung, nicht nur für den Menschen, auch für das Seil. Denn mit jedem Meter, den ich falle, verzehnfacht sich mein Körpergewicht – wenn also ein Kletterer, schwer behängt, wie er ist, 110 Kilo auf die Waage bringt, erreicht er nach einem Meter Fall bereits das Gewicht eines Kleinwagens, nämlich 1,1 t. Und das Seil muss mehr als das aushalten. Denn einen Nachteil haben sie, die wunderbaren Knoten: Sie schwächen das Seil, und jeder Knoten reduziert seine Belastbarkeit.

Es ist nämlich so: Am geraden Strang treten im Seil bei Belastung ausschließlich Zugkräfte auf – kein Problem für das Seil.

Wo es sich aber zu einem Knoten windet, kommen Druckkräfte hinzu, und dann verhält es sich mit einem Seil in etwa wie mit einer Möhre – wer an ihr zieht, um sie in zwei Teile zu brechen, wird nichts erreichen, weil die Fasern darauf ausgerichtet sind, genau das zu verhindern. Wer es hingegen mit Knicken versucht, hat bei der Möhre leichtes Spiel, weil die Fasern einer seitlichen Belastung nicht standhalten, dafür sind sie nicht gemacht. In Zahlen ausgedrückt verringert ein Knoten die Stabilität eines Seils an der betreffenden Stelle um 20 bis 40 Prozent, das ist nicht unerheblich. Unsere Seile müssen daher mindestens 2,2 t aushalten, damit im verknoteten Zustand eine Tragfähigkeit von 1,5 t garantiert ist – das wäre dann schon ein Auto der Mittelklasse.

Zurück in die raue Wirklichkeit unseres Wuppertaler Gartens. Ich wäre so weit, ich könnte jetzt aufsteigen und der Buche meinen Besuch abstatten, aber noch liegt das Seil aufgerollt im Seilsack. Wie kommt es in den Baum? Und möglichst hoch in den Baum?

Werfen? Die Aussicht auf Erfolg wäre verschwindend gering. Das Seil hätte sich auf seinem Weg in die Krone durch ein Gewirr aus Ästen zu kämpfen, um eine stabile Astgabel in ausreichender Höhe zu erwischen. Doch die befinden sich nun mal eher im Inneren der Krone, unweit des Stamms, und es wäre ein sehr mühsames Geschäft, unser Seil mit gezieltem Schwung dort hineinzubefördern. Also machen wir es anders.

Wir brauchen etwas, das sich sozusagen in den Baum hineinschmuggeln lässt, etwas Dünnes, Leichtes, das sich an den Ästen vorbeimogeln kann – eine Schnur zum Beispiel. Allerdings würde sich eine Schnur weder weit noch gezielt werfen lassen, es sei denn, sie wäre mit etwas Schwererem verbunden – einem Tennisball etwa, und damit habe ich auch schon eine Beschreibung der Wurfschnur geliefert, die wir benutzen: Sie ist dünn, sie ist leicht, und am Ende hat sie ein Säckchen aus weichem Textilgewebe, mit gekörntem Blei oder Sand gefüllt, das sogenannte

Wurfsäckchen. Es hat ein gewisses Gewicht, 200 bis 400 Gramm, es würde im Flug durchaus ein paar dünnere Äste beiseitefegen, und jetzt ist es nur noch eine Frage der Technik, das Säckchen samt Schnur in die dafür ausersehene Astgabel zu befördern.

Wir verlassen uns dabei lieber aufs Schleudern als aufs Werfen. Das Ziel wird ins Auge gefasst, während das hängende Säckchen in Pendelbewegungen versetzt wird, um es dann mit ordentlichem Schwung von unten in Richtung Astgabel oben zu schleudern, wo es … am Ziel vorbeifliegt und sich in schwächeren Ästen verheddert. Leider ist es nicht nur eine Frage der Technik. Bäume können in diesem Punkt sehr unkooperativ sein, und deshalb ist es auch eine Frage des glücklichen Zufalls, ob man – beim ersten, beim zweiten, wenigstens beim dritten oder nun endlich doch beim vierten Versuch – trifft.

Labilere Naturen kann das Einwerfen zur Verzweiflung bringen. Es war nach dem Pfingststurm Ela im Jahr 2014. Wir wurden nach Düsseldorf in einen Park mit waldähnlichem Bestand gerufen, um bei den über 35 Meter hohen Buchen angebrochene Äste auszuschneiden. Ich hatte mein Seil bereits im Baum und war auf dem Weg nach oben, während ein mir damals noch unbekannter Kollege am Nachbarbaum gerade ans Einwerfen ging; ich machte mich dann ans Werk, sägte, entfernte Totholz, schnitt einen Astbruch raus, seilte mich nach einer halben Stunde wieder ab – und siehe da, der Kollege versuchte immer noch, einzuwerfen, am selben Baum. In 30 Minuten hatte er keinen Treffer gelandet. Da hat's mich gepackt.

Ich gehe auf ihn zu. »Ey, darf ich helfen?«

Der Mann ist kurz vor einem Nervenzusammenbruch. »Ich kriege gleich einen Anfall«, knurrt er. »Ich treffe einfach nix.«

»Warte«, sage ich, packe meine Schnur, mache mich startklar, pendele schon, schaue aber noch mal kurz zu ihm rüber. »Wenn ich beim ersten Wurf eine Gabel treffe, an der du aufsteigen kannst, möchte ich von dir One-Throw-Pete genannt werden – klar?«

Er starrt mich an. Scheint es für ziemlich ausgeschlossen zu halten.

Ich werfe und treffe. Manchmal ist das Glück mit den Vorlauten. »Na, nimmst du diese Astgabel?«

»Ja.« Er grinst. »… One-Throw-Pete.«

Na bitte. Glück hatte er keins, dafür Humor.

Nehmen wir also an, ich habe auch jetzt getroffen. Dann lasse ich Schnur nach, das Säckchen senkt sich zu mir herab, und jetzt brauche ich nur noch mein Seil mit der Schnur zu verknüpfen und an der Schnur in den Baum einzuziehen. Anschließend schlinge ich das eine Ende des Seils um den Stamm, verknote es und setze auf den Strang des anderen Seilendes ein Klemmgerät, mit dem ich beim Aufstieg wie beim Abstieg die Seilreibung dosiere. Jetzt könnte es losgehen, doch bevor ich nun endgültig und unwiderruflich aufsteige, noch eine Bemerkung diese heißumkämpfte Astgabel betreffend.

Die Gabel, in der unser Seil hängt, ist der Dreh- und Angelpunkt all unserer Operationen im Baum. Sie muss auf jeden Fall halten. Wir bezeichnen sie als unseren Ankerpunkt – womit wir wieder bei der Seefahrt wären –, und es würde sich der schlimmste aller denkbaren Unfälle ereignen, wenn der Ankerpunkt ausbrechen würde. Dann rauscht man nämlich nicht nur in die Tiefe, dann wird man am Boden womöglich auch von dem abgerissenen Ast des Ankerpunkts getroffen, und obendrein von allen anderen Ästen, die man im Sturz mitgerissen hat.

Wenn ich mich einem Baum nähere, lautet die erste Frage daher stets: Wo finde ich hier einen Ankerpunkt? Und sofort, ganz automatisch, wandert mein Blick durch den ganzen Baum auf der Suche nach einer geeigneten Astgabel. Wie weit oben darf sie sein? An guten Tagen schaffe ich es mit der Wurfschnur 30 Meter hoch, aber so viel Glück ist unter Umständen gar nicht von Vorteil, weil ich mit unserer Faustregel in Konflikt kommen könnte, und die lautet: So hoch wie nötig, so sicher wie möglich.

Das sind zwei Forderungen, die sich im Prinzip widersprechen, denn starke, sichere Äste befinden sich naturgemäß eher in den unteren Regionen, wo sie uns wenig nützen. Eigentlich brauchen wir hoch gelegene Ankerpunkte, damit das Seil nicht aus der Senkrechten allzu sehr in die Waagerechte übergeht, sobald man sich weit vom Stamm entfernt. Ab einem Seilwinkel von 45 Grad wird's heikel. Ein annähernd waagerechtes Seil würde mir kaum noch Halt geben; ich müsste auf den Ästen balancieren und mein Körpergewicht dabei weit nach vorn verlagern, um den gewünschten Effekt zu erzielen: dass der Ankerpunkt mehr belastet wird als der Ast, auf dem ich mich bewege.

Dazu kommt: Je weiter ich mich in die Außenbezirke eines Baums bewege, desto stärker wirken Biegezugkräfte auf die Astgabel ein, in der ich hänge. Solange das Seil annähernd vertikal läuft, übt es lediglich Druck aus, und Holz ist durch Druck nahezu unzerstörbar. Doch je mehr sich der Winkel zwischen Stamm und Seil öffnet, je mehr Abstand ich zum Stamm gewinne, desto stärker treten jene Biegezugkräfte auf, unter denen ein Ast brechen kann. Bei einem niedrigen Ankerpunkt komme ich also schnell in die Gefahrenzone, bei einem hohen bin ich vor solchen Überraschungen sicher. Es sei denn …

Folgende Situation ist möglich; auch ich bin schon mehr als einmal hineingeraten: Man wirft ein. Man trifft die angepeilte Gabel. Erleichterung und Freude machen sich breit. Man steigt auf. Und oben am Ankerpunkt angekommen, stellt man einigermaßen entsetzt fest: Das Seil läuft überhaupt nicht durch die angepeilte Gabel! Es hängt an einem daumendicken Ästchen, das wie durch ein Wunder bis jetzt gehalten hat! Man hat's von unten einfach nicht gesehen. Und diese Gefahr besteht immer: dass ich vom Boden aus gar nicht beurteilen kann, wo genau ich mit Schnur und Wurfsäckchen lande, weil der Ankerpunkt zu hoch oder verdeckt, von unten aus jedenfalls nur undeutlich sichtbar ist.

Mit anderen Worten: Ob du mit deinem Ankerpunkt wirklich glücklich wirst, kannst du erst mit Gewissheit sagen, wenn du ihn dir oben aus nächster Nähe anschaust. Seit geraumer Zeit umschiffe ich diese Klippe, indem ich mich vor dem Aufstieg mit einem zweiten Mann ans Seil hänge und den Belastbarkeitstest mache. Hält die Gabel uns zwei, hält sie auch mich. Im Zweifelsfall nehme ich eine Astgabel tiefer. Und damit steht meinem Aufstieg in die Buche tatsächlich nichts mehr im Weg.

VOR KRÄHEN WIRD GEWARNT

Im Baum angekommen, erwartet uns gewöhnlich Arbeit. Überraschungen sind allerdings auch nichts Ungewöhnliches. Ein Freund, ebenfalls Baumpfleger, war dabei, einen hohlen Baum zu fällen. Wie üblich trug er den Stamm von oben nach unten Stück für Stück ab. Etwa zehn Meter vom Boden entfernt setzt er die Säge erneut an, sie arbeitet sich durch, und mit einem Mal ist alles voller Blut – Säge, Hände, Stamm. Seine erste Vermutung, panisch kontrolliert er die Hände: Ich habe mich verletzt. Aber dem ist nicht so. Er durchtrennt das Stammteil völlig, lässt es zu Boden fallen und entdeckt einen halbierten Waschbären. Was er nicht wusste, was er auch unmöglich vorher feststellen konnte: Im hohlen Inneren des Baums wohnte ein Waschbär. Beim Lärm der Motorsäge muss er sich in dem ausgehöhlten Stamm nach oben geflüchtet haben, wo er von der Säge erfasst und zerteilt wurde.

Zu Begegnungen mit Tieren kommt es in unserem Job immer wieder. Wir dringen ja in das Territorium zahlloser Arten ein, die sich den Baum als Lebensraum teilen, auch wenn dieses Territorium, anders als üblich, aus Ästen, Zweigen und Luft besteht. Und Bäume sind gute Gastgeber. Sie bieten Platz, sie bieten Schutz. Wer es einmal bis in die Krone geschafft hat, aus der Luft oder vom Boden aus, der kann sich dort verkriechen und verbergen, der wird weitgehend in Ruhe gelassen, der ist vor den meisten Belästigungen sicher, mit denen er am Boden rechnen muss. Jeder, der mal zu einem Baumhaus aufgestiegen ist, vielleicht sogar dort lebt, kennt das erhabene, befreiende Gefühl, eine schützende Bleibe zwischen Himmel und Erde gefunden zu haben. Im Gefühlsleben von Tieren dürfte Platz für ähnliche

Empfindungen sein. Ob ein Baumhaus dem Baum gut bekommt, ist eine andere Frage.

Das Schicksal des zersägten Waschbären ist gottlob die Ausnahme. In der Regel verteidigen die Tiere ihr Wohnrecht im Baum gegen den menschlichen Eindringling recht erfolgreich. Mir ist ein Waschbär bislang zwar nicht begegnet, sie sind in unserer Gegend auch selten, aber ich weiß von einem Freund, auf den sie plötzlich im Baum zukamen, eine Waschbären-Dame und ihr Junges. Und mit denen legt man sich besser nicht an. Waschbären reißen einem nicht sofort das Herz raus, aber sie können echt garstig werden, und außerdem möchte man es im Baum keinesfalls auf einen Kampf mit einer erbosten Waschbären-Mutter ankommen lassen. Ich kann auf diese Erfahrung jedenfalls verzichten.

Faulhöhlen in Bäumen sind ohnehin so eine Sache. Je nachdem, wie fortgeschritten die Faulung ist, kann der Stamm brechen. Faulhöhle heißt aber auch, dass irgendetwas darin leben könnte, Insekten, Eichhörnchen, Spechte, Käuze oder eben Waschbären. Insektennester im Geäst sind mir insofern lieber, als sie einem meist schon vom Boden aus auffallen, wenn wir uns bei der allgemeinen Gefährdungsermittlung alles ansehen; dann nimmt man reges Insektentreiben im Baum wahr, entdeckt bei genauer Beobachtung auch die Einflugschneise und kann die betreffende Faulhöhle im Stamm lokalisieren.

Allerdings können Hornissen und Wespen wirklich gefährlich werden, und sollte man im Baum zufällig auf ein Wespennest stoßen, gibt es nur eins: runter und weg! Gegen die hilft nicht einmal die Kettensäge. Zumal Wespen unter Artenschutz stehen. Ich erinnere mich an eine Pappel, die oben im Stamm Faulhöhlen hatte. Bevor mein Kollege die Spitze kürzen konnte, kam ein ganzer Hornissenschwarm heraus und ging zum Angriff über. In solchen Fällen ist Eile geboten, und von meiner sicheren Position in einem Nachbarbaum aus sah ich, wie der Kollege beinahe im freien Fall das Seil hinunterrauschte. (Einige

Jahre später überbot ich seinen Rekord, als ein Blitz 50 Meter neben der Eiche einschlug, in der ich gerade saß … aber das ist eine andere Geschichte.) Er kam noch einmal ungeschoren davon und hatte damit mehr Glück als ein Kollege vom Bodenpersonal, für den die Sache übel ausging. Der Stich einer einzigen Hornisse reichte. Sie hatte ihn im Gesicht erwischt, und als er aus dem Krankenhaus zurück zur Baustelle kam, sah er mit seiner verquollenen Backe und seinem zugeschwollenen Auge aus wie der Glöckner von Notre Dame. Seither weiß ich auch, dass ein Hornissenstich zu allem Überfluss höllisch schmerzt.

Aber natürlich sind es vor allem Vögel, mit denen wir zu rechnen und nach denen wir uns mit unserer Arbeit sogar zu richten haben. Das heißt: Laut Bundesnaturschutzgesetz dürfen vom 1. März bis zum 30. September keine Hecken gerodet und keine Bäume gefällt werden, da ist Nistzeit, da gilt der Vogelschutz. In Spätherbst und Winter haben wir freie Hand, also wird nur von Oktober bis in den Februar hinein gefällt. Alles andere – Äste kürzen, Kronen sichern – ist uns aber auch im Sommer unbenommen, weshalb es ständig zu Begegnungen mit Vögeln kommt.

Auf Nester stoße ich regelmäßig – ohne Eier, mit Eiern, manchmal von Küken bevölkert. Küken fotografiere ich gelegentlich, um meiner Frau eine Freude zu machen, und dann nichts wie weg. Vor allem, wenn Eier drin liegen, ziehe ich mich gleich wieder zurück, denn Eier kühlen ziemlich schnell aus. Der gefährlichste Monat für ein Gelege ist der März mit seinen Temperaturschwankungen und kalten Winden. Wir sehen also zu, dass wir zügig weiterkommen, um den Elterntieren den Weg zum Nest freizumachen. Äußerstenfalls bedeutet die Entdeckung eines Nests, dass wir die Arbeit abbrechen müssen.

Und jetzt stelle man sich ein Krähennest vor. Es ist ein altes Nest, seit Jahren nicht mehr bewohnt, es soll weg – rührt sich aber nicht von der Stelle. Krähennester sind wie Festungen gebaut, bombensicher, bombenfest, nur mit äußerster Mühe vom

Baum zu lösen. Aber auch sonst bewundernswert, wie diese Vögel bauen. Ein solches Nest ist nämlich recht geräumig und bis auf den Eingang komplett umbaut, eine richtige Höhle – kleine Krähen müssen ihre Kindheit also nicht bibbernd oder mit triefendem Gefieder unter freiem Himmel verbringen, die kuscheln sich zufrieden in einer regelrechten, wind- und wettergeschützten Wohnung zusammen. Kurzum, für mich ist das Krähennest das Paradebeispiel für Stabilität – wie für die Ewigkeit gebaut.

Das genaue Gegenteil davon sind Taubennester. Es ist mir ein Rätsel, wie ihre Spezies die Jahrtausende überdauern, wie sie darüber hinaus sogar riesige Populationen bilden konnte, denn ihre Nester sehen aus wie hingerotzt. Obendrein befinden sie sich gewöhnlich weit draußen, an der äußersten Peripherie der Bäume, wo's wackelt, wo jeder Windstoß das Nest durchschüttelt, wo sowieso prekäre Sicherheitsbedingungen herrschen. Wie's aussieht, nehmen Tauben einfach die erstbeste Astgabel, egal wie dünn, werfen ein paar Stöckchen drüber ab und setzen ihren Nachwuchs da rein – nachgerade unverantwortlich. Käme mir als Vogel nicht in den Sinn, scheint aber zu funktionieren. Obendrein sind kleine Tauben die hässlichsten Küken weit und breit. Man klettert im Baum, kommt in die Außenbezirke, entdeckt ein Taubennest, schaut kurz rein und zuckt zurück – was für ein Anblick! Aber hinterher wird doch etwas recht Hübsches daraus.

Überhaupt, schon erstaunlich, wie sehr sich die verschiedenen Vogelarten unterscheiden, auch im Temperament. Je nach Spezies verlaufen Begegnungen mit ihnen völlig unterschiedlich. Kleiber zum Beispiel wissen sich zu wehren. Sollte man nicht meinen, so niedlich wie sie aussehen mit ihrem graublauen Deckgefieder und ihrer ockerfarbenen Brust. Aber da ist diese schwarze Augenbinde, wie wir sie von Zorro kennen, dem Rächer der Enterbten, und der lange, spitze Schnabel, der dem Kleiber womöglich den Degen ersetzt ... Jedenfalls kleistern diese Vögel nicht nur die Öffnungen ihrer Wohnhöhlen im Baum mit Lehm und Speichel so weit zu, dass nur sie selbst noch durchpassen, sie kämpfen auch. Ertappen sie einen in ihrem Revier, kommen sie angeflogen, ignorieren jeden Sicherheitsabstand und schimpfen wie die Droschkenkutscher – unerschrockene Zeitgenossen, mutig, große Schnauze, echte Krieger, dabei nicht größer als ein Rotkehlchen.

Die wiederum sind einfach nur neugierig. Rotkehlchen regen sich nicht auf, wollen aber nichts verpassen und wagen sich deshalb ebenfalls in die nächste Nähe des Menschen. Sie sind die geborenen Zuschauer, an allem interessiert, ein tolles Publikum. Man erlebt es ja auch bei der Gartenarbeit – das Rotkehlchen taucht immer als Erstes auf und kann von einem Menschen mit Heckenschere oder Spaten nicht genug kriegen, den findet es total spannend. Vielleicht denkt es aber auch nur: Fällt hier ein Wurm für mich ab? Nicht auszuschließen.

Unvergessen ist folgende Begegnung mit einem Rotkehlchen vor einigen Jahren: Ich machte mit meinem ersten Azubi Julian Mittagspause, und weil es ein kalter Wintertag war, hatten wir uns ins Auto gesetzt; Julians Falteimer mit der Wurfschnur stand unterdessen draußen im Schnee. Da kam ein Rotkehlchen angeflogen und setzte sich auf den Rand des Eimers, wendete sein Heck dann der Öffnung zu und stellte die Schwanzfedern auf. Julian entfuhr ein »Untersteh dich …«, doch da war es bereits passiert. So wurde bei uns aus dem Rotkehlchen das Kotrehlchen.

Meisen belegen das Mittelfeld, was Mut und Neugier angeht. Die lassen sich nicht provozieren und informieren sich eher im Vorbeifliegen. Wer hingegen gnadenlos zuschlägt, sind Krähen.

Krähen erwecken den Eindruck, ihresgleichen für eine überlegene Spezies zu halten, und überlegen durchaus im allgemeinsten Sinne verstanden. Die kennen nichts, denen ist alles egal, auch das Gezeter der Meiseneltern, wenn sie sich mit einem Meisenküken im Schnabel davonmachen. Genauso attackieren sie allerdings auch Greifvögel. Ich habe zwei Krähen beobachtet, die einen fliegenden Habicht – oder sogar Bussard, das war auf die Entfernung nicht auszumachen – umflatterten und auf ihn losgingen. Sie wollten diesen Greifvogel ganz offensichtlich nicht vertreiben, sie wollten ihn verletzen, erlegen, womöglich erbeuten. Das war Jagd – oder der Versuch, einen Konkurrenten auszuschalten.

Der Mensch aber ist ja wohl von solchem Angriff ausgenommen. Sollte man meinen. Denn ein Mensch sollte eigentlich als Beutetier zu groß sein. Sollte. Ich hatte den Auftrag, bei einer Buche die Krone zu pflegen. Es war Frühjahr, und zwei Krähen machten sich im Baum zu schaffen. Von einem Nest allerdings war von unten aus nichts zu sehen, sie würden schon das Weite suchen. Ich stieg also auf, und oben angekommen wurde klar: Die beiden hatten gerade mit dem Nestbau begonnen. Na ja, denke ich, dann unterbrechen sie eben für eine Stunde, so viel Geduld werden die beiden wohl aufbringen … Pustekuchen. Die Krähen wollten weiterbauen und waren übereingekommen, meine Nerven zu testen. Sie schossen auf mich zu, flogen mir um den Kopf, ließen keinen Augenblick locker, bauten sich dann regelrecht vor mir auf und guckten mich über ihre dolchförmigen schwarzen Schnäbel hinweg an, als wollten sie sagen: Sag mal, hast du sie noch alle? Du fängst dir gleich eine …

Mir wurde mulmig. Vorsichtshalber habe ich mein Visier runtergelassen – besser jetzt die Augen schützen. Die Verärgerung war groß, auf beiden Seiten, zugegeben, aber sie haben es bei der Androhung von Strafmaßnahmen belassen und von gezielten Angriffen abgesehen. Das ist eben ihr Erfolgsrezept: Intelligenz und einschüchterndes Auftreten. Ganz schön lästig können sie einem werden, diese Kämpfertypen. Aber sie imponieren mir auch mit ihrer Unverfrorenheit.

Womit ich mir als Mensch die Bäume gerne teile, sind Eichhörnchen. Man läuft sich nicht alle Tage über den Weg, aber häufig. Ein Kollege arbeitete von einer Hubarbeitsbühne aus, um eine Buche zu fällen, entdeckte im Stamm ein Spechtloch und fuhr hin, um sich zu vergewissern: bewohnt oder unbewohnt? Gerade war er mit seinem Gesicht direkt vor dem Loch, da erscheint ein Eichhörnchen in der Öffnung, erschrickt – und springt aus 15 Meter Höhe in die Tiefe. Und als wäre es ein Flughörnchen, spreizt es die Beine, streckt alle viere von sich, richtet den ausgefächerten Schwanz kerzengerade auf und erreicht im vorgetäuschten Segelflug den Boden. Die Landung verlief glatt, und weg war es.

Panikreaktionen sind aber im Allgemeinen nicht ihre Sache. Jedenfalls nicht beim Anblick von Menschen. Eichhörnchen überwinden ihre Scheu vor Menschen recht schnell, sie kann nicht groß sein. Ein anderer Kollege fand ein verlassenes Eichhörnchenjunges, nahm es mit nach Hause und zog es groß. Welche Heidenarbeit das ist, war ihm vielleicht zunächst nicht bewusst. Denn kleine Eichhörnchen müssen alle zwei Stunden gefüttert werden, bei Tag und bei Nacht. Außerdem lecken ihre Mütter ihnen regelmäßig den Bauch, wohl um die Verdauung anzuregen, und als Eichhörnchen-Stiefvater bleibt auch diese Arbeit an einem hängen – also dem kleinen Wesen immer wieder vorsichtig das Bäuchlein massiert! Der Kollege scheint die nötige Geduld und Aufopferungsbereitschaft besessen zu haben, denn es wuchs heran, und da ließ er seinen Schützling eines Tages schweren Herzens frei.

Ich erinnere mich noch an mein erstes Eichhörnchennest. Ich war verblüfft. Sie hatten nicht nur Stöcke verwendet, sie hatten sich auch bei alten, dicken Totholzästen der Linde bedient; deren Rinde blättert irgendwann ab, und dann greifen Eichhörnchen zu, damit sichern sie ihre kugelförmigen Nester rundherum ab, sodass man kaum den Eingang findet. Dieses erste war, wie alle anderen, ein gemütlicher Wohnkokon für die ganze Eichhörnchenfamilie, und mir kam bei seinem Anblick damals das Nest des Marsupilami in den Sinn. Dieses gelbe, schwarz gepunktete Fantasietier aus einem französischen Comic mit dem unendlich langen Schwanz hat sich sein eigenes Wohngehäuse offenbar bei den Eichhörnchen abgeguckt.

Ängstlich sind Eichhörnchen jedenfalls nicht. An mir ist mal eins hochgeklettert, ein Junges. Es war wohl bei seinem ersten Spaziergang im Baum heruntergefallen – und über mich hinweg wieder hochgeklettert. Ich rief die Eichhörnchen-Notstation an und erfuhr: Dies war eine typische Verzweiflungstat von jungen Eichhörnchen – die finden sich nach einem Sturz auf dem Boden wieder, bekommen Hunger, wissen nicht mehr weiter und suchen Hilfe beim Menschen … Es war also an mir hochgekrabbelt in der Hoffnung, dass ich die Nahrungsfrage lösen würde. Versuchen Sie, hieß es weiter, das Nest ausfindig zu machen. Eichhörncheneltern gelingt es in der Regel, ihr Junges wieder ins Nest zu bugsieren.

Die Anwohner meinten, die Mutter unter einem Hausdach verschwinden gesehen zu haben. Jetzt musste sie nur noch schneller sein als die Katzen aus der Nachbarschaft. Wie die Sache ausgegangen ist, kann ich nicht sagen. Aber ich glaube, das Kleine hat's am Ende geschafft.

Erwachsene Eichhörnchen sind im Baum jedenfalls unschlagbar. Während einer Deutschen Klettermeisterschaft stand ich mit anderen Teilnehmern in der Abenddämmerung noch unter der Eiche, die uns am nächsten Tag erwartete, als ich oben im Baum ein Eichhörnchen bemerkte, das sich Richtung Kronenperipherie bewegte. Was wollte es da? Springen? Ich machte die anderen drauf aufmerksam – »Vielleicht gibt's gleich eine Sondervorführung!« Im nächsten Moment lief es ein Stück zurück, wohl um Anlauf zu nehmen, startete dann durch und setzte mit einem tollen Sprung auf den nächsten Baum über. Ein halbes Dutzend bärtiger Kerle hatte die Luft angehalten und applaudierte begeistert, jubelte dem kleinen Kerl zu und lachte anerkennend – was für eine Lektion in Sachen Baumklettern!

Trotz Hornissen, Krähen und Waschbären können wir in unseren Breiten jedoch von Glück sagen. Auf einer Klettermeisterschaft unterhielt ich mich mit ein paar Jungs aus Australien. In unserem Gespräch tauchte bei ihnen die Frage auf, welches Gegengift wir in unseren Erste-Hilfe-Koffern dabeihätten. Wir stutzten – und sie erzählten, dass man es in ihrer Heimat als Baumkletterer mit ganz anderen Tieren zu tun bekommt, mit Schlangen, Spinnen und Insekten, die zu den giftigsten der Welt gehören. Bei manchen hat man nach einem Biss kaum eine Minute Zeit, das Gegengift zu injizieren, weshalb man seine Ampullen jederzeit dabeihat. Im Laufe unserer Unterhaltung verfestigte sich allerdings mein Eindruck, dass es auch die Gelassenheit schult, sich den Baum mit richtig gefährlichen Zeitgenossen zu teilen.

DER STADTBAUM ALS FAKIR

Womit muss nun ein Baum rechnen, wenn es ihn in eine Umgebung verschlägt, die der Mensch ganz nach seinen eigenen Vorstellungen eingerichtet hat? Anders gefragt: Wie gefährlich leben Bäume eigentlich in der Stadt? Oder macht es ihnen nichts aus, kommen sie überall zurecht?

Als Stadtmensch muss ich zugeben: Ein Baum trifft hier Bedingungen an, die seiner gewohnten Lebensweise nicht gerade entgegenkommen. Er muss sich umstellen und einschränken wie jemand, der aus einer Fünf-Zimmer-Wohnung in eine Dachkammer umzieht. Lebensgefährlich wäre das nicht, aber mit Verzicht verbunden.

Jeder wird sich schon einmal gefragt haben, wie ein Baum am Rand einer innerstädtischen Straße an die nötige Menge Wasser kommt, wenn ihm, zwischen Bürgersteigplatten und Bordsteinkante eingekeilt, allenfalls zwei Quadratmeter Erdreich übrig bleiben, das seinen Wurzeln Regenwasser zuführen könnte. Wurzeln, die ja weit unter eine wasserdicht versiegelte Oberfläche ausgreifen und dort wahrscheinlich erst recht nicht fündig werden. Reicht ihm denn das freigelassene Karree um seinen Stamm herum?

Es reicht nicht. Zwar bekommen Bäume etwas von dem Grundwasser ab, das sich beständig durch die Kapillarröhrchen im Boden aufwärts bewegt, aber das sind geringe Mengen. Regenwasser wiederum fließt größtenteils unverzüglich durch die Kanalisation ab, Bäume erhalten davon nur einen spärlichen Anteil. Für mich sind Bäume, die als sogenanntes Straßenbegleitgrün in der Stadt leben, deshalb der beste Beweis dafür, dass der Baum grundsätzlich ein Überlebenskünstler ist.

Straßenbäumen wird diese Kunst im höchsten Maße abverlangt. Sie befinden sich tatsächlich im Dauerzustand einer erzwungenen Askese; sie sind die Fakire unter den Bäumen. Nicht nur, dass sie gelernt haben, mit knappen Wasserrationen auszukommen, sie müssen auch Hunde über sich ergehen lassen, die zigmal am Tag ihr Bein heben und ihre Stämme mit Urin beträufeln. Dazu müssen sie Abgase und Schmutzpartikel verkraften, die die winzigen Poren in Rinde und Blättern verstopfen, sodass Stamm und Äste nicht mehr ordentlich durchlüftet werden können. Sie müssen im Winter Streusalz schlucken; sie müssen die unablässigen Vibrationen ertragen, die mit dem Straßenverkehr einhergehen; sie werden wahrscheinlich auch die Straßenbeleuchtung als störend empfinden. Bäume, die die ganze Nacht über von Straßenlaternen angestrahlt werden, erleben den Wechsel von Tag und Nacht jedenfalls anders als Waldbäume; reagieren werden sie auf das nächtliche Kunstlicht mit Sicherheit.

An die Substanz geht dies alles offenbar nicht, aber es setzt die Stadtbäume gewaltig unter Stress. Ein Großstadtleben ist eben nicht allein für Menschen mit Aufregung verbunden. Als massive Belästigung allerdings dürften Bäume Straßenbauarbeiten in ihrer unmittelbaren Nähe empfinden. Aus Sicht des Baums passiert dann nämlich Folgendes:

Die Straße wird aufgerissen, und rund um den Stamm bildet sich ein Materialdepot. Europaletten mit Pflastersteinen werden da abgestellt, oder Behälter mit Chemikalien aller Art, die auslaufen können. Womöglich kippt ein Arbeiter gleich seinen Farbeimer dort aus, weil die Brühe im Erdreich so schön versickern kann. Man schafft auf jeden Fall Baumaterial hin. Man holt es auch wieder ab. Was sich nicht tragen lässt, wird mit Maschinen hin- und wieder abtransportiert. Sollte der Stamm dabei keine üblen Schrammen abkriegen, so wird der Boden durch schwere Maschinen in jedem Fall belastet und verdichtet. Die oberen und damit feinsten Wurzeln können jetzt keinen Sauerstoff mehr aufnehmen, und Regenwasser sickert ins komprimierte Erdreich auch nicht mehr ein. Schließlich wird, versehentlich oder nicht, ein Teil des Wurzelbereichs weggebuddelt, womit der nächste Sturm leichteres Spiel mit diesem Baum haben dürfte. Ganz abgesehen davon, verheilt eine gerissene Wunde, beim Baum wie beim Menschen, schlechter als eine sauber geschnittene – deshalb werden für Operationen keine Buttermesser, sondern Skalpelle verwendet; und deshalb säge ich Äste wenn irgend möglich mit der Handsäge ab, die glattere Schnittstellen als die Motorsäge hinterlässt. Welche Wunden hingegen ein Bagger reißt, kann man sich vorstellen.

Was wenige wissen, woran sich jedenfalls kaum jemand hält: Für den Schutz von Bäumen im Baustellenbereich gibt es klare Vorschriften. So etwas ist in Deutschland geregelt. Und theoretisch sind Leute wie wir für den Baumschutz auf Baustellen zuständig. Praktisch jedoch verteilt kaum eine Stadt die Anlage eines neuen Bürgersteigs auf zwei Vegetationsperioden. Aber so ist es vorgeschrieben: Wer unter dem Kronenbereich eines Baums einen Weg anlegen will, darf die Erdarbeiten in der ersten Vegetationsperiode nur bis zum Stamm ausführen. Hier wäre zwangsläufig Wurzelwerk zu entfernen, aber nicht mit dem Bagger, sondern mit der Hand, fein säuberlich geschnitten. Danach müsste das verbliebene Wurzelwerk einen Wurzelschutzvorhang erhalten, Flies oder Ähnliches, und der entstandene Hohlraum mit Substrat aufgefüllt werden, um das Feinwurzelwachstum wieder anzuregen – und damit Ende der ersten Arbeitsphase. Erst viele Monate später dürfte die Arbeit wiederaufgenommen und der Bürgersteig weitergebaut werden, nachdem sich neue Wurzeln gebildet haben; nur – wer macht sich so viel Mühe, wer nimmt sich so viel Zeit?

Zum Glück ist der Baum hart im Nehmen. Das ist ja das Schöne an ihm: Alles kann nachwachsen, jederzeit, jahrhundertelang. Solange ihn der Mensch nicht durch Rücksichtslosigkeit und Ignoranz zum Krüppel macht, ist ein Baum sein eigener Reparaturbetrieb. Allerdings muss er dafür in Topform bleiben, er muss auf ein Maximum an Kraft und Gesundheit setzen, denn Zivilisationsschäden sind längst nicht das Einzige, was ihm zu schaffen machen kann. Idyllisch ist sein Dasein in keinem Fall, auch in einem Park, auch in einem Garten – und auch in einem Wald – nicht. Doch bevor wir zu den natürlichen Feinden des Baums kommen, möchte ich kurz klären, mit welchen Baumarten wir es in der Stadt hauptsächlich zu tun haben.

Seit die Londoner Stadtväter im 19. Jahrhundert auf den Geschmack an Bäumen kamen, haben sich die menschlichen Vorlieben nicht grundlegend geändert: Bäume im öffentlichen Raum sollen etwas hermachen. Sie sollen im ausgewachsenen Zustand elegant und prächtig sein und imponieren. So gesehen haben die Londoner Stadtväter mit der Platane einen guten Griff getan – die zeichnet sich durch einen kraftvollen, schönen und klaren Wuchs aus und eignet sich deshalb hervorragend als repräsentativer Alleebaum. Ähnliches gilt für Ahorn, Eiche, Linde und Kastanie, wobei die Kastanie nicht mehr den Anforderungen der modernen Zeit entspricht. Für Alleen würde man heute jedenfalls keinen Baum mehr nehmen, der im Herbst Lack- und Blechschäden an Autos verursacht.

Auch Pappeln sind im Bild vieler Städte präsent, vor allem Säulenpappeln, denn dies sind ebenfalls Bäume, von denen man auch in den höheren Stockwerken noch etwas hat. Wirklich zivilisationstauglich sind sie aber nicht, denn Pappeln sind dafür bekannt, im Sommer Äste abzuwerfen, starke, grüne Äste, kein Totholz wohlgemerkt. Lange Zeit konnte man sich dieses Verhalten nicht erklären. Heute nimmt man an, dass die Klebekraft der Fasern einer Pappel um die Mittagszeit so weit nachlässt, dass ihr nicht sehr dichtes, offenporiges Holz brechen kann. Zu dieser Tageszeit nämlich nimmt ein Baum kein Wasser auf, während seine Blätter weiterhin Wasser verdunsten, er trocknet also vorübergehend bis zu einem gewissen Grad aus, und offenbar bekommt dieser Entzug einer Pappel weniger als anderen Baumarten. Die Unterbrechung der Wasserzufuhr ist übrigens der Grund dafür, weshalb man Bäume morgens oder abends gießen sollte – um die Mittagszeit wäre es vergebene Liebesmüh, da bringt es nichts.

Nadelbäume sind im Stadtbild eher selten. Der eine oder andere Park wartet mit einer Zeder auf, und gerade Blauzedern können sich zu imposanter Größe auswachsen, gelegentlich findet man sogar einen Mammutbaum, nicht nur in botanischen Gärten. Generell scheinen Nadelbäume dem Stadtmenschen aber nicht genug ästhetische Befriedigung zu verschaffen. Sie werden vielleicht nicht im selben Maße wie Laubbäume als großartige Skulpturen wahrgenommen; eine Tannenallee im Stadtzentrum von Hamburg oder München ist jedenfalls unvorstellbar.

Ein beliebter Stadtbaum hingegen ist der Ginko, und wie für die Stadt geschaffen. Er bleibt schlank, kann daher auch in engen Straßen gepflanzt werden, er ist nicht allzu dicht belaubt, verdüstert also nicht gleich die Wohnung dahinter, und er ist obendrein anscheinend gegen alles resistent, was Bäume angreifen könnte. Nicht einmal Streusalz macht ihm viel aus, worunter Kastanien, Ahorn und andere Bäume stark leiden. In Mülheim an der Ruhr steht ein mehr als 30 Meter hoher Ginko, der es bis in die Liste der Naturdenkmäler geschafft hat. Einmal hatte ich Gelegenheit, diesen Baum zu klettern, und ich muss sagen: Auch unter diesem Aspekt ist das ein toller Baum.

Einen Haken hat der Ginko aber. Die Früchte der weiblichen Pflanze stinken so erbärmlich, dass kaum jemand einen solchen Baum vor seiner Haustür haben will. Einzige Lösung: Die Früchte ernten. Schmecken tun sie zwar nicht, aber ihre Kerne sind geröstet durchaus genießbar. Man sollte es aber bei drei bis fünf Kernen am Tag belassen; in dieser Menge wirken sie aufputschend, was darüber hinausgeht, raubt einem den Schlaf.

Eine letzte Eigentümlichkeit des Ginko betrifft seine botanische Einordnung: Trotz seiner glatten, fächerförmigen Blätter ist

dieser Baum, der erst im 18. Jahrhundert von holländischen See-
fahrern aus Japan bei uns eingeführt wurde, mit den Nadelbäumen verwandt. Und damit zu dem, was allen Bäumen im Laufe
ihres langen Lebens – und damit auch dem Menschen – gefährlich werden kann. Aber mehr dazu im nächsten Kapitel.

BORKENKÄFER, BRANDKRUSTENPILZ
UND KONSORTEN

David gegen Goliath. Bekanntlich ging dieser Kampf für den Riesen Goliath schlecht aus. Ihm drang der Stein, den der Hirtenknabe David geschleudert hatte, durch die Stirn in den Kopf, und Goliath kippte um. Diese Geschichte könnte einem in unserem Job immer wieder mal in den Sinn kommen. Da steht ein Baum, strotzend vor Kraft, und überragt alles, doch irgendetwas stimmt mit ihm nicht. Ich schaue genauer hin, und da entdecke ich ihn, den kleinen David mit seiner Schleuder: den Pilz. Oder einen seiner gefräßigen Mitstreiter.

Man braucht gar nicht lange zu suchen. Dort zum Beispiel, diese unscheinbare schwarze Wucherung am Stammfuß einer Buche sieht wie Holzkohle aus, kann es aber nicht sein. Wenn ich ein Stück davon abkratze und zwischen den Fingern zerreibe, riecht es nach verbranntem Toast, und dann weiß ich: Da unten ist der Brandkrustenpilz am Werk. Lässt man ihn machen, wird diese Buche umstürzen. Oder hier, dieser schwärzliche Ausfluss am Stamm einer Kastanie – auch kein gutes Zeichen. Er lässt auf Pseudomonas schließen, ein Bakterium, das mit Vorliebe Kastanien befällt und den Baum so schädigen kann, dass er für Pilze wie den Brandkrustenpilz überhaupt erst anfällig wird.

Und von den Pilzen geht die größte Gefahr aus. Die kriegen fast jeden Baum klein. Pilze wie der Cryptostroma corticale bedrohen mit ihren hochgiftigen Pollen sogar den Menschen, sie können im schlimmsten Fall einen Allergieschock auslösen und brauchen einen Baum daher erst gar nicht zu zersetzen – befallene Bäume müssen in jedem Fall umgehend gefällt und sicherheitshalber danach verbrannt werden, da hilft nichts. Aber wie erfolgreich ein Pilz mit seinem Zerstörungswerk ist, hängt nicht zuletzt von der Vitalität eines Baumes ab. Deshalb möchte ich zunächst zeigen, welcher Widrigkeiten sich ein Baum in den vielen Jahrhunderten seiner Lebenszeit sonst noch zu erwehren hat, und zwar Stadtbäume wie Waldbäume gleichermaßen.

Nicht genug mit Pseudomonas. Der Kastanie setzt zum Beispiel seit Jahren die Miniermotte hart zu, ein Kleinschmetterling, dessen Raupen von den Blättern der Rosskastanie leben. Sie platziert ihre Eier zwischen die obere und die untere Blattwand in die Zellstruktur der Blätter. Später fressen sich die Larven durch die Blätter und hinterlassen dabei Gänge, die die Wasseradern im Blatt zerstören – der Baum trocknet dann aus und stirbt ab. Wenn wir also Kastanien sehen, die schon Anfang August so braun wie im Spätherbst aussehen, wissen wir: Da hat die Miniermotte zugeschlagen. Als Baumliebhaber kann man das kaum mitansehen, denn die Kastanie mit ihrem gleichmäßigen Wuchs, ihren schwungvoll aufwärtsstrebenden Ästen und tief herunterhängenden Schleppen gehört zu den prächtigsten Bäumen überhaupt, aus meiner Sicht zumindest.

Was Bäume ganz allgemein hart trifft, sind extreme Wetterphänomene. Es sind Sommer wie der des Jahres 2018, als es über Monate kaum oder gar nicht regnete, bei konstant hohen Temperaturen. Es sind Frühjahrsstürme wie der des Jahres 2014, als Orkan Ela zu Pfingsten die Baumbestände Nordrhein-Westfalens großflächig verwüstete. Und immer, wenn das Wetter verrückt spielt, gehen die Folgen für den Baum über das wahrnehmbare Ausmaß der Schäden hinaus, wie wir gleich sehen werden.

Als Überlebenskünstler benötigt ein Baum ja eigentlich nicht viel, nur wenig mehr als Luft und Liebe, nämlich Licht, Kohlendioxid und Wasser. Aber dieses Wenige braucht er nun mal, und wenn, wie im heißen Sommer 2018 geschehen, die Wasserzufuhr versiegt, zieht er gleichsam die Notbremse. Jede Baumart hat da ihr eigenes Programm für Zeiten der Dürre. Einige werfen schon im Sommer ihre Blätter ab, so wie wir bei einer Hungersnot versuchen würden, überzählige Esser loszuwerden, denn je mehr Blätter abfallen, desto weniger muss der Baum mit dem knapp gewordenen Wasser versorgen.

Eichen aber gehen noch weiter. Sie trennen sich nicht nur von ihren Blättern, sie lassen auch Schwach- und Feinst-Äste absterben, die beim nächsten Sturm dann herausbrechen. Bei der Buche wiederum welken in trockenen Sommern die Blätter, sie entwickeln eine Blattrandnekrose und rollen sich zusammen, um die Verdunstungsfläche zu reduzieren. Bäume wissen also schon, was zu tun ist. Sollte die Dürre allerdings anhalten, sind auch sie irgendwann sozusagen mit ihrem Latein am Ende. Dann setzt eine Schwächung ihres gesamten Organismus ein, wie wir sie im Jahr nach der langen Trockenperiode von 2018 beobachten konnten. Vor allem an den Fichten. Die schwächelten 2019 nicht nur, die starben auf einmal reihenweise.

Lang anhaltender Wassermangel macht Bäume anfällig für Krankheiten und Schädlinge. Bei der Fichte war es der Borkenkäfer, der sich seit dem Sommer 2018 unaufhaltsam durch ganze Bestände fraß. Wir sind dagegen machtlos, und für Waldbesitzer ist es eine Katastrophe, denn der Borkenkäfer bohrt sich durch das Splintholz im Inneren und zerstört so lebenswichtige Leitungsbahnen eines Baums. Innerhalb einer einzigen Vegetationsperiode sterben die befallenen Fichten komplett ab; der Baum vertrocknet, die Nadeln werden braun, und nach relativ kurzer Zeit sind diese Bäume nicht einmal mehr für uns kletterbar, weil sämtliche Äste, ja selbst die Stämme brüchig werden.

Im Sinne einer Seuchenprävention müsste man eigentlich alle geschädigten Fichten fällen. Lässt man einige stehen, geht man nicht rigoros gegen den Borkenkäfer vor, setzt sich das Baumsterben auf unabsehbare Zeit fort. Der Verlust für den Waldbesitzer ist dann allerdings ein doppelter: Er muss die Fällung bezahlen, bekommt jedoch für das wertlose Holz, das in Massen angeboten wird, kaum noch Geld. Dass solche Fichten schleunigst aus Wohngebieten entfernt werden müssen, versteht sich von selbst.

Aber bleiben wir für einen Moment noch bei den heißen Sommern. Dünnborkige Laubbäume wie Ahorn und Buche haben in solchen Sommern nämlich ein weiteres Problem, eines, das auch wir Menschen nur allzu gut kennen: Sie können sich einen Sonnenbrand zuziehen. Und so wie wir dagegen Vorsorge treffen, indem wir uns mit Sonnencreme oder Kleidung schützen, weiß sich eigentlich auch der Baum zu helfen: Er beschattet den eigenen Stamm mit dem natürlichen Sonnenschirm seiner dichtbelaubten Krone, sodass er gewöhnlich mit heiler Haut durch den Sommer kommt. Was aber, wenn ein übereifriger Baumpfleger seine Krone so weit eingekürzt hat, dass sein Stamm von der Sonne bestrahlt wird, oder ein Frühjahrssturm größere Äste herausgerissen hat? Dann besteht tatsächlich die Gefahr, dass die Rinde aufplatzt, das Holz blank liegt und Krankheitserreger aller Art freie Bahn haben. Auch Sonnenbrand kann für einen Baum also das Todesurteil bedeuten.

In einem Ökosystem hängt eben alles mit allem zusammen. Ein extrem heißer, extrem trockener Sommer hat auf jeden Fall Auswirkungen, die weit über braune Blätter im Hochsommer hinausgehen. Mit ein paar heftigen Regengüssen im folgenden Herbst ist es dann nicht getan, und Ähnliches trifft auf die Folgen heftiger Stürme zu, wie Ela einer war.

Damals waren wir im Noteinsatz unterwegs, in Düsseldorf wie in Essen. Nun kann man als Baumpfleger nach einem solchen Sturm nicht die übliche Behutsamkeit walten lassen. Wir fühlen uns dann weniger in der Rolle von Notärzten, sondern wir gehen wie Lazarettchirurgen zu Werke. Im Alltagseinsatz schneide ich nur so viel wie gerade nötig, also so wenig wie möglich, da unterlasse ich es auch tunlichst, entstellend in die natürliche Wuchsform eines Baums einzugreifen. Ich bemühe mich sogar, unterhalb der erlaubten 10 cm Schnittflächendurchmesser zu bleiben und es bei 3- bis 5-cm-Schnittstellen zu belassen. Mit solchen schonenden Eingriffen kam man nach Ela natürlich nicht weiter. Jetzt mussten auch starke Äste, Stämmlinge und ganze Kronenteile aus verwüsteten Bäumen herausgeschnitten werden; Schnittstellen von 30 cm Durchmesser und mehr waren unvermeidbar. Jeder Baum, aus dem wir uns schließlich wieder abseilten, war insofern stabil, als die Gefahr herabfallender Äste gebannt war. Im Hinblick auf seine eigene Gesundheit aber befand er sich weiterhin in einer prekären Verfassung, denn jede offene Wunde ist ein Einfallstor für Parasiten, egal, ob diese Wunde von einer Säge oder durch die Wucht eines Sturms verursacht wird. Und ganz oben auf der Liste der Feinde eines Baums stehen, wie gesagt, die holzzersetzenden Pilze.

Schon ihre Namen signalisieren, dass es sich hier um ziemlich üble Burschen handelt: Brandkrustenpilz, Schwefelporling, Feuerschwamm zum Beispiel. Wenn wir in unserem Pilzfächer nachsehen, der die einzelnen Pilze nach ihrer Gefährlichkeit für den Baum einteilt, rangiert der Brandkrustenpilz ganz oben im roten Bereich der aggressivsten Arten. Der Schwefelporling gehört in dieselbe Kategorie. Und alle verrichten sie ihr Zerstörungswerk gut getarnt, das heißt: Wenn sie nicht gerade Fruchtkörper ausgebildet haben, sind die eigentlichen Verursacher der Schäden für uns unsichtbar.

Manchmal können wir bei Verdacht auf Pilzbefall von der Baumart auf den Pilz schließen, denn nicht jeder Pilz geht an jeden Baum. Der Birkenporling beispielsweise hält sich stur an die Birke, und so lässt sich der Kreis der Verdächtigen schon einschränken. Um sicherzugehen, müssen wir aber zu bestimmten Jahreszeiten zurückkommen und kontrollieren, ob Fruchtkörper aufgetaucht sind. Der Riesenporling etwa zeigt sich meist im September, der Schwefelporling sogar zweimal im Jahr, in Frühling und Herbst, und alle diese Pilze zersetzen unterschiedliche Bestandteile des Holzes. Doch um zu verstehen, wie Pilze vorgehen, müssen wir uns zunächst mit der Zusammensetzung von Holz befassen.

Als lebende Materie von enormer Belastbarkeit und ebenso beeindruckender Langlebigkeit ist Holz ja etwas ganz Erstaunliches, nicht weniger faszinierend als zum Beispiel der Faden der Spinne. Wenn wir uns diese Eigenschaften erklären wollen, stoßen wir auf die zwei Hauptbestandteile von Holz, nämlich Zellulose und Lignin. Beide zusammen garantieren die Stabilität eines Baums, aber auf unterschiedliche Weise.

Die elastischen Eigenschaften von lebendem Holz verdanken sich der Zellulose – sie erlaubt dem Baum, Windböen nachzugeben und sich geschmeidig im Wind zu bewegen; wir sprechen hier von Biegezugfestigkeit. Das Lignin wiederum ist für die Druckfestigkeit zuständig. Es ermöglicht dem Baum, große Höhen und ebensolche Spannweiten zu erreichen und insgesamt stabil zu bleiben, selbst wenn die gewaltige Konstruktion der Krone auf einem relativ dünnen Stamm aufsitzt. Stahlbeton zum Beispiel funktioniert ähnlich. Der Elastizität der Zellulose entspricht in diesem Vergleich die Stahlarmierung im Beton, die Druckfestigkeit des Lignin übernimmt der Beton selbst.

Wir haben hier also eine perfekte Kombination von Materialeigenschaften – und die Erklärung dafür, dass Bäume konstruktive Wunder vollbringen können. Die Nachteile des einen Materials werden durch die Vorzüge des anderen ausgeglichen, und beide ergänzen sich mit dem Ergebnis äußerster Stabilität. Kommen wir noch einmal auf unseren Vergleich mit Stahlbeton zurück.

Das rigide Lignin lässt sich nicht zerdrücken, ebenso wenig wie Beton – zerbrechen aber lässt es sich, denn Steifes leistet Druck zwar erfolgreich Widerstand, bricht aber unter Schlägen und Stößen. Die elastische Zellulose hingegen lässt sich zwar biegen, sie gibt einem Druck nach, aber brechen wird sie ebenso wenig wie eine Stahlstrebe im Beton. Mit anderen Worten: Einen gesunden Baum kann eigentlich, von orkanähnlichen Stürmen abgesehen, nichts umhauen. Kein Zufall, dass Bäume zum Sinnbild der Unerschütterlichkeit geworden sind. Sie sind tatsächlich unerschütterlich. Normalerweise jedenfalls. Im gesunden Zustand.

Doch jetzt kommt der Pilz – und stürzt sich entweder auf beides, Zellulose und Lignin, oder nur auf eins von beiden. Zersetzt er das Lignin, bleibt Zellulose übrig – jener Stoff, aus dem Papier gewonnen wird –, und in diesem Fall kommt es zur Weißfäule, so genannt, weil nur der weiße Bestandteil des Holzes zurückbleibt. Greift er die Zellulose an, bleibt das braune Lignin übrig, und wir sprechen von Braunfäule. Beides ist für den Baum früher oder später tödlich. Verleibt sich der Pilz das Lignin ein, wird ein Baum mit der Zeit schwammig, hat es der Pilz auf die Zellulose abgesehen, wird er zunehmend spröde. Das Ergebnis aber ist das gleiche: Irgendwann versagt sein Holzkörper, ob er nun bricht oder reißt oder einstürzt. Für uns bedeutet das: Bei fortgeschrittener Zersetzung können wir einen Baum nicht mehr klettern und müssen bei einer Fällung entweder von der Hubarbeitsbühne aus arbeiten oder uns von einem Kran abseilen. Ein Baum, der unter einem zusammenbricht, ist natürlich der Albtraum jedes Baumkletterers.

Nun kann sich auch der aggressivste Pilz nicht ohne weiteres Zugang zu einem Baum verschaffen. Bäume funktionieren ja als geschlossene Systeme, und bevor ein Pilz dort eindringen kann, braucht er eine Eintrittspforte, also eine Vorschädigung, eine Wunde. Brenzlig wird es für den Baum allerdings erst bei größeren Verletzungen, denn eigentlich weiß er sich schon selbst zu helfen – indem er Wunden zunächst mit Wundverschlussholz und anschließend mit Borke überwallt, schottet er sich nach außen wieder ab.

Man kennt das ja. Selbst wem noch nie überwallte Schnittstellen an einem Baum aufgefallen sind, wird schon mal ein Kruzifix, ein Heiligenbild oder ein Hinweistäfelchen gesehen haben, das vor Jahrzehnten an einem Baum aufgehängt und mit der Zeit von ihm regelrecht eingesogen, also von allen Seiten mit Borke überwallt wurde. Wenn man sie lässt, überwallen Bäume einfach alles. Ich selbst bin einmal auf ein Fahrrad gestoßen, das im Stammkopf einer Esche wie einbetoniert feststeckte. Jemand musste dieses Fahrrad dort vor 20, 30 Jahren hineingeworfen haben, und mittlerweile hatte es sich der Baum regelrecht einverleibt.

Nur, Überwallen dauert. Und auch in diesem Punkt reagieren Bäume wieder unterschiedlich. Es gibt solche, die recht zügig überwallen, und andere, die sich damit schwertun. Außerdem gibt es poröses Holz, das Pilze geradezu als Einladung verstehen, und dichtes, an dem sich jeder Pilz vergeblich abmüht. Der Eiche beispielsweise ist kaum beizukommen, die steht zu Recht im Ruf der Unverwüstlichkeit. Abgesehen davon, dass ihr Holz außerordentlich dicht ist, befinden sich in ihrem Kernholz zahlreiche Gerbstoffe wie das Tannin, die Fressfeinde abschrecken, aber genauso Krankheitserregern und Pilzen den Appetit verderben; Gerbstoffe sind ein natürliches Abwehrmittel gegen Schädlinge. Eichen sind mithin wirklich bestens für den Überlebenskampf gerüstet. Im Übrigen aber fällt auch in diesem Zusammenhang wieder die Vitalität eines Baums ins Gewicht, nicht anders als beim Menschen: Wer körperlich fit ist, dem macht eine kleinere Schnittverletzung nicht viel aus, wer ohnehin geschwächt ist, für den kann sie böse Folgen haben.

Doch wie gesagt, selbst bei guter Fähigkeit zur Überwallung schließt kein Baum eine Wunde von heute auf morgen. Dem Pilz bleibt immer reichlich Zeit, und in vielen Fällen wird es an den beschädigten Stellen zu Zersetzungsprozessen im Holzkörper kommen. Was wir dann erleben, ist ein regelrechter Kampf zwischen Pilz und Baum. Schafft es der Baum, die Wunde völlig zu verschließen, hat er die besseren Karten, weil auch Pilze Sauerstoff brauchen; von der Außenwelt abgeschlossen, erstickt er. Nach einer Fällung entdeckt man dann bisweilen Krakellinien im Holz, wie mit dem Bleistift gezeichnet, sogenannte Demarkationslinien, die ein gefangener und abgestorbener Pilz im Holzkörper hinterlassen hat. Brandkrustenpilz, Schwefelporling und

Feuerschwamm sollten sich also nicht zu früh freuen, denn ein vitaler Baum kann gegen den Pilz durchaus gewinnen. Maßgeblich ist hier die Abschottungsfähigkeit des Baums, mit der dieser eine Ausbreitung des Eindringlings verhindern kann.

Zur Ehrenrettung des Pilzes soll an dieser Stelle aber auch seine Rolle im *wood wide web* erwähnt werden. Peter Wohlleben hat diesen Begriff geprägt; er meint damit jenes Wurzelgeflecht im Waldboden, über das Nährstoffe, aber auch Warnsignale bei drohendem Schädlingsbefall zwischen benachbarten Bäumen vom einen Ende eines Waldes zum anderen ausgetauscht werden. Diese rasche Nachrichtenübertragung im Wald ist nachgewiesen, denn auch weit entfernte Bäume zeigen dieselbe Abwehrreaktion wie befallene Bäume, noch bevor ein Schädling sie erreicht hat.

An diesem *wood wide web* beteiligen sich auch die Pilze und nehmen dabei großzügigerweise keinen von ihrem Service aus. Sie stellen Leitungsbahnen für Eilbotschaften zur Verfügung, lassen sich ihre kommunikativen Leistungen in Form von Zucker bezahlen und fragen nicht weiter nach, welcher Art ein Baum ist; sie kooperieren hier mit einer Eiche, dort mit einer Linde, da mit einer Haselnuss und schicken ihre Botschaften artenübergreifend hin und her. Und wie es aussieht, werden über diese Leitungsbahnen auch Nährstoffe ausgetauscht. Hat es einen Baum erwischt, ist ihm beispielsweise ein großer Ast abgebrochen, wird er offenbar sowohl über das Wurzelgeflecht als auch über die Pilzfäden, die ihn mit den Nachbarbäumen verbinden, mit Nährstoffen versorgt, die seine Genesung beschleunigen. So gesehen nimmt der Wald Züge an, die wir von menschlichen Gemeinschaften kennen: Einerseits herrscht Konkurrenz, gibt es ein Hauen und Stechen um einen Platz an der Sonne, andererseits empfindet man sich aber auch als Solidargemeinschaft und leistet, wo nötig, uneigennützige Hilfe. Der Pilz kann also durchaus in die Rolle des Wohltäters schlüpfen. Überirdisch zeigt er dann sein anderes Gesicht.

Für unser Tagesgeschäft ist dieses *wood wide web* jedoch nicht relevant. Wir haben es mit Einzelkämpfern zu tun, die überwiegend aus der Baumschule kommen; Stadtbäume sind im Grunde asozial, sie kennen diese natürliche Zusammenballung von Bäumen namens Wald gar nicht. Immerhin kommen in unserem Bereich Pflanzstreifen entlang der Straße vor, Alleen nämlich, wo Bäume einander mit ihren Wurzeln sehr wohl berühren könnten. Inwiefern es dort allerdings zur Kommunikation untereinander kommt, kann ich jedoch nicht sagen. Denkbar ist es immerhin, dass auch hier die Jediritter und die Sith in Pilzform vorkommen (für alle, die sich im Star-Wars-Universum auskennen).

NICHTS GEGEN BÄUME –
WENN BLOSS DIE ÄSTE NICHT WÄREN

Sobald ich meine Tour im Baum beginne, heißt es für mich: Kopf ausschalten, Körper einschalten. Wenn wir Baumkletterer etwas von den unangefochtenen Weltmeistern in dieser Disziplin, den Affen, lernen können, dann die unbekümmerte, instinktive Art, mit der sie sich durch einen Wald bewegen. Auch ich klettere am besten, wenn ich den Kopf frei habe, mich nichts belastet und ich über keinen meiner Handgriffe nachdenken muss. Doch bis sich im Baum diese herrliche Selbstverständlichkeit einstellt, hat der Kopf ordentlich zu tun gehabt, denn – sich im Baum bewegen, das ist leichter gesagt als getan, das setzt auch in gesunden Bäumen allerhand an Planung und Berechnung voraus.

Kopfzerbrechen bereitet zum Beispiel schon der simple Tatbestand, dass manche Bäume furchtbar viele Äste haben. Und dieser Umstand macht einem nicht erst dann zu schaffen, wenn man im Baum unterwegs ist, der stellt einen schon vorher vor Schwierigkeiten, beim Einwerfen nämlich – durch dieses Gewirr aus Blättern, Zweigen und Ästen muss man ja erst mal durchkommen. Bei einer Platane kein Problem, die ist klar, gewissermaßen durchsichtig strukturiert, ein offener und so gesehen gutmütiger Baum. Andere Bäume aber lassen sich nur ungern in die Karten gucken, die schirmen sich ab, die machen buchstäblich dicht. Bei einer Linde zum Beispiel, die 150 Jahre lang ungehindert wachsen konnte, verdichtet sich das Geäst stellenweise so sehr, dass sich vom Boden aus unmöglich erkennen lässt, wie ihre Krone aufgebaut ist. Man wirft blind ein, in der Hoffnung, schon irgendetwas zu treffen, und schaut sich diese Stelle dann am besten durchs Fernglas an, weil sich die Schnur fürs bloße Auge unsichtbar in einem Wust von Ästen und Blättern verliert.

Und oben angekommen, stellt man sich manchmal selbst die Frage: Wie komme ich durch diesen Baum, ohne mir den Weg freizuschneiden, ohne mich mit meinem Seil im Gewirr der Äste zu verheddern? Denn ein klar gegliederter, übersichtlicher Kronenaufbau ist nicht die Regel, und was von unten vielleicht wie eine harmonische Komposition gewirkt hat, stellt sich oben als verschlungenes Labyrinth aus zahllosen Verstrebungen und einem regelrechten Gitterwerk aus Ästen und Zweigen heraus, das die Sicht versperrt und zu Umwegen zwingt. Ja, Bäume können äußerst vertrackt gebaut sein, Äste kann es in alle Richtungen treiben, schräg nach unten, steil nach oben, und wer sich als Laie die Zeit nimmt, sich mit der unendlich vielfältigen Gestalt von Bäumen zu beschäftigen, der könnte sich fragen: Was bewegt einen Baum eigentlich dazu, so zu wachsen, wie er wächst? – so schräg, so krumm, so gewunden oder so steil und hoch, so ausladend und raumgreifend.

Die erste Antwort leuchtet unmittelbar ein: Ein Baum wächst gemäß seinem natürlichen Habitus, wie er als Potenzial im Samen angelegt ist. Sein Bauprogramm ist genetisch vorgegeben, es sorgt für sein typisches Erscheinungsbild. Aber innerhalb dieses Gestaltungsschemas wirkt sich noch etwas anderes aus. Der Baum gleicht dieses Potenzial nämlich mit den Gegebenheiten seines Standorts ab, er richtet sich darauf ein, er reagiert auf seine Umgebung, und damit kommen wir zur zweiten Antwort: Wovon er sich bei seinem Wachstum zusätzlich leiten lässt, sind die Lichtverhältnisse, die er vorfindet.

Im Wald folgen Bäume deshalb generell demselben Marschbefehl: Nach oben! Unter den Konkurrenzbedingungen des Waldes gibt jeder Baum erst einmal Gas, um an Licht zu gelangen, so wie ein Taucher alles daransetzt, wieder an die Oberfläche zu kommen, um sich die Lunge erneut mit frischem Sauerstoff zu füllen. Wer nicht genug Licht abkriegt, für den ist seine

Zeit bald abgelaufen, deshalb weiß jeder Waldbaum, was er zu tun hat, investiert zunächst alle Kraft in sein Höhenwachstum und verpulvert erst gar keine Energie in sinnlose waagerechte Äste.

Ganz anders die beiden Platanen vor dem Fenster des Cafés, in dem ich sitze – dieselben, die schon im vierten Kapitel als Anschauungsbeispiel herhalten mussten. Ihre innerstädtische Nachbarschaft aus Büro- und Geschäftshäusern lässt ihnen Platz, und schon nutzen sie die Geräumigkeit ihres Standorts weidlich aus, strecken sich in die Breite, dehnen sich in alle Richtungen, rekeln sich geradezu behaglich und ragen mit ihren stärksten und längsten Ästen sogar in die Seitenstraßen hinein. Hier zeigt sich deutlich, wie geschmeidig Bäume sich den Verhältnissen anzupassen wissen – in diesem Fall den architektonischen Gegebenheiten einer Stadtlandschaft. Dazu gehört auch, dass ihre Äste überall dort, wo die Gebäude näher an sie heranrücken, deutlich kürzer und schwächer ausfallen, als hätten die beiden Platanen von Anfang an einen Bebauungsplan, einen Grundriss dieses Platzes im Kopf gehabt. Die fassadennahen Äste sind obendrein spärlicher belaubt als die restlichen, weil dort die Lichtausbeute gering ist – Häuser werfen eben Schatten, und auch das wird von einem Baum einkalkuliert.

Formeln aber gibt es für das Wachstum von Bäumen nicht. Der Erfindungsreichtum der Natur ist unerschöpflich, und wir müssen uns angesichts seltsam geformter oder chaotisch verschlungener Äste mit der Erklärung begnügen, dass jeder Baum skulpturgewordener Lichthunger ist. Es sind Jahrzehnte und Jahrhunderte von Sonnenlicht, die das hervorgebracht haben, was uns bei ihm an Besonderheiten auffällt.

Selbstverständlich bleibt die artenspezifische Charakteristik in jedem Fall erhalten, und die ist für uns Baumkletterer entscheidend. Denn sie vor allem ist es, die uns das Leben leicht oder schwer macht, die uns unsere Vorgehensweise und unsere Klettertechnik diktiert, und damit stehen wir wieder vor unserer

Ausgangsfrage: Wie schaffe ich es, mich bei meinem Hin und Her und Auf und Ab im Baum nicht zu verheddern?

Die Antwort lautet: Nicht ich bestimme, wie ich klettere, sondern der Baum. Er schreibt mir meine Route durch seine Krone vor. Schon vor dem Aufstieg, mit den Füßen noch auf dem Boden, bin ich geistig bereits vollkommen im Baum, verschaffe mir von unten einen Überblick über seine Struktur, stelle mir die einzelnen Arbeitsgänge vor, lege ihre Reihenfolge anhand des Verlaufs seiner Äste fest und plane meine Bewegungen; erst dann steige ich auf und klettere los. Einmal im Baum, gibt es keine Routine, keine gewohnheitsmäßige Abfolge von Arbeitsschritten; in allem folge ich der Logik seines Baus, behalte die ganze Zeit seine Kronenstruktur im Auge und gleiche den Seilverlauf ständig mit dem Astverlauf ab. Was einen guten Kletterer in meinen Augen ausmacht, ist, kurz gesagt, seine Fähigkeit, die vorgegebene Gliederung dieses hochkomplexen Gebildes namens Baum so intelligent und effektiv wie möglich für seine Zwecke zu nutzen.

Natürlich kann man sich trotzdem verheddern. Wenn wir alle Sektoren eines Baums abklettern müssen, ist man über Stunden von so vielen Ästen umgeben, die einem in die Quere kommen können, dass man unmöglich überall auf Anhieb ungehindert durchkommt – man geht unter einem Ast her, muss an einem Stämmling wieder hoch, und schon knickt das Seil ab. Also noch einmal zurück und höher und über den nächsten Ast drübergeklettert, bis der Seilwinkel wieder stimmt; vielleicht aber auch grundsätzlich umgedacht und sich einen neuen Plan zurechtgelegt – von oben sieht halt doch manches anders als von unten aus.

Ein Wörtchen hat man als Baumkletterer bei der Routenplanung aber schon mitzureden. Es gibt nämlich immer eine effektive, also zeit- und kraftsparende Route und eine langwierige, mühsame Route, und für welche von beiden ich mich entscheide, hängt nicht zuletzt von meiner Gemütsverfassung ab. Bisweilen habe ich Lust, die anstrengendere Strecke zu nehmen, weil mir danach ist, mich zu beweisen, mich auszutoben – dann verzichte ich auf den technischen Schnickschnack und arbeite mich hauptsächlich mit Körperkraft durch den Baum. Und dann wieder habe ich Bock auf Tricks und technische Raffinessen und strenge mehr mein Gehirn als meine Muskeln an, vor allem an Tagen, die kalt und regnerisch sind. Dann hat man schon genug mit dem nassen Seil und der glitschigen Borke zu kämpfen, dann hat die Stunde der technischen Lösungen geschlagen, dann wird man auf einmal erfinderisch.

Genau genommen allerdings kommen auch hier wieder die Unterschiede der einzelnen Baumarten ins Spiel. Grundsätzlich nehmen wir es zwar mit jeder Baumart auf, aber nicht jede eignet sich für jede Vorgehensweise, und außerdem: Nicht jede löst bei mir dieselben Glücksgefühle aus. Unter Berücksichtigung ihres Spaßfaktors sähe eine Charakteristik der diversen Baumarten ungefähr folgendermaßen aus.

Um mit den Säulenpappeln anzufangen: Sie sind eigentlich gut zu klettern, stellen aber keine Herausforderung dar, weil sie straff aufrecht wachsen und beinahe so wenig Raumgefühl wie eine Felswand aufkommen lassen – sie machen es einem zu leicht, bei ihnen fehlt der Tanz über dem Abgrund. Eine echte Herausforderung und manchmal unangenehm hingegen sind Buchen in einem größeren, waldähnlichen Bestand. Die haben einen hohen, völlig nackten Stamm, auf den ersten 20, 25 Metern wächst da überhaupt kein Ast, oben aber fächert sich ihre Krone beinahe waagerecht auf und geht wie ein Flachdach in die Breite – kaum möglich, hier über längere Zeit einen vernünftigen Seilwinkel beizubehalten. Bei Buchen bewegt man sich schnell auf der ungefähren Höhe des eigenen Ankerpunkts und muss sich zusätzliche Sicherungsmaßnahmen einfallen lassen – auch bei ihnen bleibt das Vergnügen deshalb bisweilen auf der Strecke.

Eichen wiederum lassen das Herz des Baumkletterers höherschlagen. Weshalb? Für den Hausgebrauch unterscheide ich, wie gesagt, zwischen technischem Klettern und Spaßkletterei. Beim technischen Klettern, wie es zum Beispiel Buchen mitunter erforderlich machen, muss ich mir zu meiner Sicherheit ständig neue Lösungen ausdenken, neue Seilverläufe, andere Knoten, aufwendige Installationen, um den Seilwinkel zu verbessern, um einigermaßen sicher bis in die äußeren Regionen eines Baums vordringen zu können. Das beflügelt die Fantasie, das verlangt ständige Aufmerksamkeit, das ist für mich wie eine Achtsamkeitsübung beim Yoga und reizt mich manchmal, aber nicht immer. Irgendwann habe ich diese zusätzlichen Vorsichtsmaßnahmen, dieses Austüfteln und Rumfummeln satt und möchte unbeschwert klettern, am Seil gesichert, klar, aber im Übrigen allein im Vertrauen auf meinen Körper und meine Intuition.

Damit beginnt für mich das eigentliche Vergnügen am Klettern, und alte Eichen, möglichst alleinstehende, erlauben mir das in der Regel. Sie besitzen eine gut strukturierte Krone, in der ich ohne weiteres einen hochgelegenen Ankerpunkt treffe, sie haben nur eine begrenzte Anzahl starker Äste, die sich kontinuierlich verzweigen, sodass ich mich hier und da mit Sprüngen von Ast zu Ast durch den Baum bewegen kann, ihre Borke bietet sogar den Händen festen Halt, und wenn dies alles zusammenkommt, dann erreicht man schon Spitzenwerte auf der Baumkletterer-Spaßskala.

Ganz so leicht machen es einem Platanen nicht. Wir sprechen etwas abfällig von einer Baumrobbe, wenn jemand nicht das rechte Vertrauen zur Seiltechnik aufbringt und sich lieber mit Händen und Füßen an Stämmlinge und Äste geklammert durch einen Baum bewegt – also robbt –, und ich könnte mir denken, dass dieser Ausdruck ursprünglich auf Kletterer gemünzt war, die an Platanen verzweifelt sind. Wo liegt hier das Problem?

Nehmen wir ein letztes Mal die beiden Platanen, auf die ich von meinem Fenster aus blicke. Da ist im Inneren der Krone nicht viel los, die machen den Eindruck, sich auf das Wesentliche und unbedingt Nötige zu konzentrieren, und das sind in diesem Fall lange, nackte Stämmlinge. Einer dieser Stämmlinge dort wächst im 45-Grad-Winkel nach oben, und auf den ersten sechs, sieben Metern leistet er sich keinen einzigen Ast. Bei den übrigen Stämmlingen sieht es, soweit ich beide Bäume überblicken kann, ganz ähnlich aus, sie gabeln und verzweigen sich alle erst sehr spät, sie stehen auch alle ziemlich frei im leeren Raum. Zu wenig Äste aber können einen genauso ins Schwitzen bringen wie zu viele, und als Kletterer muss man sich dann entscheiden: Versuche ich es mit Springen oder baue ich weiter oben eine Umlenkung für mein Seil ein, sodass ich mich mit einem günstigeren Seilwinkel weiter hinauswagen kann? Mit anderen Worten: Eine Platane verlangt oftmals eine Kombination von körperlichem und technischem Klettern, ist daher etwas für Fortgeschrittene und so gesehen ein spannender, ein anspruchsvoller Baum.

Die Architektur von Bäumen kommt uns also mal mehr, mal weniger entgegen. Aber ein Gesichtspunkt fehlt in diesem Überblick, nämlich die Tagesform. Je nach Form und Stimmung kann nämlich jeder Baum Spaß machen – auch wenn die Tage, an denen ich gern Säulenpappeln klettere, seltener sind als die, an denen mir Eichen oder Platanen besonders liegen. Einen Baum aber gab es in meinem Leben, vor dem ich tatsächlich fast kapituliert hätte: eine Atlaszeder, die ich in meiner Zeit als Angestellter zugewiesen bekam. Mit beinahe 40 Metern Höhe war sie der mächtigste Baum, der mir in meinem Job je begegnet war, und sie ging fast über meine Kräfte; anderthalb Tage lang habe ich mich an ihr bis zur Erschöpfung abgekämpft.

Die Aufgabe lautete, Totholz zu entfernen. »Hier hast du einen Baum, mach mal …«, hatte man mir gesagt, aber in einer Zeder gibt es meist jede Menge Totholz. Neue Äste schieben sich über die bisherigen, gewinnen die Oberhand, entziehen den unteren das Licht, und diese unteren sterben infolgedessen ab. Nach einer gewissen Zeit widerfährt den oberen Ästen das Gleiche mit neu nachwachsenden Ästen, und so vermehrt sich das

Totholz in einer Zeder kontinuierlich. Dieses Totholz tut aber keinem weh. Es richtet im Fallen keinen Schaden an, den Baum stört es auch nicht, und der Besitzer der Zeder machte für seinen Auftrag dann auch allein ästhetische Gründe geltend: Ihm gefalle das ganze Totholz in seinem Prachtexemplar von Baum einfach nicht.

Nun muss man sich diesen Baum einmal vorstellen. Eine Atlaszeder ist in jeder Hinsicht imposant, sie ragt hoch auf, sie greift aber auch nach allen Seiten weit aus. Ihre starken, schräg aufwärtsstrebenden Äste sind dicht mit graugrünen Nadeln behängt, aber nur in den äußeren Regionen, dort, wo sich die Äste auffächern; vom Stamm aus gesehen geschieht lange nichts, da hat man es nur mit nacktem Geäst zu tun, als wollten die Bäume weithin sichtbar ihre Muskeln zeigen, und so kommt zur schieren Mächtigkeit dieser Bäume noch ein struppiges, ein geradezu wildes Aussehen hinzu.

Ein solcher Baum widersetzt sich allem, was ich unter effizienter Arbeit verstehe. Der hat wirklich seinen eigenen Kopf, und ich sah mich gezwungen, zahllose Wege in dieser Zeder zurückzulegen, mich von einem Ast herunterzulassen, nach getaner Arbeit wieder aufzusteigen, woanders rauszuklettern und dasselbe Spiel von vorn zu beginnen, wieder runter, wieder hoch. Dieses ständige Auf- und Absteigen will man sich eigentlich ersparen, es ist kräftezehrend, aber das Schlimmste war: Ich wusste mir bei den langen, kahlen Ästen nicht anders zu helfen, als an ihnen entlangzurobben, wenn ich die Außenbezirke der Krone erreichen wollte. Das einzige Hilfsmittel sind in diesem Fall Trittschlingen, eine Art Steighilfe, die man sich selbst bastelt, indem man zwei kurze Seile an Ast oder Stämmling zu einer Schlaufe verknotet, die sich bei Belastung zusammenzieht; da tritt man rein, schiebt sich vorwärts, zieht die Trittschlinge jedes Mal nach und arbeitet sich so Meter um Meter weiter Richtung Peripherie, dorthin, wo sich unter den graugrünen Nadeln das Totholz gebildet hat.

Eine Mordsarbeit. Körperlich bin ich in jenen anderthalb Tagen an meine Grenzen gestoßen. Mental aber auch, weil ich mir diese Quälerei immer wieder als Herausforderung schönreden musste – es stieg ja ständig der Gedanke in mir auf: dieser ganze Aufwand – und weshalb? Aus ästhetischen Gründen! Weil der Besitzer dieses Monsterbaums einen Schönheitssinn besitzt, der durch Totholz verletzt wird. Sind wir neuerdings für Kosmetik zuständig? Letzten Endes aber war ich stolz, diese Zeder in meiner Sammlung gekletterter Bäume zu haben. Und eine gute Übung war es obendrein.

DIE TECHNISCHE SEITE
DES BAUMKLETTERNS

Mein Heimatdorf ist klein und hübsch – wirklich sehr klein und tatsächlich ziemlich hübsch, beherrscht vom Schwarz-Weiß-Muster seiner Fachwerkhäuser und zwei ansehnlichen Kirchen. Nahebei, in einer sanft gewellten Landschaft aus Wiesen und Feldern, gesprenkelt mit Baumgruppen, entspringt jenes Flüsschen, das sich schon wenig später bei Düsseldorf wieder verabschiedet, die Düssel. Vor der Erfindung des Smartphones war ihr Tal für Kinder ein Paradies, denn hier gab und gibt es einen verwilderten Wald mit umgestürzten Bäumen und Buchen, die eine fantastische Höhe erreichten, Riesen, die es auf 40 Meter und mehr bringen – ein Hauch von Urwald.

Als wir Kinder waren, ging es nach den Hausaufgaben raus ins Freie. Damals, in den 80er-Jahren, brauchte uns noch niemand frische Luft zu verordnen, es war selbstverständlich, dass wir nicht ins Haus gehörten. Wir hatten unseren Treffpunkt im Dorf und zogen zusammen los, in den Wald, wohin sonst, unter der Auflage, bei Anbruch der Dunkelheit oder beim Kirchenglockenläuten heimzukommen. Zu Pfingsten legten wir uns regelmäßig mit den Pfadfindern an und versuchten, ihnen die Fahne zu klauen, aber meist boten Wald und Bäume uns Kindern Unterhaltung genug. Wo hätten wir uns besser ausprobieren, herumturnen, uns verstecken und übereinander herfallen können?

Es kam eine Zeit, da waren die Bäume vergessen. Jahrelang habe ich als Punk auf der Straße gelebt und hatte andere Sorgen, an anderen Dingen Spaß. Eines Tages ergab sich die Möglichkeit, aushilfsweise in der Baumpflege zu arbeiten, und durch die Beschäftigung mit den Bäumen kam ich wieder zu mir. Es war eine Wiederentdeckung, und sie überwältigte mich. In dieser Anfangszeit, wenn ich mit Freunden unterwegs war und getrunken hatte, konnte ich Bäumen nicht widerstehen. Da überkam mich von Zeit zu Zeit der dringende Wunsch, zu klettern, und dann gab es kein Halten mehr – ich bin reingeklettert, natürlich ohne Seil. Mit anderthalb Promille im Baum, das zeugt nicht gerade von überragender Vernunft, aber in aufgewühlten Zeiten hat man ein Recht auf Dummheiten. Jedenfalls unglaublich, wie man sich über eine wiederentdeckte Leidenschaft freuen kann – bis zu dem Punkt, an dem man sie zu seinem Beruf macht.

Meine freihändigen Kletterpartien fielen also in die Zeit der neu erwachten Euphorie. Mittlerweile gehören sie längst der Vergangenheit an. Heute würde es mir nicht mehr einfallen, ohne Sicherung zu klettern, im professionellen Einsatz sowieso nicht, aber mit den Glücksmomenten ist es so eine Sache: Sie stellen sich zwar immer noch ein, aber meist erst dann, wenn der ganze technische Aufwand, den wir betreiben, in den Hintergrund tritt, wenn ich mir keine Gedanken um Ankerpunkte und Seilwinkel mehr machen muss und für Augenblicke wenigstens die abenteuerliche Seite des Kletterns erlebe. Ich werde davon auch in Kürze erzählen, will aber vorher doch genauer als bisher auf die technische Seite unseres Berufs eingehen, weil sonst manches unverständlich bleiben müsste, an unserer Arbeit, aber auch an meinen Glücksmomenten.

Vorweg gesagt: Die Seilklettertechnik, wie wir sie benutzen, ist eine ständige Herausforderung an den Erfindergeist ihres Benutzers. Angesichts zahlloser Variationsmöglichkeiten kann man sich jederzeit etwas Neues einfallen lassen und die Bestandteile der Ausrüstung so kombinieren, dass die Arbeit noch reibungsloser verläuft. Es wäre sinnlos, auf alle technischen Möglichkeiten im Einzelnen einzugehen, dieses Kapitel würde dann nämlich vor Theorie überquellen, und ein kompletter Baumkletterkurs müsste sich anschließen. Allein mit den Knoten könnte man Lehrbücher füllen. Die Namen der gebräuchlichsten sollen hier als Kostprobe genügen: Achterknoten, Spierenstich, Distelknoten, Prussik, Butterfly, Palstek, Mastwurf, Kapuzinerknoten, Zimmermannsschlag sowie noch etliche andere, die meisten davon in diversen Variationen, kurzum: Fünfzehn Knoten sind das Minimum, und ich benutze in meinem Arbeitsalltag deutlich mehr.

Ich werde mich also auf das Wesentliche beschränken. Wir sind ja auch ohne genauere Kenntnisse bisher schon ganz ordentlich im Baum herumgekommen, weil ich Sie einfach mitgenommen haben – das ist ja das Schöne an Büchern: Man muss als Leser nicht alles können, was der Verfasser kann. Ein paar Grundbegriffe werden der Vorstellungskraft immerhin auf die Sprünge helfen, deshalb ist diese kurze Einführung ins technische Klettern trotzdem nicht ganz überflüssig.

Gehen wir von dem Moment aus, in dem ich das Seil in den Baum eingezogen habe. Es hängt jetzt zu beiden Seiten einer tragfähigen Astgabel herab, die meinen Ankerpunkt bildet. Wenn ich das lose Seilende um den Stammfuß schlinge und mit einem Knoten fixiere – in diesem Fall einem laufenden Palstek –, könnte ich im Prinzip am anderen Seilende losklettern; das sähe dann so aus wie damals, im Turnunterricht, als man sich, an einem Seil hängend, mit den Füßen abgedrückt und mit den Händen hochgezogen hat. Dieser urtümlichste aller Kletterstile kommt für mich natürlich nicht in Frage, schon weil ich Arme und Beine frei haben muss, und jetzt geht's mit der Technik los.

KLEMMGERÄT

Es ist der Dreh- und Angelpunkt der Seilkletterei. Mithilfe des Klemmgeräts – das auch ein Klemmknoten sein kann – bewege ich mich, je nach Technik, entweder am Seil oder mit dem Seil, fixiere ich mich bei Bedarf in einer bestimmten Arbeitsposition, löse mich wieder, um eine Ortsveränderung im Baum vorzunehmen, und halte das Seil permanent auf Spannung. Klemmgerät oder Klemmknoten sind für uns Baumkletterer also entscheidende Erfindungen, denn ohne diese unscheinbare Vorrichtung gäbe es uns gar nicht. Schauen wir uns die Funktionsweise des Klemmgeräts jetzt in der Praxis an.

Ich montiere ein Klemmgerät an das lose Seilende, hänge einen Karabiner ein und befestige ihn an dem Ring an meinem Gurt. Auf diese Weise mit dem Seil verbunden, kann ich mich freihändig reinhängen, denn unter Druck zieht sich das Klemmgerät zu, es würgt das Seil gewissermaßen ab, es blockiert und stabilisiert damit meine Position am Seil – schon hänge ich in der Luft. Lässt der Druck nach, weil ich mit dem Aufstieg beginne, öffnet sich das Klemmgerät, und während ich mich hauptsächlich mit den Beinen am Seil hochdrücke, ziehe ich die Klemmvorrichtung am Gurt mit. Runterrutschen kann ich jetzt nicht mehr, denn sobald mein Körpergewicht erneut Zug auf das Klemmgerät ausübt, greift die Klemm-Mechanik, und ich bleibe auf der erreichten Höhe hängen, oder sagen wir besser: in der Schwebe. Auf diese Art arbeite ich mich zu meiner Ausgangsposition im Baum unterhalb meines Ankerpunkts vor.

TREPPENAUFSTIEG

Kaum zu glauben, dass wir uns nicht am Seil hochziehen? Aber so ist es. Mit den Armen halte ich während des Aufstiegs lediglich die Balance, helfe vielleicht hier und da nach, den Rest erledigen die Beine. Bei dieser Vorgehensweise, dem sogenannten Treppenaufstieg, kommen erneut technische Hilfsmittel zum Einsatz, nämlich zwei Klemmen, im Abstand von etwa 50 cm am Seil befestigt. Die untere wird direkt am ersten Fuß festgeschnallt, die obere ist mit einer Trittschlinge verknüpft, die den zweiten Fuß aufnimmt, und nun bewege ich meine Beine, als würde ich eine Treppe – oder besser: eine Leiter – ersteigen (man könnte auch sagen: Ich trampele mich nach oben). Von der Stelle komme ich auf diese Weise deshalb, weil sich die Klemmen bei der Aufwärtsbewegung öffnen und am Seil hochrutschen, während sie beim Tritt nach unten blockieren. Auch hier machen wir uns also wieder den Klemm-Mechanismus zunutze.

EINZELSTRANGTECHNIK

Die eben beschriebene Aufstiegsmethode funktioniert nur bei der Arbeit mit einem einzigen Seilstrang; wir sprechen in diesem Fall von Einzelstrangtechnik. Wir haben auch die Möglichkeit, am Doppelstrang zu arbeiten, aber der Einzelstrang liegt mir mehr, schon deshalb, weil ich, im Baum angekommen, bei diesem Verfahren gleich losklettern kann. Die Doppelstrangtechnik ist etwas umständlicher, hat dafür aber andere Vorteile, wie sich bei der folgenden Gegenüberstellung zeigen wird.

DOPPELSTRANGTECHNIK

Bei diesem Verfahren habe ich es mit zwei parallelen Seilsträngen zu tun: Der eine Strang läuft nach oben zum Ankerpunkt, macht dort kehrt und kommt als zweiter Strang wieder herunter. Klettern tue ich an beiden, das heißt: Durch mein Klemmsystem bin ich mit beiden Strängen verbunden, wobei sich der eine Strang unabänderlich stets in derselben Position zu mir befindet (stehender Seilstrang), während der andere bei jeder meiner Bewegungen an mir vorbeiläuft, hoch oder runter, je nachdem (laufender Seilstrang). In diesem Fall klettere ich also nicht *am* Seil, wie beim Einzelstrang, sondern *mit dem* Seil. Das hat zur Folge, dass, sobald ich mich bewege, auch beide Stränge in Bewegung geraten, und zwar gegenläufig – steige ich mit dem einen Strang auf, bewegt sich der andere nach unten; rutsche ich mit meinem Strang hinunter, zieht es den anderen nach oben.

Dank dieses Systems strengt der Aufstieg weniger an, kostet aber auch mehr Zeit; bis ich oben bin, dauert es länger. Seine Vorteile kommen erst dann zur Geltung, wenn ich die Krone erreicht habe. Um es ganz einfach auszudrücken: Es läuft sich im

Baum am Doppelstrang leichter, weil das Seil jetzt jede meiner Bewegungen – weg vom Ankerpunkt, wieder auf den Ankerpunkt zu – mitmacht.

Beim Einfachstrang ist das Seil starr, es füttert sich nicht von selbst nach. Für jeden Meter, den ich im Baum zurücklege, muss ich am Einzelstrang mein Klemmsystem öffnen und wieder schließen, mein Seil nachlassen oder wieder einholen, um es auf Spannung zu halten – das erfordert hohe Konzentration und ist kräftezehrend. Beim Doppelstrang hingegen ziehe ich das Seil problemlos nach.

Und ein weiterer, wesentlicher Unterschied ist: Will ich am Einzelstrang beim Aufstieg einen Meter an Höhe gewinnen, muss ich auch einen Meter Seil ziehen; beim Doppelstrang hingegen sind es zwei Meter Seil – so gesehen ist der Doppelstrang also im Nachteil. Andererseits ziehe ich am Einzelstrang jedesmal mein gesamtes Körpergewicht hoch, während sich mein Körpergewicht beim Doppelstrang auf die Hälfte reduziert – hier ist der Doppelstrang also von Vorteil. In der Praxis setzt man den Doppelstrang daher gern für den Lauf über Äste ein, den Einfachstrang hingegen für den direkten Weg nach oben. Tatsächlich ist die Einfachstrangtechnik in der Vergangenheit eine bloße Aufstiegstechnik gewesen.

Mittlerweile wird diese Unterscheidung aber nicht mehr gemacht; beide Techniken werden gleichwertig benutzt, und die Entscheidung für die eine oder andere ist heute reine Geschmackssache.

KAMBIUMSCHONER

Allerdings – die Doppelstrangtechnik zwingt mich zu einem Umweg. Ich muss nämlich als Erstes zu meinem Ankerpunkt aufsteigen, um dort einen Kambiumschoner einzubauen. Dabei handelt es sich um eine Manschette aus Seilmaterial, die um den Ast gelegt wird, der das Seil hält und mich trägt. Diesen Kambiumschoner zu installieren bedeutet natürlich einen zusätzlichen Aufwand, ist uns aber die Sache wert, weil sie Verletzungen des Baums an dieser Stelle verhindert. Der tiefere Sinn des Kambiumschoners erschließt sich, sobald wir uns einen Ast im Querschnitt ansehen.

Wenn wir von außen nach innen vorgehen, haben wir als Erstes die Rinde bzw. Borke – sie schützt den Baum vor Einflüssen der Außenwelt. Gleich darunter sitzt die äußere Holzschicht, eine dünne Folie, die als Kambium bezeichnet wird – sie sorgt für die Lebens- und Wachstumskraft des Baums, indem sie zur einen Seite hin laufend Rindenzellen, zur anderen Seite hin neue Holzzellen erzeugt. Darauf folgt das Splintholz, in dem sich die Leitungsbahnen für das nährstoffreiche Wasser aus den Wurzeln befinden, und schließlich, ganz im Inneren, das Kernholz, bei dem es sich bereits um totes Holz handelt – es erfüllt für den Baum dieselbe Funktion wie das Knochengerüst für uns Menschen. Diesen Aufbau vor Augen leuchtet es ein, dass das Kambium die Achillesferse des Baums darstellt, seinen empfindlichsten Teil, einmal, weil es die äußerste Holzschicht bildet, zum anderen aber auch, weil es sich dabei um den aktivsten Lebensbereich eines Baums handelt. Und jetzt kehren wir zu unserem Ankerpunkt zurück – was passiert dort, wenn ich am Einzelstrang, und was, wenn ich am Doppelstrang arbeite?

Bei der Einzelstrangtechnik so gut wie nichts. Da sich das Seil nicht bewegt, tritt am Ankerpunkt auch keine nennenswerte Reibung auf, und weder Borke noch Kambium können größeren Schaden nehmen. Anders beim Doppelstrang. Da bewegen sich beide Stränge gegenläufig und würden, falls sie direkt auf der Astgabel aufliegen würden, nicht nur die Borke durchscheuern, sondern nach einer Weile auch das Kambium angreifen und damit die Leitungsbahnen des Baums an dieser Stelle abtrennen; schlimmstenfalls würden bestimmte Baumbereiche infolgedessen absterben.

Der Kambiumschoner verhindert das – zum einen, weil er

sich nicht bewegt, zum anderen, weil ich meinen Seilstrang durch eine Rolle führe, die mit dem Kambiumschoner verbunden ist, und damit am Ast vorbeiführe. Es gibt also einen sehr guten Grund, seinem Ankerpunkt diesen Besuch abzustatten – was, nebenbei gesagt, auch beim Einfachstrang sinnvoll wäre. Denn wie schon erwähnt riskieren wir, gar nicht dort verankert zu sein, wo wir glauben, sondern womöglich an einer viel schwächeren Astgabel, solange wir unseren Ankerpunkt nicht aus der Nähe in Augenschein genommen haben. Trotzdem lassen wir es im Einzelstrang oft mit einem Kontrollblick von weiter unten bewenden und klettern gleich los.

UMLENKUNG

Nun kann es vorkommen, dass sich mein Seilwinkel bei Arbeiten in der Kronenperipherie immer weiter abflacht, bis hin zu einem fast waagerechten Seilverlauf, den ich natürlich vermeiden will und muss. Was mir in diesem Fall weiterhilft, ist ein zweiter Ankerpunkt möglichst senkrecht über mir. Im Einfachstrang lässt sich das relativ leicht bewerkstelligen, weil ich dafür jeden beliebigen Punkt nehmen kann, den mir der Baum in Form einer soliden Astgabel anbietet – ich führe mein Seil dann einfach durch diese höhergelegene Gabel und komme dadurch erneut zu einem brauchbaren Seilwinkel. Auf diese Weise lassen sich theoretisch fünf, sechs oder sieben Ankerpunkte hintereinanderschalten, was mir erlauben würde, selbst die dünnsten Äste in der äußersten Peripherie einer Baumkrone zu erreichen. Wir sprechen in diesem Fall von einer natürlichen Umlenkung. Am Doppelstrang wäre der Aufwand größer, weil ich eine Bandschlinge als provisorischen Kambiumschoner um den Ast legen und die zwei Stränge durch den Karabiner bzw. die Rolle am Ende der Schlinge führen müsste. Ohne solche Umlenkungen kämen wir jedenfalls in großen Bäumen nicht so weit hinaus, wie wir für Einkürzungen müssen.

Man sieht schon: Die Beweglichkeit lässt sich im Baum nicht von der Sicherheit trennen. Für uns gilt: Je sicherer, desto beweglicher. Und damit kommen wir zu einem weiteren Ausrüstungsteil, das insofern entscheidend zu unserer Sicherheit beiträgt, als es für eine stabile Arbeitsposition unverzichtbar ist.

Wir nennen es Kurzsicherung. Sie ergänzt die sogenannte Langsicherung durch das Seil, an dem wir hängen, und ist nichts anderes als ein kurzes Seil von drei bis fünf Metern Länge, das wir am Gurt ständig mitführen und als Schlinge um den Stämmling bzw. Ast legen, an dem wir auf- oder absteigen. Diese doppelte Verbindung mit dem Baum ist in mehrfacher Hinsicht von Vorteil.

Denn erstens banne ich damit die größte Gefahr auf meinem Weg durch die Krone, nämlich abzurutschen und einen Pendelsturz hinzulegen – eine üble Sache, weil ich beim Pendeln höchstwahrscheinlich gegen den Stamm schlage, und der geht nicht zur Seite, da brechen Knochen. Auch die Säge, die ich dabeihabe, ist in Fällen wie diesem nicht der beste Freund des Menschen. Mit anderen Worten: Die Langsicherung kann zwar den Absturz, aber nicht den Sturz verhindern. Zusätzlich zu der mehr oder weniger senkrecht verlaufenden Langsicherung müssen wir uns deshalb auch gegen seitliches Abrutschen sichern, und das besorgt die Kurzsicherung.

Zweitens will ich aus einer stabilen Position heraus arbeiten, wenn ich beide Hände zum Sägen benutze. Hier folgt die Sicherung der Idee des Kräftedreiecks. Bestes Beispiel dafür ist das Stativ, das den Boden mit seinen Beinen an drei Punkten berührt und so die größtmögliche Stabilität bei geringstem Aufwand an Material und Technik erlaubt. Auf uns Baumkletterer übertragen sieht dieses Kräftedreieck so aus: Von oben hält mich das Seil meiner Langsicherung, in das ich mich hineinlegen kann. In der Waagerechten hindert mich meine Kurzsicherung daran, nach rechts oder links wegzupendeln. Und als Drittes habe ich meine Füße, mit denen ich nicht nur Halt finde, mit denen ich mich auch wegdrücke, um Kurzsicherung wie Langsicherung auf Spannung zu bringen. Damit kann ich in keine Richtung mehr abschmieren; jetzt stehe ich in jeder Position sicher und fest genug, um meine Säge mit der nötigen Kraft und Präzision zu führen.

Und drittens kann es passieren, dass ich im Eifer des Gefechts mit laufender Motorsäge an mein senkrechtes Kletterseil, also die Langsicherung, komme – dann ist es die Kurzsicherung, die meinen Absturz verhindert. Eine Kurzsicherung ist allerdings keine Garantie. Vor allem in den äußeren Regionen finde ich nur noch relativ dünne Äste für meine Kurzsicherung, und die würden mich wahrscheinlich nicht mehr halten, sollte ich meine Langsicherung versehentlich durchtrennen. Sinnvoll ist die Kurzsicherung als zweite Sicherung tatsächlich also in erster Linie beim Motorsägeneinsatz in soliden, tragfähigen Kronenteilen, und ideal ist sie beim Aufstieg am Stamm oder an starken senkrechten Ästen.

STANGENSÄGE

Nun findet man sich gelegentlich in einem Baum wieder, in dem man trotz Umlenkungen und brauchbarem Seilwinkel nicht zu allen Stellen vordringen kann. In diesem Fall hilft einem ein etwas sonderbares Werkzeug aus der Verlegenheit, mit dem ich dieses Kapitel abschließen will: die Stangensäge. Ihr Griff ist in der Regel teleskopierbar und kann mit einem Mechanismus ausgefahren werden; damit sollte man dann wirklich auch den letzten Feinast erreichen. Allerdings – wer sich mit einer Stangensäge blicken lässt, muss damit rechnen, belächelt zu werden. Ein Baumkletterer, der etwas auf sich hält, wird jedenfalls stets von sich behaupten, auf eine Stangensäge verzichten zu können, der kommt eben dank ausgetüftelter Seiltechnik und eigener Geschicklichkeit überall hin, der stellt sich auf den Standpunkt: Wenn ich zur Stangensäge greifen muss, weiß ich, dass ich alt geworden bin …

Na ja, gut gebrüllt. Nicht von der Hand zu weisen aber ist, dass die Stangensäge nervt, weil sie beim Klettern stört. Sie ist einfach zu lang. Außerdem muss man beim Sägen Druck ausüben, was über größere Entfernungen schwierig ist und die Arbeit mit der Stangensäge mühsam macht. Trotzdem hat sie ihre Berechtigung. Wenn ich mich strecke, kann ich mit ihr zum Beispiel Nachbaräste erreichen, ohne meine Position zu wechseln, und bei der Totholzentfernung komme ich mit ihr bisweilen deutlich schneller voran als mit der Handsäge. Totholz ist bei gesunden Bäumen ja oft im Inneren zu finden, und mit etwas Glück brauche ich mich mit einer Stangensäge nicht allzu weit vom Stamm zu entfernen – ich klettere einmal hoch, ich säge, ich lasse mich wieder ab, und der Baum ist totholzfrei. Wenn ich allerdings saubere Schnitte machen will, muss ich doch zur Handsäge greifen und mich dann eben noch länger machen, denn saubere Schnitte sind mit einer Stangensäge kaum möglich.

Alles in allem – ich liebe auch diese Seite des Kletterns, die technische, die trickreiche Seite. Ich habe Spaß daran, neue Kombinationen und Vorgehensweisen auszutüfteln. Manchmal steht mein Kompagnon Moritz fragend unterm Baum, und dann weiß ich, was er denkt: Was macht der denn da oben schon wieder? Ja, ich probiere etwas aus. Dann dauert's eben etwas länger, aber ich komme schlauer aus dem Baum, als ich hineingegangen bin – und wenn ich nur gemerkt habe: So klappt's nicht. Schöne Idee, aber unbrauchbar …

TARZAN IM HINTERKOPF

In der Gesellschaft von Bäumen ist man nie allein. In der Natur gibt es keine Einsamkeit. Alles redet mit einem. Man fühlt sich in jedem Augenblick angesprochen, und auch man selbst findet sich bald in einem Zwiegespräch mit der Natur wieder. Aber dafür darf man nicht abgelenkt sein. Dafür muss man allein sein.

Nein, ich bin kein Mystiker. Wir umarmen keine Bäume, wir fällen sie sogar. Aber ich habe erfahren, wie wenig man braucht, um glücklich zu sein. Alles, worauf es ankommt, ist, da zu sein und mit allen Sinnesorganen wahrzunehmen, wo man gerade ist. Den Ort reden und auf sich wirken lassen. Die Kräfte spüren, die unsichtbar überall am Erscheinungsbild unserer Welt arbeiten. Jene Kräfte zum Beispiel, die sich in einem Baum im Frühjahr regen.

Wer alle Sinne beisammenhat, kann diesen Ausbruch an Vitalität körperlich wahrnehmen. Wenn ein Baum aus der Winterruhe erwacht, kurz, bevor er austreibt, ist der Druck im Holz am größten, dann schießen in seinem Inneren die Säfte hoch, und ich spüre am eigenen Leib, wie dieses Lebewesen vor Energie strotzt. Denn diese Energie überträgt sich auf mich, und selbst nach einer Reihe anstrengender Arbeitstage verfliegt in einem solchen Baum meine Erschöpfung. Eigentlich müsste ich ziemlich fertig sein, stattdessen klettere ich dann, als wäre ich frisch und ausgeschlafen. Wie immer gehört allerdings auch zu dieser Erfahrung das Vermögen und die Bereitschaft, sich Naturkräften auszusetzen, Energieströme wahrzunehmen. Wer sich aus Angst, die Kontrolle über sich zu verlieren, dagegen wehrt, wird nichts mitkriegen.

Bei mir siegt in aller Regel der Erfahrungshunger. Und ich stille ihn nicht nur in Bäumen. Ich setze mich dem Spiel der Kräfte auf vielerlei Weise aus, früher als Skateboarder, heute beim Kite-Surfen, Snow-Kiten, Snowboarden und Wellenreiten, und ich würde noch einen Haufen anderen Unfug treiben, wenn ich die Zeit dafür fände. Natürlich spielt hier auch die Biochemie hinein, das Adrenalin kommt als Spaßverstärker hinzu, aber die Ausgangslage ist eine bewusste Entscheidung: Ich will mich den Lebensenergien aussetzen, in welcher Gestalt sie auch immer daherkommen mögen. Ich möchte in Situationen geraten, in denen ich denke: Was machst du da? Bist du wahnsinnig …? Und wenn's dann losgeht, kommt es mir nicht einmal darauf an, mich zu beweisen. Es geht mir auch weniger darum, riskante Situationen zu beherrschen, denn oftmals, vor allem anfangs, entziehen sie sich jeder Beherrschbarkeit. Nein, ich lege es regelrecht darauf an, mich beim Wellenreiten etwa vom Ozean nach Strich und Faden verprügeln zu lassen, um abends aus dem Wasser zu kommen mit dem Gefühl: Was für ein großartiger Tag – kaum etwas ist nach deinen Vorstellungen gelaufen, aber Spaß gemacht hat es.

Ich sehe einen Selbstzweck in Erfahrungen dieser Art. Ich erlaube dem Wind und dem Wasser, mich so weichzuklopfen, dass ich auf leichteste Berührungen und flüchtigste Eindrücke reagiere. Und wenn es der Regen ist, der mir dann Glücksmomente beschert, so wie kürzlich, als es auf meinem Heimweg zu nieseln anfing und mit der Zeit immer heftiger regnete, mir direkt ins Gesicht. Es war kein warmer Tag, aber ich habe mich nicht dagegen geschützt, nicht dagegen gewehrt. Ich habe die Tropfen, die kalte Feuchtigkeit auf meinem Gesicht gespürt und fand es schön, dieses Erlebnis der Verschmelzung mit den Elementen, mit Wind und Wasser.

Die körperliche Wachsamkeit geht in der Zivilisation durch Gewöhnung und Lebensroutine verloren, und diesem Schicksal will ich um jeden Preis entgehen – mir liegt sehr daran, so viel wie irgend möglich von der Welt mitzubekommen. Und gerade jene Dinge, die Angst machen, versuche ich in meine Wahrnehmung einzubeziehen, um sie zu etwas Vertrautem zu machen. Wenn das gelingt, erlebt man nämlich Erstaunliches: Mit einem Mal kann man genießen, wogegen man sich lange gesträubt hat.

Erst später kommt beim Extremsport die Beherrschung dazu. Aber Können kommt von Lernen. Man darf nicht glauben, berauschende Höhenflüge seien ohne Strapazen zu haben. Für mich folgt daraus, dass man die Strapazen auch im Hinblick auf sein Ziel lieben lernen sollte. Wenn man den Augenblick so, wie er ist, genießen kann, ohne Vorbehalte, ohne Verbesserungswünsche anzumelden, dann ist auch das Lernen in jeder Phase schön. Dann freut man sich, Situationen ausgesetzt zu sein, die man noch nie erlebt hat, die einen für den Augenblick noch überfordern, die einem womöglich über den Kopf wachsen, die einem aber in jedem Fall unerwartete Erfahrungen bescheren.

Das ist beim Baumklettern der Fall, das ist beim Surfen der Fall. Kein Baum ist wie der andere, keine Welle gleicht der vorherigen. Jeden Baum und jede Welle muss ich neu lesen, neu einschätzen, neu angehen. Beim Kite-Surfen genauso, wo ich mal glattes Flachwasser, mal Kabbelwellen habe und der Wind mal vom Land, mal vom Meer, mal von der Seite kommt, mal stark und böig ist und dann wieder gleichmäßig säuselt. Das eben ist das Schöne an den Extremsportarten: Alles ist Überraschung und Risiko, jede Routine ist gefährlich, nichts lässt sich vorhersehen. Solche Verhältnisse entsprechen meiner Natur – so wie es mir ungemein entgegenkommt, dass ich in allen Situationen dieser Art mit mir allein bin, nur mit der Natur verbunden.

Ich war lange Zeit ein Eigenbrötler. Ich kenne allerdings auch die Angst vor dem Alleinsein. Geselliger bin ich inzwischen geworden, fühle mich aber dennoch nur dann ganz im Hier und Jetzt, wenn ich für mich sein kann. Sobald ich unter Menschen gehe, muss ich mich in Beziehung setzen, muss auf sie reagieren, mich mit ihnen vergleichen, und schon schiebt sich eine hauchdünne Wand zwischen mich und den Augenblick, die die unmittelbare Wahrnehmung zunichtemacht. Das Gegenteil geschieht in der Meditation. Ich sitze, ich atme, ich ziehe mich immer weiter von meinen Gedanken zurück, ich beobachte sie bloß noch aus der Ferne und werde als Beobachter zu einem anderen – in einem unmerklichen, fließenden Prozess bin ich auf Distanz gegangen zu allem, von dem ich geglaubt habe, dass es mich ausmacht: meinen Überzeugungen, meinen Gefühlen, meinem Willen. Durch die Distanzierung von der Welt komme ich zu mir selbst – und gleichzeitig der Welt so nah wie nur möglich. Und solche Erfahrungen sind nicht nur der Meditation vorbehalten. Ich erlebe ähnliche Momente auch beim Klettern im Baum – Augenblicke der Geistesabwesenheit bei intensivster Wahrnehmung, Augenblicke des reinen Glücks.

Im Wasser ist es bei hohem Seegang laut um mich herum. Der Wind pfeift, die brechenden Wellen donnern und toben, und diese Geräuschkulisse ist mir durchaus bewusst. Dann aber, wenn ich eine Welle perfekt reite, tritt für einen Moment plötzliche Stille ein. Totenstille. Es ist ein magischer Augenblick, wie ich ihn auch vom Kite-Surfen kenne. Ich gleite, ich fliege, und mit einem Mal nehme ich kein Geräusch mehr wahr, kein Motorboot, keinen Wind, kein Meeresrauschen, nichts, und schreie dann manchmal in diese Stille hinein, um das Gefühl, mit Leib und Seele im Hier und Jetzt zu sein, zu feiern. Ich kenne keine vollkommenere Form des Eins-Seins mit dem Rest der Welt. Dies sind für mich die Augenblicke vollendeter Sorglosigkeit, purer Lebensfreude, vollständiger Abwesenheit von Angst. Mein Ego löst sich in solchen Augenblicken nicht auf, es verschmilzt aber mit der Welt und wird für Sekunden zum Teil des großen Ganzen. Im besten Fall lande ich hinterher sanft; in anderen, nicht so guten Fällen, schlage ich hart auf, werde runtergedrückt und durchgeschüttelt oder sonst wie geschunden – dann schenke ich diesem Moment des unsanften Erwachens ein Lächeln und mache weiter.

Sind solche Erfahrungen auch im Baum möglich? Vielleicht nicht in dieser Intensität. Es geht ja im Baum auch nicht ums Vergnügen. Nicht in erster Linie jedenfalls. Und die Klettertechnik muss ich auf jeden Fall beherrschen. Beim Kiten und Surfen kann ich mir Anfängerfehler erlauben – es mag dann ein böses Erwachen geben, aber beim Klettern wird es eventuell gar keins mehr geben. Wissen und Können sind die Grundvoraussetzungen fürs Baumklettern, doch dann kommt noch etwas hinzu, etwas für mich enorm Wichtiges: die Intuition. Wie passt das zusammen?

Aus meiner Erfahrung kann ich sagen: Die Intuition ergibt sich aus der Vertrautheit mit der Technik und dem Vertrauen aufs Können, aber nur dann, wenn die Lust dazukommt. Lust bedeutet Mut zum Wagnis. Lust bedeutet Hingabe an den Moment. Und die Kombination von Wissen, Können und Lust beflügelt und befreit – nämlich von dem Zwang, sich ständig selbst zu beobachten. In den Augenblicken intuitiven Handelns wird nicht lange überlegt, da zählt die sinnliche Wahrnehmung.

In der Praxis kommt es dann zu einem Zusammenspiel zwischen rationaler Abwägung und Intuition. Dieses Zusammenspiel muss funktionieren. Doch wenn ich mich für einen bestimmten Weg durch den Baum entschieden habe, heißt es: Den Kopf ausschalten und mich mit einer ähnlichen Selbstverständlichkeit durch den Baum bewegen, wie sie den Affen zu eigen ist. Die fangen Signale sozusagen wie nebenbei auf und reagieren instinktiv richtig – der menschliche Körper, das menschliche Gehirn kann das auch.

Jeder Skateboarder macht laufend Erfahrungen dieser Art. Der muss in Bruchteilen von Sekunden für sich entscheiden: Stehe ich diesen Trick oder stehe ich ihn nicht? – also: Lande ich nach einem Sprung wieder sicher mit den Füßen auf meinem Brett oder mache ich Bekanntschaft mit dem Asphalt? Dem bleiben nur Millisekunden, um abzuspringen und sein Brett wegzutreten oder die Landung zu versuchen. Wenn er nicht über ein

Repertoire instinktiver Reaktionen verfügen würde, könnte er sein Skateboard gleich mit einem Tretroller vertauschen. Uns geht es im Prinzip nicht anders. Zum Beispiel dann, wenn wir im Baum springen.

Das klingt halsbrecherisch. Aber man darf nicht vergessen: Als Baumkletterer hat man Tarzan im Hinterkopf. Nicht als Leitbild, und auch seine Lianenschwungtechnik möchte ich lieber nicht ausprobieren, aber er verkörpert nun mal das Ideal intuitiven Fortkommens in Bäumen. Das heißt, er bewegt sich in Sprüngen durchs Geäst, und dasselbe mache ich gelegentlich auch.

Selbstverständlich kann ich einen Ast rausklettern, dort die nötigen Schnitte vornehmen, anschließend zum Stamm zurückkehren, den nächsten Ast in greifbarer Nähe nehmen und erneut hinausklettern – das ist der sichere und umständliche Weg. Ich kann aber auf meinem ersten Ast auch draußen bleiben und den nächsten Ast auf direktem Weg mit einem Sprung erreichen. Und das sind die Szenen, auf die man Lust hat. Damit stellt man unter Beweis, dass man das ganze System im Traum beherrscht. Denn wenn der andere Ast eine Etage tiefer liegt, muss ich in der Luft, zwischen Absprung und Landung, mein Klemmsystem öffnen, damit ich nicht mitten im Sprung brutal gestoppt und am Seil hin- und hergeschleudert werde. Um die nötige Bewegungsfreiheit zu haben, muss ich also genau für die Dauer des Sprungs mein Klemmsystem lösen, und zwar mit gehörigem Feingefühl, gut dosiert, damit die Landung sanft verläuft. Würde ich mein Klemmsystem bei der Landung einfach loslassen, würde es auf der Stelle blockieren, es gäbe einen Ruck, und ich würde wahrscheinlich aus dem Gleichgewicht kommen. Keine schöne Vorstellung.

Solche Sachen muss man wollen. Die gehen ja schon in Richtung Zirkuskuppel. Man hat nicht nur die Courage, rüberzuspringen, man ist auch so cool, sein Klemmgerät während des Sprungs zu dosieren, landet dann günstigstenfalls auf einer Astgabel, hält sich gleich mit der freien Hand fest und nutzt seinen Schwung womöglich noch, um am Ast weiter rauszulaufen … Dazu muss man sich aufraffen. Das funktioniert nur mit Erfahrung. Du musst dein Klemmsystem kennen, du musst dich auf deine Geistesgegenwart verlassen können. Selbstüberwindung ist immer dabei. Mal sehe ich im Baum die Möglichkeit und springe einfach. Und mal wird mir schlagartig die Gefahr bewusst – dann versichere ich mich kurz, ob wirklich alles stimmt, checke blitzartig alle Faktoren und springe erst dann. Manchmal resultiert diese Vorsicht aus einem instinktiven Sicherheitsgefühl. Aber manchmal entspringt sie auch meiner Angst, und in diesem Fall kommt es zu einem sekundenlangen Zwiegespräch mit mir selbst. Wir sind eben seit einigen Millionen Jahren keine Affen mehr.

Aber dies sind die Momente, die ich genieße. Die ich erleben will. Sie machen das Baumklettern zu einer ähnlich erregenden Sache wie Wellenreiten oder Snowboarden, weil jeder dieser Sprünge Überwindung kostet. Wenn es geklappt hat, fühlt man sich hinterher einfach nur verdammt gut. Und wenn's schiefgegangen ist, kann man sich sagen: Ich hab's wenigstens versucht. Es ist die Haaresbreite zwischen Gelingen und Scheitern, die die stärksten Gefühle auslöst.

Ein weiterer Lustfaktor ist für mich das Abseilen. Wenn ich mein Klemmgerät beherrsche, kann ich mich auf meinem Rückweg auf die Erdoberfläche praktisch dem freien Fall überlassen – aus einer Höhe von 30 Metern ist das schon ein Erlebnis, da rauscht man lachend in die Tiefe. Nur sollte man dann dosiert abbremsen können … Aber die Freude am Klettern lebt nicht allein aus den erregenden Momenten. Es kommt das Gefühl der Freiheit hinzu und das Erlebnis, im Baum mit sich allein und ganz für sich zu sein – der meditative Aspekt des Kletterns. Man erlebt ihn nicht immer. Eine Fällung zum Beispiel ist Teamwork, sie erfordert Kommunikation, da werde ich mir keine Träumereien erlauben. Aber wenn Einkürzungen zu machen sind oder

Totholz zu entfernen ist, bin ich da oben allein, und das ist wunderbar. Es ist die Voraussetzung dafür, mit dem Baum zu verschmelzen. Es ist das Erlebnis der größtmöglichen Nähe durch die Distanz, die ich zur Welt gewinne.

Aber natürlich – die Spaßkletterei darf einen nicht übermütig machen. Intuitiv arbeiten, seine Instinkte einschalten und mit hellwachem Stammhirn vorgehen – ja, wunderbar. Aber der Baum ist ein lebendiger Organismus. Er kann Faulstellen haben und morsche Äste oder längs aufgerissene Stämmlinge, und wenn ich das bemerke, heißt es: Vernunft annehmen. In solchen Fällen käme selbst Tarzan ins Grübeln. Eins darf uns nämlich auf keinen Fall passieren: die Gefahr zu unterschätzen.

BAUMPFLEGE »LEBENSGEFAHR«

Setzen wir unser Leben tatsächlich aufs Spiel? Wir sollen Gefahrenquellen beseitigen, aber sind wir womöglich selbst eine Gefahr, für uns, vielleicht auch für andere?

Das ist nicht von der Hand zu weisen. Dabei ist der Mann im Baum allerdings weniger gefährdet als der Mensch am Boden. Im ersten Moment mag das sonderbar klingen, aber es gibt dafür einen einfachen Grund: Die Natur hat es so eingerichtet, dass alles von oben nach unten fällt, und wenn sich erst etwas im Baum bewegt, wenn ein angesägter Ast reißt, ein Stämmling kippt, ist es zu spät. Bei Fällungen sind es dann Zentnergewichte, die hinunterstürzen, und der Aufprall am Boden ist Sache eines Augenblicks. Es hat vorher einen Warnruf gegeben, das ist üblich, das ist auch Vorschrift, aber ob ihn alle gehört, ob ihn alle ernst genommen haben, darauf kann man nie wetten.

Unsere Unfallstatistiken sind jedenfalls eindeutig: Im Baum lebt man sicherer als am Boden. Besonders tragisch empfinde ich einen Unfall immer dann, wenn der Verunglückte gar nicht die Möglichkeit hatte, auszuweichen. Vom letzten Vorfall dieser Art erfuhr ich durchs Internet. Bei Fällarbeiten hatte ein drei Meter langes Stammstück den Korb einer Hubarbeitsbühne getroffen und den Mann darin erschlagen. Solche Tragödien spielen sich in Sekundenbruchteilen ab, wahrscheinlich wäre ohnehin keine Zeit zum Reagieren gewesen, aber als Gefangener seiner Arbeitsbühne hatte dieser Mann nicht die geringste Chance gehabt.

Fast immer geht es blitzschnell. Ich habe zwar die Erfahrung gemacht, dass Menschen in Extremsituationen erstaunlich geistesgegenwärtig handeln, aber zunächst muss man überhaupt mitkriegen, was sich über einem zusammenbraut – und dann auch noch angemessen reagieren. Nicht immer sind die instinktiven Reaktionen auch die richtigen. So suchen zum Beispiel viele in Fallrichtung das Weite, wenn ein Baum sich auf sie zubewegt – statt sich mit drei Schritten zur Seite in Sicherheit zu bringen, oder mit sechs, sollten noch Äste am Stamm sein. Gewöhnlich laufen Menschen eben von einer Gefahrenquelle in entgegengesetzter Richtung davon, aber bei einem stürzenden Baum könnte das instinktive Fluchtverhalten leicht den eigenen Tod zur Folge haben.

Kurzum: Oben ist es nicht ungefährlich, aber unten ist es gefährlicher. Die zentnerschweren Stammteile kann nicht der Mensch im Baum, die kann nur der Mensch am Boden an den Kopf kriegen. Und jetzt stelle man sich folgendes Szenario vor: Wir arbeiten im öffentlichen Raum der Städte, in Straßenbäumen auf Bürgersteigen oder am Rand von Ausfallstraßen. Da herrscht Verkehr, da laufen Menschen herum, da kommen Autofahrer vorbei, womöglich in Kolonnen, und die hören nicht auf Warnrufe, die gucken auch selten nach oben. Es drohen also zumindest Sachschäden, von Verletzten gar nicht zu reden, und deshalb sind jetzt besondere Vorsichtsmaßnahmen fällig. In Parks oder Gärten reicht es, präzise zu arbeiten, Warnschilder aufzustellen, wachsam zu sein und zwischen Baum und Boden zu kommunizieren – hier nicht.

Nun gibt es für diese Fälle Sicherheitsvorschriften. Sie verlangen beispielsweise, bei Fällungen kompletter Bäume rings um den betreffenden Baum einen Sicherheitsbereich von der doppelten Baumlänge abzusperren. Bei einem 20-Meter-Baum würde dieser Bereich 40 Meter im Radius betragen, das heißt, wir müssten einen Kreis von 80 Metern Durchmesser von jeglichem Verkehr freihalten. Damit wäre man tatsächlich auf der sicheren Seite, aber wie soll das gehen?

Man ahnt – diese Vorschrift kommt nicht aus der Baumpflege, sie kommt aus dem Forst, und dort hat sie ihre Berechtigung, dort lässt es sich auch machen. Zwar ist eine Sicherheitszone von 80 Metern Durchmesser bei der Fällung einer Tanne beispielsweise auch im Wald übertrieben – Tannen fallen nämlich brav um, da passiert selten etwas, die bestehen eben bloß aus einem einzigen Stamm mit relativ nachgiebigen Ästen. Wenn ich allerdings eine Eiche, eine Buche, eine Platane mit starken horizontalen Ästen am Stück zu Fall bringe, schlägt sie nicht federnd auf, dann kracht sie mit ihrer stabilen Krone zu Boden, die Äste geraten unter enorme Spannung, es splittert, es bricht, und im nächsten Moment fliegen dicke Stämmlinge, ja ganze Kronenteile durch die Gegend. Ähnliches kommt selbst in unserem Arbeitsalltag vor. Wir fällen zwei Bäume nacheinander, zersägen dann beide, um Zeit und Platz zu sparen, und sollte der dritte Baum nun versehentlich auf die zersägten Teile fallen, schießen die ebenfalls wie Granatsplitter umher.

Ein Sicherheitsbereich von der doppelten Baumlänge bei Bäumen, die am Stück gefällt werden, ist also sinnvoll. Bei Bäumen, die abschnittsweise gefällt werden, bemisst sich der Radius nach der Länge der abgesägten Stücke, auch hier beträgt er wieder das Doppelte, und so kommt man in diesem Fall auf mindestens sechs Meter, eher aber auf acht bis zehn. In der Stadt, bei Straßenbäumen, wäre das dann die gesamte Straßenbreite – was uns im Grunde vor dieselben Probleme stellt wie die am Stück gefällten Bäume. Also doch eher nach Wildwestmanier arbeiten und es drauf ankommen lassen?

Laut Lehrbuch müssen wir die Straße sperren. Also – den Verkehr anhalten, jedes Mal, wenn ein Ast abgesägt, ein Stämmling durchtrennt wird? Dürfen wir gar nicht; dieses Recht hat nur die Polizei. Oder – eine Ampelanlage aufstellen und vor jedem Astabwurf per Fernbedienung in beiden Richtungen auf Rot schalten? Abgesehen von dem Ärger, dem Stau, dem Hupkonzert – die Ampeln würden wir nicht bezahlt kriegen, und so fließt der Verkehr halt weiter, durch die virtuellen Sicherheitszonen hindurch. Mit anderen Worten: Im Stadtgebiet, entlang der Straßen, arbeiten wir immer an der Grenze. Damit ist nicht nur gemeint, dass wir am Limit unserer Konzentrationsfähigkeit sind oder sogar darüber hinaus, wir bewegen uns an der Grenze – und manchmal auch jenseits – des Erlaubten. Genau genommen müssten wir einen Baum in streichholzgroße Stücke schneiden, wenn wir in verkehrsreichen Gebieten beim Fällen jedes Risiko ausschließen wollten …

Doch selbst dann, wenn sich alle eisern an die Vorschriften halten, bleibt der menschliche Faktor, bleiben die Unzulänglichkeiten unserer seelischen Ausstattung. Dafür gibt es ein leider alltägliches Beispiel: den Warnruf, den wir vor jedem Astabwurf absetzen müssen. Dazu sind wir verpflichtet, genauso wie wir die Antwort des Bodenpersonals abzuwarten haben, und eigentlich dürfte dann nichts mehr schiefgehen – tut es aber doch.

Tatsache ist: Ich kann nie blind darauf vertrauen, dass man sich unten in Sicherheit bringt, bloß weil ich oben im Baum einen Warnruf von mir gegeben habe. Nicht einmal das Feedback des Bodenpersonals garantiert mir, dass unter der Abwurfstelle keiner mehr steht. Ich muss jederzeit den Gewöhnungseffekt einkalkulieren und damit rechnen, dass die Kollegen am Boden nach einer Weile in eine Routinewahrnehmung verfallen und meinen Warnruf wie geistesabwesend beantworten, ohne überhaupt hochzuschauen. Wenn aber keiner seinen Part mehr ernst nimmt, wenn die Aufmerksamkeit unten wie oben nachlässt, dann haben wir plötzlich, bei aller Vorschriftsmäßigkeit, eine beträchtliche Sicherheitslücke.

Deshalb gehe ich mit dem Warnruf sparsam um. Bei kleineren Dingen, die keinen Schaden anrichten können, überzeuge ich mich mit einem Blick nach unten, dass niemand dort steht, und werfe das Teil dann wortlos ab. Wenn ich bei größeren Stücken jemanden unter mir entdecke, der gerade zu beschäftigt ist, um etwas mitzukriegen, rufe ich vorher zur Warnung. Und nur bei Fällungen, wenn die richtig großen Sachen runterkommen, rufe ich »Achtung!«, suche danach den Blickkontakt mit jedem

Einzelnen am Boden, warte dessen Handzeichen ab, den hoch-
gestreckten Daumen beispielsweise, und lasse erst dann das
Stammteil fallen. In solchen Situationen hilft es natürlich sehr,
ein eingespieltes Team zu sein. Moritz sehe ich schon am Ge-
sichtsausdruck an, ob mein Warnruf ernst genommen wurde
und sich tatsächlich alle aus der Gefahrenzone zurückgezogen
haben – oder nicht.

Allerdings – auch oben im Baum kann es ungemütlich werden, können Dinge schieflaufen, ohne dass eine Zeder oder Platane höhere Ansprüche an Seiltechnik und Geschicklichkeit
stellt. Einer der gefährlichsten Faktoren ist Stress, weil die Konzentrationsfähigkeit darunter leidet. Ein anderer ist schlechtes
Wetter, das einen dazu verleitet, nachlässig zu werden und hastig
zu arbeiten. Die bei weitem gefährlichsten Faktoren aber sind
die Selbstüberschätzung und der Leichtsinn von Leuten, die auf
krasse Typen machen.

Wie alle Berufe, in denen sich Männer als solche beweisen
können, verführt auch die Baumkletterei dazu, sich mit gewag-
ten Aktionen in Szene zu setzen. Mehr denn je im Zeitalter von
Youtube. Einige wollen partout Helden sein, und alle Welt soll
es sehen. Denen reicht das Restrisiko nicht, die nehmen unser
selbstironisches »Baumpflege Lebensgefahr« wörtlich. Es sind
Leute, die beispielsweise auf die Einhandsäge nur gewartet zu
haben scheinen.

Zugegeben, sie sind verführerisch, diese sogenannten Einhandsägen. Es handelt sich dabei um Motorsägen, bei denen der
Griff nicht hinten, sondern oben sitzt. Sägen dieses Typs sind gut
ausbalanciert, man kann sie tatsächlich leicht mit einer Hand bedienen, und das sieht dann ausgesprochen lässig aus, beinahe
wie Florettfechten, hier ein schneller Schnitt, da einer, dort einer,
wie im Vorübergehen, nur: Es ist verboten. Aus gutem Grund.
Zwei Hände sollten schon deshalb an der Säge sein, damit die
zweite, die Schutzhand, im Notfall die Kettenbremse auslöst.
Schlägt die Säge aus irgendeinem Grund zurück, habe ich sie

beim Einhandsägen womöglich im Bauch. Mit anderen Worten: Das Sägen mit einer Hand birgt unnötige Risiken.

Nun kenne ich das von mir selbst. Auch ich finde es manchmal verlockend, die Motorsäge mit einer Hand zu bedienen. Ich weiß, wie schneidig und cool man sich als Einhandsäger vorkommt – und dass es sogar praktische Vorteile hat. Es geht schneller. Man kann mit der anderen, freien Hand angesägte Äste wegdrücken. Und vor allem unter Stress leuchten diese Vorteile plötzlich ein – ja, warum nicht mal eben im Vorbeiklettern sägen, ohne sich richtig zu positionieren, vielleicht sogar ohne die Kurzsicherung anzulegen; natürlich ist man dann schneller fertig – aber auf Kosten der Sicherheit. In einem ruhigen Augenblick habe ich mich deshalb gefragt: Willst du dieser Verlockung wirklich nachgeben? Die Antwort war nein. Denn man kommt so gut wie nie in die Verlegenheit, einhändig sägen zu müssen. Seither bekommen Leute, die sich als kletternde Holzfäller verstehen und Baumpflege als Risikosportart betreiben, auf meiner Baustelle eine klare Ansage. Denen erkläre ich: »Ich habe keinen Bock auf dein Blut und deine Eingeweide. Ich habe keinen Bock, dich vom Boden zu kratzen, ich habe auch keinen Bock, deine Liebsten anrufen zu müssen. Also lass den Scheiß, bitte.«

Der brisanteste Punkt bei dem Ganzen aber ist, dass solche heiklen Arbeitsmethoden durch Filmchen im Internet publik gemacht werden und an die Öffentlichkeit geraten, verbunden mit djangomäßigen Aussagen wie: »Jeden Tag kann es jeden von uns treffen ...« Das ist Bullshit. Da reden sich ein paar Leute ihr Leben gefährlicher, als es ist. Sie fantasieren sich einen Kitzel herbei, den sie in ihrem Leben wohl sonst vermissen. Aber man muss im Baum nicht beweisen, was für ein toller Hecht man ist.

Und deshalb halte ich auch nichts von der Selbststilisierung, wie sie in den USA in letzter Zeit in Mode gekommen ist, wo sich Baumkletterer großmäulig als *beaver-monkeys* bezeichnen. Damit will man sich wohl den Anschein eines irgendwie aufsehenerregenden Mischwesens aus Biber und Affe geben und natürliche – für den Menschen allerdings übernatürliche – Fähigkeiten für sich reklamieren. Ich hätte es gern etwas nüchterner. Wir sollten uns nicht mit unseren Vorbildern in der Natur verwechseln und damit der Selbstüberschätzung Vorschub leisten, wir sollten – für dieses eine Mal wenigstens – auf dem Boden bleiben. Einem Affen wäre jedenfalls nicht passiert, was jenem Kollegen widerfahren ist, dessen Geschichte ich zum Abschluss erzählen möchte.

Dieser Kollege war im Wald aus 30 Metern Höhe abgestürzt und auf dem Waldboden aufgeschlagen. Er hatte überlebt, weil ein Waldboden nicht aus Beton ist, aber Rippen waren gebrochen, Milz und Leber gerissen, die Lunge eingefallen – ein Wunder, dass der Rest mehr oder weniger heil geblieben war. Man hatte mir von diesem Vorfall erzählt, ich war neugierig geworden, wollte wissen, wie man einen solchen Sturz erlebt, und erfuhr von Freunden, die ebenfalls Stürze hinter sich hatten: Der Fall wird durch die Äste, die man auf seinem Weg nach unten streift, etwas abgemildert. Andererseits schlägt man im Fallen ständig dagegen. Schmerzen verspürt man trotzdem nicht, weil man schlicht und einfach überhaupt nichts mitbekommt, weil es dermaßen schnell geht, dass einem nicht mal Zeit zum Schreien bleibt, und natürlich fällt es einem erst recht nicht ein, im Fallen nach einem Ast zu greifen. Bestenfalls kommt man unten wieder zu sich; andernfalls war es ein schnelles, schmerzloses Ende.

Monate später begegnete ich diesem Mann. Ich kannte ihn flüchtig, ich brachte ihn auch nicht mit dieser spektakulären Geschichte in Verbindung, ich interessierte mich lediglich für seine Handyhülle. »Kann diese Hülle was?«, wollte ich von ihm wissen, und er entgegnete: »Unbedingt. Die ist mit mir 30 Meter tief gefallen, und das Telefon hat keinen Kratzer abgekriegt.«

»O, krass«, sage ich. »Die ist dir aus dem Baum gefallen?«

»Nein«, sagt er. »Die ist mit mir zusammen aus dem Baum gefallen.«

Ich war sprachlos. Da stand er also persönlich vor mir. »Los, erzähl mal …«

So erfuhr ich, dass sein Ankerpunkt in einer Tanne ausgebrochen war. Die Horrorvorstellung jedes Baumkletterers war für ihn Wirklichkeit geworden. Keiner hatte mit seinem Überleben gerechnet. Aber ein halbes Jahr später war er wieder im Baum. Vielleicht lag's daran, dass er Rohkostler ist.

ZAPFENPFLÜCKEN

Es kommt vor, dass man den Wald vor lauter Bäumen nicht sieht. Mir soll das nicht passieren. Und nachdem in diesem Buch schon viele Bäume ihren Auftritt hatten – überwiegend in der Einzahl –, will ich ein Kapitel lang im Wald verbringen und vom Wald erzählen.

Um zunächst den Statistiker zu Wort kommen zu lassen: Deutschland ist Waldland. Auf dem Gebiet der Bundesrepublik stehen rund 90 Milliarden Bäume, das sind mehr als in jedem anderen europäischen Land oder, pro Einwohner gerechnet, deutlich über 1000. Ein Drittel unseres Landes besteht damit aus Wald, und er vermehrt sich weiter, überall dort, wo landwirtschaftliche Flächen, Deponien oder Truppenübungsplätze nicht mehr genutzt werden. Von dieser Entwicklung profitiert vor allem der Laubwald. Das heißt, die Eichen- und Buchenbestände nehmen zu, während die früher dominierenden Fichtenbestände zurückgehen, und wie wir den Baum kennen, braucht der Mensch dabei kaum nachzuhelfen – der Wald kommt praktisch von allein zurück.

So weit der Statistiker. Und jetzt zu meiner Geschichte.

Was nicht allgemein bekannt sein dürfte: Ab dem Spätsommer ziehen jedes Jahr unerschrockene Menschen in kleineren oder größeren Trupps durch unsere Wälder – genauer gesagt: durch unsere Forste, soweit sie aus Nadelbäumen bestehen – und kommen da so schnell nicht wieder raus. Sie fahren mit ihren übernachtungstauglichen Autos auf Forstwegen an, suchen sich eine Lichtung, einen freien Holzsammelplatz und richten dort ihr Lager ein. Für die nächsten Wochen werden sie dieses provisorische Quartier bewohnen, abends am Lagerfeuer sitzen und am Whiskey nippen, tagsüber aber selten am Boden zu finden sein, denn diese Männer (hin und wieder auch Frauen) haben von morgens bis abends in den Bäumen zu tun. Sie sind Zapfenpflücker, und ich war zweimal, jeweils für ein paar Tage, einer von ihnen.

Was wir da treiben? Wir pflücken Zapfen – Tannenzapfen, Fichtenzapfen, Douglasienzapfen –, um Saatgut zu gewinnen. Die Zapfen selbst sind wertlos, aber ihre Samenblättchen sind es nicht. Bis zu 200 davon stecken in einem einzigen Zapfen, es ist eine Form der Ernte, und jeder Monat hat seinen Nadelbaum: Die Douglasienernte fällt üblicherweise in den August, im September kommt die Tanne dran, im November geht's in die Fichten, und so zieht sich das Zapfenpflücken durch den ganzen Herbst.

In der Praxis läuft es so ab: Der Besitzer eines Waldes oder sein Verwalter beauftragt Leute wie mich und verkauft die Zapfen dann als Saatgut an Baumschulen oder zu Forschungszwecken an Institute. Ich bin seinerzeit allerdings nur kurz eingesprungen, ich mache das nicht regelmäßig, aber diejenigen, die seit Jahren dabei sind, bleiben für einen ganzen Monat oder mehr im Wald, versorgen sich selbst, fahren allenfalls mal zum Einkaufen ins nächste Dorf, wohnen in ihren selbst ausgebauten Fahrzeugen und haben währenddessen ein verrücktes Leben. Denn jeden Morgen heißt es aufs Neue: Ab ins Pflückrevier und auf die Bäume, 30, 40 Meter hoch, bis in die Spitzen, wo bei Sonnenschein die begehrten Zapfen golden schimmern – um womöglich eine Enttäuschung zu erleben, denn Zapfen ist nicht gleich Zapfen. Wir brauchen besamte Zapfen, und die trägt nicht jeder Baum. Oben angekommen, macht man deshalb erst einmal den Testschnitt, trennt den Zapfen mit dem Messer auf, zählt die weißlichen Samenblättchen durch, und auf sechs bis zehn besamte Zapfen sollte man bei dieser Stichprobe schon kommen – erst dann weiß man, ob sich der Aufstieg gelohnt hat. Sollte man Pech haben, liegen die nächsten 70 oder 80 Meter vor einem, in der Senkrechten natürlich, nämlich diesen Baum runter, den nächsten wieder hoch. Erst mit der Zeit lernt man einzuschätzen, ob einen dort oben fette Beute erwartet oder ob man sich die Mühe sparen kann.

Solange Tageslicht herrscht, ist jedenfalls Akkordarbeit angesagt. Man wird nach Kilopreis bezahlt, und das Gewicht ist nicht zuletzt von der Baumart abhängig: Tannenzapfen sind dick, Douglasienzapfen eher schlank, Fichtenzapfen sehr schlank, und je nachdem fällt der Lohn anders aus, wenn abends die vollen Säcke der ganzen Mannschaft eingesammelt und gewogen und in Listen eingetragen werden. Für die Geübtesten ist es jedenfalls ein gutes Geschäft. Wie viele Kilo da pro Tag und Mann zusammenkommen? Eine Meisterleistung liefert, wer auf 400 kommt. Mit einem Tagesdurchschnitt von 250 bis 300 Kilo bin ich selbst um einiges darunter geblieben, obwohl ich alles andere als faul gewesen war. Für einen Anfänger aber war meine Ausbeute gar nicht schlecht.

Eins kann man sagen: Zapfenpflücken ist mühsam und schweißtreibend, es ist aber auch regelrecht gefährlich, bedeutend gefährlicher als die gewohnte Baumkletterei. Der Kollege, der den 30-Meter-Sturz überlebt hatte, war beim Zapfenpflücken abgestürzt. Und die Schwierigkeiten fangen bei einer Douglasie schon mit dem Einwerfen an, denn natürlich klettern wir auch hier im Wald am Seil.

Man stelle sich eine solche Douglasie vor: Sie ist ein schnell wachsender Baum, sie erreicht eine enorme Höhe, ihre Äste fangen sehr weit oben an, ihr Stamm ist also auf den ersten 20 Metern nackt und kahl, und bis zur Krone hinauf muss man seine Schnur erst einmal werfen – obendrein so stammnah wie möglich, denn die Äste der Douglasie vertragen keinen Druck von oben, die brechen wie Glas. Ganz sicher kann man eigentlich nur dann sein, wenn man sein Seil über mehrere Äste eines Astrings am Stamm laufen lässt; in diesem Fall lastet ein Großteil des Drucks auf dem Stamm, man kann einigermaßen beruhigt aufsteigen und bringt die ersten 20, 25 Meter ohne Herzklopfen hinter sich.

Doch jetzt geht's weiter. Die Zapfen befinden sich oben, im Wipfel, da klumpen sie sich zusammen, da sitzen sie in dicken Trauben, und oben bedeutet bei Douglasien sehr weit oben. Du schaust also auf halber Höhe am Stamm hoch, du stellst fest, dass dein Ziel noch immer in weiter Ferne liegt, und dann sagt dir dein Gefühl: Der spannende Teil kommt erst.

Ich werfe meine Langsicherung hoch, über den nächsten halbwegs vertrauenswürdigen Ast. Ich hole laufend meine Kurzsicherung nach. Ich sehe zu, dass ich durchgehend wenigstens in einer der beiden Sicherungen hänge. Aber irgendwann wird der Stamm so dünn, dass ich keinen verlässlichen Ankerpunkt mehr finde. Irgendwann bastele ich mir eine zweite Kurzsicherung, um heil über die Astkränze zu kommen, wo ich die Kurzsicherung jedes Mal lösen und höherwerfen muss. Und irgendwann rechne ich mir aus, wie tief ich fallen würde, bevor mich mein Seil auffängt, wenn unter meiner Last ein Ast brechen, die Kronenspitze womöglich ausreißen würde – sechs Meter? Acht Meter? Der Stammdurchmesser beträgt hier oben jedenfalls keine zehn Zentimeter mehr, den kann ich mit einer Hand umfassen, und ich verstehe plötzlich, warum man zwischendurch nach den Kollegen in den anderen Bäumen Ausschau hält, warum man sich von Zeit zu Zeit durch Zurufe versichert, dass alle noch da sind – besser, als in ahnungslose Gesichter zu blicken, wenn abends beim Durchzählen die Frage auftaucht: Und wo ist der Alex?

Inzwischen liegt mein Ankerpunkt deutlich unter mir. Oberhalb würde mich sowieso nichts mehr tragen. Ich ziehe mich mit meiner Kurzsicherung so nah wie möglich an den Stamm, um meinen Schwerpunkt mit der Längsachse des Baums in Deckung zu bringen. Und drei Meter unterhalb der Spitze gebe ich auf. Aus Misstrauen gegenüber dem Stamm. Aber auch, weil der Baum schwankt.

Beträchtlich schwankt. Es ist windig, mein Baum wird immer wieder von Böen erfasst, aber Douglasien sind auf Schwingungen nicht eingerichtet, und jetzt drückt es mich mit jedem Windstoß erst zwei Meter zur Seite, dann pendelt der Stamm zurück, dann schwingt er zwei Meter in die andere Richtung. Das heißt, ich lege hier oben jedes Mal an diesem Zahnstocher von Stamm vier Meter durch die Luft zurück. Mir wird ganz anders. Ich wiege über 80 Kilo. Bin ich zu hoch geklettert?

Die obersten Zapfen können mir gestohlen bleiben. Die sind mir scheißegal; ich bin doch nicht bescheuert. Ein Kollege, der schon seit Jahren Zapfen pflückt und dieses Geschäft auch mit Leidenschaft betreibt, hat mir verraten: Einen lässt man immer oben stehen – für die Liebste oder für Mutti, falls man keine Liebste hat. Ich erlaube mir eine Variante. Ich lasse da oben für jeden, den ich kenne, einen Zapfen stehen. Unfassbar – von meinen Kumpeln hängen links und rechts einige tatsächlich ganz oben in den Spitzen. Egal. Für mich beginnt die Arbeit zwei Meter unterhalb.

Noch sind die Äste kurz und die Zapfen mit Händen zu greifen. Aber dummerweise ballen sich die Zapfen ausnahmslos an den Astspitzen zusammen, ganz außen, sodass ich weiter unten im Baum nur noch mit dem Pflückerstab drankomme. Man zieht die Äste damit an sich heran, und zwar grundsätzlich nach oben, weil Douglasienäste sofort brechen, wenn man sie nach unten biegt. Man holt sie so nah an sich heran, dass man die Zapfen mit der freien Hand regelrecht abmelken kann, und im Idealfall landet die ganze Ausbeute dann in dem Sack, den man unter sich aufgespannt hat. Der Idealfall tritt aber – na ja, leider eben nur im Idealfall ein.

Ich habe mehrere von diesen Säcken dabei, zusammengefaltet in einer Tasche, da stören sie nicht. Einer wird immer mit einem Hilfsseil im Baum befestigt und mit einem Stöckchen offen gehalten. Nach und nach wandert er mit mir abwärts. Sofern die Zapfen dicht hängen, brauche ich zwei Säcke pro Baum; ist ein

Sack voll, schnüre ich ihn zu, schreie für den Fall, dass jemand unten steht, und lasse ihn in die Tiefe rauschen. Es kann passieren, dass er beim Aufprall platzt. Zum Glück kommt das nicht ständig vor.

Auf diese Weise arbeitet man sich am Stamm hinab. Und irgendwann stellt man fest: Ich bin von oben bis unten mit Harz beschmiert. Alles klebt, man kriegt die Zapfen kaum noch von den Fingern, und selbst im Bart haben sich Klumpen von Harz gebildet. Zum Glück sind wir vorbereitet. Jeder hat eine Tube Öl dabei – also die entscheidenden Stellen eingeölt, die Hände, den Klemmknoten, die Gerätschaften, damit sich alles wieder lösen lässt, besonders wichtig bei Klemmknoten und Seil. Nach ein paar Tagen stinken wir alle nach altem Harz und ranzigem Öl.

Zapfenpflücken ist also nicht ohne. Das muss man schon wollen. Ich frage mich, ob ich aus demselben Holz geschnitzt bin wie all die anderen, die es gewohnheitsmäßig betreiben. Zweifel sind angebracht. Andererseits macht es mir Spaß, wie immer, wenn ich an meine Grenzen stoße. Im Baum einmal nicht von seiner Säge belästigt zu werden ist ebenfalls eine schöne Erfahrung, und es ist wohltuend fürs Gemüt, ganze Tage im Wald zu verbringen. Das Beste aber und ein wahrer Traum ist, sich in einem dichten Bestand wie ein Affe von Baum zu Baum zu schwingen, was ich bei meinem zweiten Einsatz im Wald drei Jahre später tatsächlich gemacht habe.

In diesem Fall handelte es sich um einen Tannenwald in Luxemburg, und der Bestand war so dicht, dass man von einem Baum zum anderen den Luftweg nehmen konnte. Man ging also morgens hoch, kam zum Mittagessen kurz runter und ließ sich dann bis zum Abend nicht mehr am Boden blicken. An einem dieser Tage in Luxemburg habe ich auf diese Weise acht oder neun Tannen hintereinander abgeerntet, bevor ich mich auf den Weg nach unten machte.

Ein längerer Aufenthalt in den Bäumen will natürlich vorbereitet sein. Es wäre nicht schlecht, etwas zu trinken dabeizuhaben. Es ist auch ratsam, eine ausreichende Menge von Pflücker-säcken mitzunehmen und den Wurfhaken nicht zu vergessen. Aber dann kann's losgehen. Echte Cowboys wechseln den Baum, indem sie die Spitze des einen in Schwingung versetzen und im geeigneten Moment einfach zum nächsten rüberspringen; das ist jedoch nicht ganz mein Fall. Ich benutze lieber den Wurfhaken, befestige ihn am Seilende und werfe ihn zum Nachbarbaum hinüber. Habe ich einen stammnahen Ast erwischt, brauche ich den Wipfel nur zu mir herüberzuziehen, dann wechsele ich den Baum und kann die Ernte gleich fortsetzen. Ganz ohne Risiko ist dieses Verfahren zwar auch nicht, aber die Vorteile solcher Überstiege von Wipfel zu Wipfel sind doch gewaltig: Man spart viel Zeit, man spart viel Kraft, und außerdem machen sie genau die Laune, die später auch am Lagerfeuer herrscht, wenn alle zu-sammensitzen.

Diese Abende im Camp, am Lagerfeuer, sind schon etwas Be-sonderes. Die Leute, mit denen man dort zusammensitzt, sind ja alle entspannte Typen, Teamplayer und gleichzeitig Individualis-ten, die den Wald lieben. In puncto Naturburschenfeeling und Männlichkeitsambiente rangiert das Zapfenpflücken jedenfalls ganz weit oben. Ab und zu gerät man sich allerdings um die bes-ten Bäume in die Haare. Einige werfen schon abends ihre Schnü-re in die aussichtsreichen Douglasien wie andere auf Mallorca ihre Handtücher auf die Liegestühle am Swimmingpool, um am nächsten Morgen schon in der Dämmerung vor den übrigen ihre Seile einzuziehen. Konkurrenzkampf kommt also vor. Tags-über hat man nebenbei von oben seine Blicke schweifen lassen, hat geguckt, wo glänzt es golden in diesem Meer aus Grün, und in der Abenddämmerung markiert man dann flugs seine Kandi-daten – sofern man sie vom Boden aus überhaupt noch entdeckt, worauf kein Verlass ist.

Im Übrigen aber ist das Camp ein Refugium selten geworde-ner Wildnisromantik. Die eigenhändig hergerichteten Wohn-mobile, andeutungsweise zur Wagenburg aufgestellt, haben alles an Bord, was der Mensch braucht, Wassertank, Kühlschrank, Getränke, Proviant, und mancher gönnt sich im Rahmen des Möglichen sogar einen gewissen Luxus: Statt schwarzen Cowboy-Kaffee aus einer großen Kanne zu trinken, brühen sie sich ihren Edel-Espresso in diesen kleinen Sansibar-Kannen zum Zusammenschrauben. Den Rest aber kennt man aus Wildwestfilmen: die Männer ums Feuer, die Pfanne mit den selbst gesammelten Pilzen, den Whiskey und die freimütigen Gespräche über alles und jedes. In Anbetracht der Tatsache, dass man anderntags wieder extrem leistungsfähig sein muss, schlägt aber keiner über die Stränge, und außerdem – ich zumindest bin seekrank. Sobald ich die Augen schließe, schwankt und taumelt alles, und betrunken wird es mit dieser Schaukelei nicht besser.

So schön diese zwei Tage waren – am Ende hat mich ein Gedanke doch nicht losgelassen: Mitunter fand ich das Herumturnen in den schwankenden Wipfeln beängstigend. Du kletterst hoch, du findest eine vertrauenswürdige Stelle für deinen Ankerpunkt, der wird halten, so weit ist alles noch okay, aber du musst höher und immer noch höher. Irgendwann kannst du dir nicht mehr verhehlen, dass der Stamm arg dünn geworden ist, und jetzt beschäftigst du dich nur noch mit deiner Angst. Die Sorge, der Stamm könnte brechen, geht dir jedenfalls nicht mehr aus dem Kopf, sie beherrscht dein Denken und Fühlen. Das heißt: Körperlich würde ich es schaffen, kräftemäßig ist es gar kein Problem, aber die Psyche streikt.

Dabei kenne ich das eigentlich. Ich bin zwar weitgehend schwindelfrei, aber schwindelfrei zu sein bedeutet nicht, dass man gegen jede Anwandlung von Bestürzung immun ist. Ab einer gewissen Höhe wird einem garantiert mulmig. Die Psyche kommt unweigerlich ins Flattern, wenn man von einer 40 Meter hohen Douglasie hinunterschaut. Es gehört nun mal nicht zur menschlichen Grundausstattung, auf einen Blick in solche Tiefen mit Unerschütterlichkeit zu reagieren. Wie ich aus Gesprächen weiß, legen nicht einmal Industriekletterer stumpfen Gleichmut an den Tag, wenn sie sich auf einem Hochhaus oben über die Kante schwingen und in den Abgrund blicken, auch die müssen sich jedes Mal neu überwinden. Aber Angst, regelrechte Angst ist etwas anderes.

Und ich war doch von jeher ziemlich angstfrei. Schon als Kind war ich immer der Erste, der sich vorwagte, wenn es galt, eine Stauschwelle runterzuspringen oder auf Bäume zu klettern, und bis heute ist es für mich eine Selbstverständlichkeit, meine Grenzen zu überschreiten. Fast immer ist es gut gegangen – das hat mir ein ordentliches körperliches Selbstbewusstsein gegeben. Aber dort oben in den Douglasien habe ich mir tatsächlich laut und deutlich gesagt: Nein, weiter gehst du nicht. Die letzten Meter, um an die höchsten Zapfen zu kommen, ersparst du dir. Du pflückst jetzt, was hier in Reichweite ist, und dann machst du dich an den Abstieg … Dabei war der Kollege im Nachbarbaum tatsächlich bis in die Spitze geklettert, es ging also, ich hatte den Beweis vor Augen. Trotzdem. Mir war die Sache nicht geheuer gewesen, und ich hatte meiner Angst gehorcht.

So irritierend diese Erfahrung war – im Nachhinein muss ich sagen: Abzubrechen war die richtige Entscheidung gewesen. Wenn die Angst einsetzt, sollte man auf sie hören. Dann hat man eben in diesem Moment seine letzte Grenze erreicht und sollte sich vor dem nächsten Schritt hüten. Beim nächsten Mal wird man dann sehen, ob es bei dieser Grenze bleibt.

HIER IRRTE SOKRATES

Der griechische Philosoph Sokrates verließ ungern die Stadt. In einem seiner Dialoge begründete er das so: »Von Bäumen kann man nichts lernen.« Das ist eine klare Aussage, und Sokrates auf einem besinnlichen Spaziergang durch die Natur ist in der Tat schwer vorstellbar. Aber mir scheint seine Einstellung darüber hinaus für die ganze Antike typisch zu sein, die griechische wie die römische. Ich meinerseits finde, dass man von den alten Griechen und Römern auch nicht viel über Bäume lernen kann. Aus diesem Grund fühle ich mich unserer keltischen und germanischen Vergangenheit mindestens ebenso verbunden wie unserem griechisch-römischen Erbe. Bei Kelten und Germanen wäre Sokrates mit seiner Geringschätzung für Bäume jedenfalls auf blankes Unverständnis gestoßen.

Ich weiß, die klassische Antike steht bei uns höher im Kurs, weil sie so geistvoll ist. Aber mir fehlt da was. Germanen wie Kelten hatten doch auch ihre Lebensanschauungen, nur – welche eigentlich? Das ist nicht Teil unserer Bildung. Schade. Vielleicht ist es ein Fehler, sich nur auf die griechisch-römische Tradition zu berufen – auch andere alte Völker haben uns etwas zu sagen, die Ureinwohner Nord- und Südamerikas zum Beispiel und unsere hiesigen Ureinwohner wohl nicht minder. Ich spüre jedenfalls beide Kulturen in mir. Ich fühle mich vor allem zu den Kelten hingezogen, ich bin jedenfalls nicht zufällig dieser schroffe, langbärtige und langhaarige Typ, der Bock hat, sich mit Naturgewalten anzulegen, ob das der Ozean oder ein Sturm oder ein Baum ist.

Mir ist klar, dass man Kelten und Germanen auseinanderhalten muss. Aber nach allem, was man weiß, scheint es vor allem die Verehrung des Baums zu sein, die beide Kulturen verbindet – jenes für den »denkenden« Menschen belanglosen Holzlieferanten, für den Sokrates keinen Fuß vor die Stadtmauer von Athen gesetzt hätte. Was mich angeht – ich schlage mich natürlich auf die Seite meiner direkten Vorfahren. Für mich sind Bäume die größten und imponierendsten aller Landlebewesen, sie lassen mich niemals kalt, und obwohl sie in anderen Räumen, auch anderen Zeiträumen, beheimatet sind als ich, fühle ich mich in Bäumen zu Hause. Mit anderen Worten: Sie wirken sich auf meine Seelenverfassung, auf mein Lebensgefühl aus, und es würde mir außerordentlich gefallen, in einem Baumhaus meine private Robinson-Crusoe-Nummer durchzuziehen. Seit es schonende Verfahren gibt, Häuser in Bäume zu setzen, kann ich mir durchaus vorstellen, im Baum zu leben, wo bei Wind eine leichte Bewegung in Dielen und Wände kommt und alles wie auf einem Segelschiff knarzt …

Wenn man weiter ausholen will, könnte man aber auch zu einer philosophisch-psychologischen Erklärung für die Faszination gelangen, die von Bäumen ausgeht. Metaphysisch gesprochen wird alles Übernatürliche dem Himmel zugeordnet, also dem Bereich, dem alle Bäume entgegenstreben. Bäume stellen folglich ein Zwischenreich dar, nicht mehr eindeutig dem Erdboden, noch nicht ausschließlich dem Luftraum zuzuordnen. Sie bilden eine Klammer zwischen Himmel und Erde, sie verbinden die Unterwelt mit der Oberwelt, sie sind mit dem Erdreich genauso verbündet wie mit Luft und Wind. Diese einzigartige Stellung des Baums in der organischen Welt kann die Fantasie zu weitreichenden Spekulationen anregen, sie ist für mich aber auch mit existenziellen Erfahrungen verbunden.

Denn in einem Baum zu klettern bedeutet, den Boden unter den Füßen zu verlieren. Sich dort zu bewegen, wo es keine Selbstverständlichkeit mehr ist, Halt zu finden. Abschied von dem gewohnten Sicherheitsgefühl zu nehmen, das viele Menschen für ihr Lebensglück unerlässlich finden, und in Bereichen zu arbeiten, bei deren Anblick schon die verschiedensten Kulturen ins Träumen gekommen sind, nicht nur die keltische. Die Beziehung zwischen Mensch und Baum lässt sich eben auch als Liebesgeschichte, oder sagen wir: als die Geschichte einer unwiderstehlichen Faszination erzählen.

So kenne ich zum Beispiel keine Kultur, die nicht versucht hätte, den Baum in den Bereich des Überirdischen, des Heiligen und Göttlichen einzubeziehen. Ob man die Säulen eines griechischen oder römischen Tempels nimmt, die Baumstämme nachahmen, oder die Säulenwälder gotischer Kirchen, die den gewölbten Himmel der Kathedrale tragen und von den Bäumen eines Waldes angeregt wurden – immer hat der Baum als Vorbild gedient, immer war er als Modell zur Stelle, wenn es um die Berührungspunkte von Himmel und Erde ging.

Das beste Beispiel dafür dürfte man in Barcelona finden, in der Sagrada-Familia-Kathedrale des Jugendstilarchitekten Gaudí, wo sich jede Säule mit ihrer angedeuteten Verästelung unverhohlen als Baum eines Laubwalds zu erkennen gibt. Und Zufall oder nicht, auch von der Höhe her geben die Bäume das Maß vor, wenn die Säulen der großen Kathedralen 30 bis 40 Meter erreichen.

Bäume scheinen uns Menschen in besonderer Weise nahezugehen. Sie flößen uns sogar Respekt ein. In ebenen Landschaften war der Baum lange Zeit das einzige aufrechtstehende Objekt von Bedeutung, da stellte der Baum alles ringsumher in den Schatten, nur die vereinzelten Kirchtürme waren dem Himmel noch näher als er – erst in der Moderne bekommt der Baum Konkurrenz durch Fernsehtürme und Hochhäuser, wird er sozusagen seinerseits in den Schatten gestellt. In der Gattung Lebewesen aber überragt uns Menschen nichts höher als der Baum, nichts übertrifft uns mehr an Lebenszeit, nichts vermittelt stärker die Vorstellung von Kraft, Majestät und Dauerhaftigkeit. Und da dies für die Menschen der Vergangenheit göttliche Qualitäten waren, dürften alle Völker der Welt heilige Bäume, heilige

Wälder gekannt haben. Hier nur ein ganz kurzer Überblick, so weit meine Kenntnisse eben reichen.

Aus Italien etwa kennen wir den *bosco sacro,* den heiligen Hain. Insbesondere in der Toskana bilden diese Haine eine lebendige Pufferzone zwischen der Außenwelt und den Klöstern, die sie von allen Seiten umschließen; La Verna im Apennin ist eins von ihnen, das erste Kloster des Franz von Assisi. Und genauso ist jede Kirche Äthiopiens von einem Wäldchen umgeben. Bäume gehören hier in die Aura des Heiligen hinein, und auch, wenn sonst weit und breit alles abgeholzt wurde – der engere Bezirk einer Kirche präsentiert sich grundsätzlich wie in eine grüne Wolke gehüllt. Den antiken Maya Südmexikos wiederum war der Ceiba-Baum heilig, und sie erwarteten, nach ihrem Tod im Jenseits ein schattiges Plätzchen unter einem gigantischen Ceiba-Baum zu finden, wo sich schon alle anderen Verstorbenen versammelt haben würden. Doch auch die alten Griechen hatten ihren heiligen Baum, den Lorbeer, aus dessen Zweigen der Siegerkranz bei den olympischen Spielen gemacht wurde. Und übernatürliche Fähigkeiten besaß auch jener Baum, aus dessen Holz der Sage nach die Argo gezimmert wurde, das Schiff, mit dem die Argonauten zur Eroberung des Goldenen Flieses aufbrachen: Dieser Baum konnte wahrsagen, er war eine Art Orakel.

Es mag überraschen, aber auch in der christlichen Tradition finden wir Bäume an entscheidenden Stellen. Schon das Paradies der Bibel hat man sich aller Wahrscheinlichkeit nach als Dattelpalmenplantage vorzustellen (auch wenn Palmen streng botanisch genommen nicht unter die Bäume, sondern unter die Gräser fallen) – und das Paradiesische daran war wohl vor allem der kühlende Schatten, den eine solche Plantage im heißen Klima des Orients spendet. In derselben Paradieserzählung wird ein Baum sogar zum Schicksal der ganzen Menschheit, der Baum der Erkenntnis nämlich, dessen Früchte bewusstseinserweiternd wirken: Ein Biss, und Adam und Eva kennen den Unterschied zwischen Gut und Böse – womit das Paradies ein für alle Mal der Vergangenheit angehört. Auf der Stufenleiter des Lebens dürfte es jedenfalls kein Baum weiter gebracht haben als dieser Baum der Erkenntnis, denn – wo finden wir sonst noch ein Lebewesen, in dem die göttliche Weisheit gespeichert ist?

Allerdings handelt es sich hier um mythologische Bäume. Was reale Bäume angeht, dominiert in der Bibel der Olivenbaum als Symbol eines zufriedenen, ungestörten Dahinlebens in einer Welt ohne Krieg und Katastrophen. Bis heute ist das Olivenblatt ein Hoffnungszeichen, das auf eine bessere, eine friedliche Welt verweist. Tiefer aber als andere Völker müssen Kelten und Germanen ihre Verbundenheit mit den Bäumen empfunden haben. In deren Weltbild nahm der Baum jedenfalls eine zentrale Stellung ein, er bildete die Klammer zwischen der spirituellen und der materiellen Welt. Weil ich mich gleich ausführlicher den Kelten widmen will, soll die germanische Mythologie hier nur gestreift werden.

In der germanischen Mythensammlung der Edda verkörpert der Baum – genauer gesagt: die Weltesche – den gesamten Kosmos. Sie ist der Inbegriff der Schöpfung, sie hält die Welt zusammen. Ihre Äste breiten sich aus, so weit der Himmel reicht; durch Krone, Stamm und Wurzeln verbindet sie die Sphäre der Götter mit dem irdischen Lebensraum der Menschen genauso wie mit den finsteren Bezirken der Unterwelt. Das bedeutet im Umkehrschluss: Jeder reale Baum dort draußen in der Natur ist ein Universum im Kleinen, jeder bildet den Bau der Welt in plastischer Anschaulichkeit ab.

Unsere germanischen Vorfahren hatten also den Bauplan des Universums jederzeit vor Augen, sie brauchten nur vor die Tür zu treten – im Wald hundert- und tausendfach, in einzelnen, besonders imposanten Exemplaren sozusagen idealtypisch; kein Wunder, dass sie Bäumen Verehrung entgegenbrachten, dass sie bestimmten mächtigen Bäumen übernatürliche Kräfte zuschrieben. Um nur ein Beispiel zu nennen: So wie die germanischen

Götter unter der Weltesche Gericht halten, kamen bei uns noch im Mittelalter die Richter unter einem der beiden klassischen Gerichtsbäume zusammen. Der eine war die Eiche, der andere die Linde, und beiden wurde zugetraut, den göttlichen Willen von oben nach unten weiterzuleiten, zur Inspiration der Richter bei ihrer Urteilsfindung. Als Bonifatius, der christliche Missionar, im Jahr 723 die Donareiche fällte – übrigens unter dem Schutz von Bewaffneten –, beendete er also nicht bloß das Leben eines prächtigen Baums, er durchtrennte eine kosmische Nervenbahn, er unterbrach die lebenswichtige Korrespondenz mit den Kräften des Jenseits. Durchschlagender Erfolg scheint Bonifatius mit seiner Aktion allerdings nicht beschieden gewesen zu sein, wenn noch Jahrhunderte später der Glaube herrschte, bestimmte Bäume würden bei Streitfällen die Wahrheit ans Licht bringen.

Nun liegen mir die Kelten besonders am Herzen. Ich möchte ihnen ein eigenes Kapitel widmen und hier nur noch darauf hinweisen, dass wir Bäume als Versammlungsorte bis heute kennen. In Afrika, in Australien, vielleicht auch in anderen tropischen Regionen dieser Erde wird hier und da immer noch im Schatten eines großen Baums getagt, wenn die Lebensfragen einer Dorfgemeinschaft verhandelt werden. Sicher spielt hier die Tatsache eine Rolle, dass es sich im Schatten von Bäumen aushalten und gut nachdenken lässt, aber in vielen Teilen der Welt ist auch der Glaube verbreitet, dass in Bäumen gute Geister hausen. So gesehen sind Bäume auf jeden Fall obendrein die Vorläufer von Rathäusern und Palästen, Orten also, von denen man ebenfalls gern annehmen würde, dass dort die Inspiration wohnt.

DER KELTISCHE BAUMKALENDER

ie gesagt, viel wissen wir über das Weltbild der Kelten nicht. In der römischen Literatur finden sich einige Bemerkungen über die Kelten, und Cicero scheint sich sogar bei einer Abendveranstaltung eine Weile lang mit einem keltischen Druiden unterhalten zu haben; der Mann machte auf ihn den Eindruck eines Naturphilosophen. Aus diesen wenigen Erwähnungen geht immerhin hervor, dass auch die Kelten Bäume als kosmische Nervenbahnen betrachteten, nicht anders als ihre germanischen Zeitgenossen.

Für jemanden wie mich, dem Bäume einen besonderen Zugang zur Welt eröffnen, ist es deshalb ein Glücksfall, dass nicht alles untergegangen ist, und zu den kostbaren Überbleibseln der keltischen Welt gehört für mich ihr Baumkalender. Dabei soll mir egal sein, ob er uns tatsächlich in dieser Form von den Kelten überliefert wurde oder ob er eine spätere Erfindung aus dem Geist der Romantik ist. Ich kann es nicht überprüfen, es interessiert mich auch nicht. Mir bedeutet dieser Kalender viel, weil wir damit doch immerhin etwas in der Hand haben, das zumindest keltisch gedacht und empfunden ist. Außerdem geht es mir mit diesem Kalender wie mit einem sorgfältig aufgesetzten Horoskop – ich denke: Wow, das trifft auf dich zu; da waren Leute am Werk, die dir in die Seele schauen konnten. Ich fühle mich angesprochen und erkannt.

Natürlich lasse ich auch die Naturwissenschaften gelten, gar keine Frage. Wenn ich Bäume pflege, muss ich wissen, was es über ihren Aufbau und ihre Lebensweise zu wissen gibt. Aber ich bin froh, dass es eine Kultur in Europa gab, die dem Baum mehr abgewonnen hat als botanisches Fachwissen, nämlich eine weitere Dimension, eine seelische Qualität. Vielleicht kommen wir auf dem Weg über diesen Baumkalender dem keltischen Denken wirklich näher. Aber was hat es nun mit diesem Baumkalender auf sich?

In Prinzip funktioniert er ähnlich wie der Tierkreis. Statt der allgemein bekannten Tierkreiszeichen haben wir hier eben verschiedene Bäume, die den Mondphasen eines Jahres zugeordnet sind – 21 insgesamt. Und es entspricht meinem eigenen Fühlen und Denken, dass die einzelnen Bäume hier nicht nach biologischen Kriterien sortiert werden, dass sie auch nicht bloß aufgrund ihrer Anmutung zu einzigartigen Baumpersönlichkeiten verklärt werden, wie im Europa des 19. Jahrhunderts geschehen. Vielmehr verdankt sich der Baumkalender einem intensiven Studium der Natur unter spirituellen Vorzeichen, das jedem Baum seine besondere Stellung, seine ureigene Bedeutung innerhalb eines beseelten Kosmos zuschreibt. Jeder Baum verkörpert danach bestimmte seelische Kräfte, wie sie auch im Charakter eines Menschen zum Ausdruck kommen. Gleichzeitig ist der Mensch durch diese Kräfte mit der gesamten Schöpfung verbunden; anders gesagt: Unser eigenes kompliziertes Innenleben spiegelt sich in der Außenwelt im Artenreichtum der Bäume, und umgekehrt empfangen wir von dort Impulse für unsere jeweilige Persönlichkeit.

Dass in Menschen dieselben Kräfte wie in Bäumen wirken sollen, dass einer Buche, einer Zeder, einer Pappel überhaupt so etwas wie ein Seelenleben zugeschrieben wird, dürfte vielen fremd sein. Sokrates hätte da vermutlich nicht mitgespielt. Aber für jemanden, der mit Bäumen vertraut ist, klingt es überzeugend. Ich zumindest empfinde eine Verwandtschaft mit bestimmten Bäumen – mal stärker, mal schwächer. Bevor ich aber auf diese persönliche Seite meiner Beziehung zu Bäumen eingehe, möchte ich den Baumkalender etwas ausführlicher vorstellen.

Man kann ihn, wie gesagt, als Kalender, man kann ihn aber auch als Horoskop lesen. Er teilt das Jahr in 35 Abschnitte von unterschiedlicher Länge; mal sind es nur einige Tage, mal mehrere Wochen, die einem bestimmten Baum zugewiesen werden. Diese Zeiträume stehen dann im Zeichen der Esche, der Ulme, der Zeder, des Walnussbaums oder der Zypresse, eben eines der insgesamt 17 Bäume, die sich über das Jahr verteilen. Genauso steht natürlich das Leben eines Menschen, je nach seinem Geburtsdatum, im Zeichen eines dieser Bäume – in meinem Fall ist es der Walnussbaum.

Anders als bei den Tierkreiszeichen aber taucht jeder Baum im Lauf des Jahres zweimal auf, das heißt: Jeder regiert nach Ablauf eines halben Jahres einen weiteren Zeitabschnitt. Und dann gibt es vier Bäume, die mit einer besonderen Bedeutung versehen sind und jeweils nur für einen Tag auftreten. Sie wirken wie ein Paukenschlag, mit dem der Fluss der Zeit viermal im Jahr für 24 Stunden unterbrochen wird. Bei diesen vier Tagen handelt es sich um jene Wendepunkte, die in vielen alten Kulturen als Zäsur empfunden wurden, nämlich die Sommersonnenwende, die Wintersonnenwende und die beiden Tagundnachtgleichen. Am Tag der Tagundnachtgleiche im Frühjahr, am 21. März, hat die Eiche ihren Auftritt. Bei der Sommersonnenwende Ende Juni ist es die Birke. Die Tag-und-Nachtgleiche im Herbst, der 23. September, steht im Zeichen des Ölbaums, der Olive, und die Wintersonnenwende, der 22. Dezember, gehört der Buche.

Ganz offenbar haben wir es bei Eiche, Birke, Buche und Olive mit einer Baumelite zu tun, mit den Hauptpfeilern des Kosmos sozusagen. Und genauso offensichtlich ragt die Eiche noch einmal aus diesem Quartett hervor, schon weil sie den Frühlingsanfang markiert, den Wiedereintritt in die Fülle des Lebens. Nach allem, was wir über die Kelten wissen, erschien ihnen die Eiche aber auch in jeder anderen Hinsicht als der vollkommene Baum – sie war der Inbegriff des Guten, des Großen und Mächtigen, die Verkörperung der Lebenskraft, das natürliche und gleichzeitig überirdische Wahrzeichen des Überflusses. Auf den Einfluss der Eiche führten die Kelten daher auch alles zurück, was in ihrem Leben als gelungen und erfreulich gelten durfte, sie war der Glücksbaum – durchaus nachvollziehbar für mich, denn eine Eiche ist ja tatsächlich nicht unterzukriegen, unverwüstlich, der Lebensbaum schlechthin. Wer im Zeichen der Eiche geboren wird, darf sich also glücklich schätzen – jedenfalls dann, wenn er den alten Kelten ihr Baumwissen abnimmt –, der strotzt nämlich vor Selbstbewusstsein, der nimmt jede Herausforderung an.

Und so hat jeder Baum seine Rolle, in der Natur wie für den Menschen. Was die Kelten an der Birke fasziniert haben muss, dürfte vor allem ihr Lebensraum jenseits des Polarkreises gewesen sein. Sechs Monate lang hat die Birke dort ununterbrochen Sonnenlicht, sechs Monate lang kommt sie dann aber auch ohne jeden Sonnenstrahl aus – was für eine Widerstandskraft! Dabei zählt sie nun gerade nicht zu den Kraftprotzen unter den Bäumen wie Eiche, Buche und Ahorn, vielmehr besticht sie durch Anmut, durch Grazie, sie ist der perfekte Sommerbaum. Man muss sie gernhaben, und vielleicht steht sie deshalb für Geselligkeit, Familiensinn und Gemeinschaftsgefühl.

Und was ist mit der Olive? Sie scheint unsterblich. Sie kann ein Alter von 2000 Jahren erreichen und ist damit, neben der Eibe, der langlebigste Baum Europas. Außerdem benötigt sie viel Licht, womit es allerdings an ihrem Tag, dem 23. September, bald zu Ende geht, weshalb die Olive im menschlichen Leben für Vollendung steht und abgeklärte Lebensklugheit.

Und zum Schluss die Buche. Natürlich lässt sich an jedem Baum irgendeine Besonderheit hervorheben, aber die Buche ist doch sehr speziell, nämlich der gnadenlose Eroberer unter den Bäumen. Sie gewinnt jeden Kampf um die Vorherrschaft im Wald. Wenn der Mensch nicht eingegriffen hätte, bestünden unsere Wälder heute flächendeckend aus Buchen, durchsetzt mit ein paar Hainbuchen, Eiben, Stechpalmen (Ilex) und Farnen. Hier und da würden sich wahrscheinlich auch noch etliche Eichen der Übermacht der Buche erwehren, sie wären aber hauptsächlich an den Waldrändern zu finden. Selbstredend ist das

Verhalten der Buche jenseits von Gut und Böse, aber es taugt als großartiges Beispiel dafür, wie Schwäche in Stärke umschlagen kann.

Denn der Grund für ihren Siegeszug ist ihr undurchdringliches Blätterdach. Es lässt kaum Licht durch, nur etwa zwei Prozent des Tageslichts erreichen in Buchenwäldern den Waldboden, und in diesem Halbdunkel muss jeder andere Baum verkümmern. Dieses Blätterdach aber ist für die Buche zwingend notwendig, weil sie mit einem schweren Manko geschlagen ist: ihrer Dünnhäutigkeit. Anders gesagt: Ihre glatte, dünne Rinde ist äußerst anfällig für Sonnenbrand, und Sonnenbrand kann, wie erwähnt, für Bäume tödlich enden. Das Blätterdach der Buche schützt also ihren Stamm – und macht nebenbei ihren Konkurrenten den Garaus. Denkbar, dass die Buche genau dieser kämpferischen Qualitäten wegen den Winteranfang markiert, also jene Jahreszeit regiert, die es dem Menschen am schwersten macht. Die Buche galt den Kelten jedenfalls als Sinnbild von Gesetz und Notwendigkeit, und wer in ihrem Zeichen geboren wird, bekommt eine ordentliche Portion von ihrem kühlen Realismus mit.

Siebzehn plus vier, das macht 21 Bäume, 21 Ausprägungen kosmischer Kräfte, 21 Charakterbilder. Das ist nur eine kleine Auswahl; es gibt und gab auch damals in Europa Hunderte, ja Tausende Arten und Unterarten von Bäumen – weltweit zählt man rund 60 000. Diese 21 müssen also mit Bedacht ausgewählt worden sein – umso erstaunlicher, dass ausgerechnet derjenige Baum fehlt, der in den Ritualen und Zeremonien der Druiden eine besondere Rolle gespielt hat, nämlich die Eibe. Der Baum der Toten, der Baum der Geister. Wie ist das zu erklären?

Sie ist ein seltsamer Baum, die Eibe. Sie hat ausgeprägte Eigenheiten. Sie wächst langsam, sie erreicht ein doppelt so hohes Alter wie die Eiche, sie hat das härteste Holz aller europäischen Bäume, und – sie scheut das Tageslicht. Sie mag den Schatten, das Dämmerlicht, behauptet sich deswegen sogar in Buchenwäldern und wirkt selbst einigermaßen düster, wie eine Gestalt, die sich verhüllt. Das liegt einmal an ihrer kompakten, eher gedrungenen Form, das liegt aber vor allem daran, dass sich ihr Stamm unter den dichtbenadelten Ästen oft völlig dem Blick entzieht. Wer ein Gespür für die Ausstrahlung von Bäumen hat, dürfte die Eibe mit ihrem finsteren Innenleben etwas unheimlich finden.

Außerdem ist alles an einer Eibe giftig. Nun ja, fast alles. Ihre kleinen, roten Früchte sind genießbar, ihr Fleisch schmeckt süßlich, doch ihre Nadeln, Blüten und Äste enthalten ein Gift, das für Menschen gefährlich und für Pferde zum Beispiel tödlich ist. Deshalb heißt es im Volk: So mancher ist unter der Eibe eingeschlafen und nicht mehr aufgewacht. Und wem jetzt in den Sinn gekommen ist, die Früchte der Eibe zu kosten, sollte den Kern im Innern bloß ausspucken. Auch dieser ist giftig.

Auch ich erinnere mich einer unerfreulichen Begegnung mit einer Eibe. Ich war im Frühling in eine blühende Eibe geklettert, war ihrem Blütenstaub längere Zeit ausgesetzt gewesen und hatte anschließend anderthalb Wochen lang aussetzen müssen. Mein Zustand fühlte sich an wie eine Grippe, war aber wohl auf den konzentrierten Eibenblütenstaub zurückzuführen, den ich eingeatmet hatte.

Es gibt also Gründe, zur Eibe auf Distanz zu gehen. Das wussten auch die Kelten, das war insbesondere den Druiden klar, und gerade deshalb werden sie ihre Kultstätten in Eibenhaine verlegt, ihre Begräbnisrituale in Eibenhainen gefeiert haben: Diese düsteren Orte waren geradezu prädestiniert für die Kommunikation mit den Toten, für die Kontaktaufnahme mit den verstorbenen Ahnen. Und genau dieser Umstand ist der Eibe schlecht bekommen.

Schon zur Zeit der römischen Eroberung Galliens scheinen viele Eibenhaine gerodet worden zu sein, um die unheimliche Macht der Druiden zu brechen. Mit dem Anbruch der christlichen Epoche aber war es um die Eibe endgültig geschehen; sie galt als Wahrzeichen des Heidentums, als Baum des Todes, und musste fast überall der Tanne weichen – in der Wirklichkeit, aber genauso in jener Version des keltischen Baumkalenders, die uns überliefert ist. Wir dürfen mit Sicherheit annehmen, dass die Eibe dort ursprünglich den Platz der Tanne einnahm und die Tage vom 2. bis 11. Januar sowie vom 5. bis 14. Juli der Unterwelt vorbehalten waren.

Heute sind Eiben auch bei uns nur noch vereinzelt zu finden, meist auf Friedhöfen oder in deren Nähe. Der Baum der Geburt, die Tanne, hat den Baum des Todes gründlich verdrängt. Für mich aber gehört sie nach wie vor dazu, die Eibe, die für die Kelten den Gegenpol zur kraft- und lebensstrotzenden Eiche bildete. Lebenslust und Todesnähe sind nicht voneinander zu trennen. Diese Erfahrung habe ich jedenfalls gemacht, und zwar schon recht früh in meinem Leben.

ICH KLINKE MICH AUS

Oben und unten. Ich kenne die Welt aus beiden Perspektiven. Irgendwann in meinem Leben hatte ich die Wahl und habe mich definitiv für oben, nämlich die Bäume entschieden. Aber die erste Hälfte meines Lebens war ich nicht bloß auf dem Boden – ich war am Boden. Mein Verhältnis zu Bäumen ist auch vor dem Hintergrund dieser Vorgeschichte zu sehen.

Ich war vielleicht zehn Jahre alt, als ich die Schnauze zum ersten Mal voll hatte. Damals habe ich meinen Rucksack gepackt, meinen Eltern etwas Geld gestohlen und bin abgehauen. Da man nie weiß, was unterwegs auf einen zukommt, habe ich auch den Baseballschläger mitgehen lassen, den mein Vater aus den USA mitgebracht hatte. Ich bin nicht weit gekommen. Nachdem ich drei Kilometer zwischen mich und mein Elternhaus gelegt hatte, wurde ich aufgegriffen und nach Hause zurückgebracht.

Wo lag das Problem?

Ich komme aus geordneten, bürgerlichen Strukturen. Mein Vater hatte ein Bauunternehmen plus Architekturbüro. Leider stellte sich ziemlich bald heraus, dass ich in diese schöne, glatte Welt nicht reinpasste. Mit 14 habe ich daher beschlossen, nach eigenen Vorstellungen zu leben, und bin in die Punkrockszene abgetaucht. Dort, unter den Straßenpunks von Düsseldorf, traf ich Leute, die mit ganz anderen Schicksalen als meinem aufwarten konnten, eindeutig krasseren. War ich demnach der typische Mittelstandspunk, der mit seinen Luxusproblemen nicht klarkam?

So hat es Jahre später ein Sozialarbeiter ausgedrückt, der mich von früher kannte. Als ob man im Mittelstand keine ernsthaften Probleme haben könnte … Ich hatte welche. Meine Wertvorstellungen kollidierten ständig mit denen meiner Eltern. Ich passte schon von Natur aus nicht in ihr Schema. Sie konnten meinem Tatendrang einfach nichts abgewinnen.

Ich war groß, ich war kräftig, schon als Kind. Ich besaß ein körperliches Selbstbewusstsein, das sich mal als Unternehmungslust und mal als Ungestüm äußerte. Eigentlich ein schönes Lebensgefühl, aber für mich nicht die reine Freude. Ich war nämlich in der Regel der Erste, wenn es etwas auszuprobieren oder herauszufinden gab, ich war folglich auch der Erste, der sich in einem bitterkalten Winter der 80er-Jahre aufs Eis traute. Wir hatten die Düssel ja praktisch vor der Haustür, und natürlich ging ich aufs Eis, natürlich brach ich ein, und natürlich gab es zu Hause anschließend ein Riesentheater. So lief es ständig. Wann immer ich vorpreschte, bekam ich Ärger – nicht nur mit meinen Eltern, auch im Kindergarten, auch in der Schule –, aber Vorpreschen war für mich selbstverständlich, ich konnte gar nicht anders.

Ja, auch zu Schlägereien kam es. Ich ging auf Gleichaltrige los. Damit stand ich als der Böse fest. Dabei hatte ich meine Körperkraft nicht aus Boshaftigkeit eingesetzt, sondern um eine Ungerechtigkeit zu verhindern oder zu rächen. Mein Gerechtigkeitsgefühl ließ mir keine Wahl, und als der Stärkste fühlte ich mich zum Richter und Rächer berufen. Klar, manchmal hatte ich mich einfach nicht im Griff, aber von meiner guten Absicht überzeugt war ich immer.

Für ein Kind ist es allemal schwer, sich nach solchen Vorfällen zu erklären. Das Schlimmste aber war, dass meine Beweggründe niemanden interessierten. Warum ich mich geschlagen hatte, wollte keiner wissen. Wer Gewalt anwendet, war für meine Erzieherinnen und Lehrerinnen grundsätzlich der Böse. Dass so viel Ignoranz einen kleinen Jungen verwirrt, ist vielleicht nachvollziehbar. Ich habe diese kategorische Ablehnung meiner Einsätze für die Gerechtigkeit jedenfalls als großes Unrecht empfunden, und meine Werte kamen ins Rutschen.

Mit der Zeit gewöhnte ich mir an, mich zu bezähmen. Meinen Tatendrang zu unterdrücken, um Ärger mit der Erwachsenenwelt aus dem Weg zu gehen. Und gleichzeitig verlor ich meine Orientierung – ich wusste schlicht nicht mehr, was von der Moral der Erwachsenen, was von den Erwachsenen überhaupt zu halten war. Kämpfen war böse, Vorpreschen war böse. War Groß- und Starksein vielleicht überhaupt böse? Hatte ich mich meiner Kraft zu schämen?

Ich begann zu zweifeln. Ich machte mich daran, den Fehler zu suchen, und im katholischen Milieu meiner Heimat lag es nahe, den Fehler bei sich selbst zu suchen. Man kann sich mit seinen Macken ja auch anfreunden und sagen: So bin ich eben, aber das war nicht mein Ding. Ich hatte gelernt, schuldig zu sein, also zweifelte ich an mir selbst, und diese Zweifel gingen mit Verzweiflung einher, denn auch erzwungene Selbstbeherrschung geht auf Kosten der seelischen Gesundheit. Wenn Ungestüm und Tatendrang Teil des eigenen Wesens sind, müssen sie ausgelebt werden, andernfalls kommen womöglich Amokläufer dabei heraus. In meinem Fall war das Ergebnis weniger spektakulär, aber kaum weniger dramatisch. In meinem Fall lief es auf totalen Systemboykott hinaus.

Die Schule besuchte ich nur noch sporadisch. Mit 14 hatte ich einen Irokesenschnitt und tummelte mich mit anderen Punks auf den Straßen der Düsseldorfer Altstadt. Für uns war das ein traditionsreiches Pflaster, denn in den 70er-Jahren war Düsseldorf die Hochburg des deutschen Punks gewesen. Der *Ratinger Hof* war zwar seit Langem geschlossen, geisterte aber immer noch als Punkheiligtum durch die Köpfe; ich hatte durchaus noch mit Leuten zu tun, die den legendären *Hof* mitgekriegt hatten, und Geschichten aus dieser guten alten Zeit machten nach wie vor die Runde. Inzwischen allerdings hatte sich der Punk sehr verändert.

Der Straßenpunk meiner Zeit bedeutete freiwillig gelebte Obdachlosigkeit, in dem Sinne, dass man auf Trebe ging, also von

Stadt zu Stadt tingelte, in den Straßen rumhing, sich besoff oder kiffte und in den Tag hineinlebte. Wenn einen die Polizei nicht gerade wieder mal ins Elternhaus zurückverfrachtet hatte, musste man sich in jeder fremden Stadt nach einem Schlafplatz umschauen. In Düsseldorf konnte das eine windgeschützte Ecke in der Altstadt oder ein leerstehendes Fabrikgebäude sein. In Hannover war es das Gelände einer besetzten Schokoladenfabrik, wo sie eine Art Gästezimmer für Kids wie uns hatten. In Berlin wurde einem an jeder Ecke geholfen, da konnte man auch mal duschen. Dazu kamen Stuttgart und Hamburg, wo es für unsereins ebenfalls Anlaufstellen gab, und damit hätte ich die größeren Städte auf meinem Punkreiseweg aufgezählt.

Unser Beweggrund, durch die Republik zu tingeln, waren die Konzerte der gängigen Punkbands. Wenn überhaupt um irgendetwas, drehte sich unser Leben um Musik, und Konzerte gab es an jedem Wochenende, irgendwo in deutschen Landen, in Hamburg oder Berlin oder Stuttgart. Man traf sich also Freitagnachmittag, trieb etwas zu essen auf, deckte sich mit Bier und Schnaps ein, bestieg den Zug und fuhr los. Gelegentlich bewegten wir uns dann in solchen Mengen, dass es die Schaffner nicht so genau wissen wollten – sie warfen einen Blick ins Punkabteil und ersparten sich den Rest mitsamt den dummen Sprüchen, die sie erwarteten.

Anfangs ging es bei den Konzerten lediglich darum, sich vor der Bühne eine halbe Nacht lang abzukämpfen. Aber irgendwann fängt man an, philosophische Gründe für sein Verhalten zu suchen, weil man sich doch nach einer Weile fragt: Was treibe ich hier eigentlich? Ein bisschen Sinn braucht der Mensch, und dann ist er zum Beispiel dankbar für Weisheiten, die er den Songtexten von Bands entnehmen kann. Es gab ja damals alles, von philosophisch angehauchten über politisch engagierte bis hin zu nihilistischen Bands, und oft hatten wir das Gefühl, diese Musiker hätten das Wesentliche erfasst, die hätten das Leben durchschaut, denen könne man vertrauen.

Nach seinen Anfängen in England hatte der Punk in Deutschland neue, viel politischere, viel radikalere Züge angenommen. Deutschpunk wurde für mich aber nicht nur deshalb schnell wichtiger als das englische Original. Bei den deutschen Bands passierte alles in meiner Muttersprache, und ich verstand endlich, worum es in den Songs ging, sie lieferten mir die Worte, die mir fehlten. Bands wie Slime oder Razzia oder Dritte Wahl waren aufrührerisch, sie passten zu meinem Lebensgefühl, sie beließen es nicht bei dem englischen: »I don't give a shit«, sie sprachen es in der entsprechenden Lautstärke und unmissverständlich aus: »Deutschland, verrecke!«

Denn im Deutschpunk war Deutschland der Feind. Das war der Geist der RAF, der sich hier die nationalsozialistischen Restbestände in der deutschen Gesellschaft vorknöpfte und für den an Deutschland alles hässlich war, der Bulle auf der Demo genauso wie der Spießbürger von nebenan. Der Naziverdacht war immer bei der Hand. Leider, muss ich aus heutiger Sicht sagen, beließen es diese Bands nicht beim Protestieren und Rebellieren, sie nahmen für sich auch in Anspruch, das schlechthin Gute zu verkörpern. Das war dann doch etwas sehr hoch gegriffen, für mich aber ebenfalls verführerisch – wenn man mit 15, 16 Jahren schon nirgendwo hingehört, möchte man wenigstens eine klare Grenze ziehen; umso besser, wenn sie zwischen Gut und Böse verläuft. Zumal diese Grenze für mich offensichtlich war, weil sie den eigenen Erfahrungen entsprach.

Das Leben auf der Straße konnte nämlich gefährlich werden, vor allem nachts. Da waren genug Typen unterwegs, die dich für ein gefundenes Fressen hielten und ihr Mütchen liebend gern an einem Punk mit grellbuntem Irokesenschnitt gekühlt hätten. In einer Silvesternacht in Berlin habe ich mein Leben nur durch Eloquenz und Auf-Zack-Sein gerettet, womit ich die Fähigkeit meine, sich im richtigen Moment blitzartig zu verdrücken. Nicht selten fangen solche lebensbedrohlichen Situationen mit provokanten Fragen an. Je nachdem, wie deine Antwort ausfällt, kriegst du was in die Schnauze – oder sie fragen dich weiter, und wenn du nicht rechtzeitig das Weite suchst, setzen sie ihr Spiel so lange fort, bis du leblos am Boden liegst. Einmal habe ich in den Lauf einer Pistole geguckt. Ein andermal hat sich ein Dutzend Leute über mich hergemacht und meinen Schädel malträtiert; auch in diesem Fall hat mich nur meine Schnelligkeit gerettet. Außerdem kam es gelegentlich zu Zusammenstößen mit der Polizei, die einen durchaus das Fürchten lehren konnten – kurzum, des Nachts musste man auf der Hut sein, und nicht alle, mit denen ich die frühen 90er-Jahre verbracht habe, haben die 90er-Jahre auch überlebt.

Heute würde ich meinen damaligen Gemütszustand als tiefe Niedergeschlagenheit bezeichnen. Niedergeschlagenheit aus Ausweglosigkeit. Wenn deine eigentlichen Stärken von den maßgeblichen Menschen in deinem Leben als Schwächen, als moralisches Versagen, als etwas Anstößiges ausgelegt werden, weißt du mit dir nichts mehr anzufangen und gibst dich auf. Dabei hatte es immer etwas gegeben, das mir Freude gemacht hat. Ein Gebiet, wo ich mit meiner Größe und meiner Kraft zum Zuge gekommen war und auch Erfolge gefeiert hatte. Dieses Gebiet war der Sport gewesen.

Sportlich war ich von Anfang an. Meine Sportlehrerin nahm schon gar keine Rücksprache mehr mit mir, sie teilte mich ungefragt allen möglichen Sport-Leistungsgruppen zu – »Übrigens, du bist jetzt auch noch in der und der Mannschaft …« –, und auf einmal spielte ich Volleyball, Basketball, Handball. Mit dem Eishockeyspielen hatte ich schon begonnen, als ich noch keine zehn Jahre alt war, und als die Wuppertaler Eishalle dichtmachte, nahm ich als Zwölfjähriger für die Fahrt zur nächsten Eissporthalle in Düsseldorf anderthalb Stunden Fahrt mit Bus und S-Bahn in Kauf; Hin- und Rückfahrt zusammengenommen war ich also drei Stunden unterwegs, für eine Stunde Training. Die größte Entdeckung für mich aber war das Skateboard.

In den 80er-Jahren schwappte die Skateboardwelle aus Amerika zu uns herüber, und plötzlich gab es Skateboards überall zu kaufen, auch im Spielzeugladen. Meine Eltern ließen sich von mir erweichen, kauften mir eins, und los ging's, mit den ersten Versuchen, den Bordstein hochzuspringen. Als meine Punkrockphase anbrach, war das Skateboard vergessen – in dieser Zeit war mir alles egal –, aber drei Jahre später, nachdem ich den totalen Systemboykott hinter mich gebracht hatte, war das Interesse plötzlich wieder da; ich besorgte mir ein Skateboard und hatte es von nun an immer dabei. Das Brett wurde zu meinem ständigen Begleiter, Skaten war meine neue Leidenschaft, aber der Skateboarder-Community habe ich mich trotzdem nie wirklich zugehörig gefühlt; ich war und blieb ein Einzelkämpfer. Meine Grundhaltung war weiterhin: Geht mir nicht auf den Keks.

Von heute aus gesehen war meine Skateboardphase so etwas wie eine Vorübung fürs Baumklettern. Ich hatte jedenfalls endlich ein Ventil für meine Energie gefunden, ich wusste plötzlich, wohin mit meiner Kraft, ich bewies Ausdauer, ich entwickelte ein Gefahrenbewusstsein. Innerhalb von Bruchteilen einer Sekunde musste man entscheiden, ob man einen Trick durchzieht oder das Brett im letzten Moment wegtritt und abrollt. Ich lernte, meinen Instinkten zu vertrauen, ich lernte vor allem, mich niemals entmutigen zu lassen, gerade weil Verletzungen dazugehörten. »Ey, du blutest übrigens …« – »Echt? Gar nicht gemerkt …« Zeitweilig strotzte ich vor Adrenalin und bekam einen Sturz gar nicht mit.

Das Skaten war mir aber auch aus einem anderen Grund wie auf den Leib geschnitten: Es ist eine Form der Individualisierung. Man findet keine zwei Skater, die denselben Style fahren. Je nachdem, wo einer fährt, auf einer Rampe, in einem Skaterpark oder auf der Straße, hat er unterschiedliche Tricks auf Lager.

Mit anderen Worten: Skaten war noch nicht die Rettung, aber es war ein erster Ausweg. Ein Ausweg vor allem aus der radikalen Ablehnung der gesamten gesellschaftlichen Wirklichkeit.

Punk war ja mehr als ein beliebiger Lebensstil. Es war schon fast eine Religion. Nicht systemkonform zu sein hatte für uns einen hohen ethischen Stellenwert. Rebellion war der eigentliche Lebenssinn, Steuern zu zahlen genauso eine Todsünde wie ein Eigenheim zu besitzen, aber unsere Aversionen wurden im Einzelnen nie definiert – Hauptsache, man verstieß tagtäglich gegen die Glücksvorstellungen der Erwachsenen. Wir wollten selbst dahinterkommen, was mit Glück gemeint sein könnte, und der erste Schritt auf diesem Weg bestand darin, alle Antworten abzulehnen, die die Gesellschaft zu bieten hatte.

Bei den Skateboardern war alles viel einfacher. Die scherten sich nicht um Glaubensfragen – man ging eben skaten, und fertig. Die Trickserei auf dem Rollbrett kam auch ganz ohne Worte aus, weil die Lehre des Skatens sich in einer simplen körperlichen Erfahrung erschöpft: Man fliegt hin und steht gleich wieder auf. Liegenbleiben und Aufgeben ist keine Option. Und irgendwann war mir Skaten sogar wichtiger, als auf Konzerte zu gehen.

Bis dahin war ich auf Konzerten regelrecht ausgeflippt. Auf den Pogo-Sessions hatte man sich stundenlang gegenseitig durch die Gegend geschmissen und war mit einer aufgeplatzten Lippe von der Tanzfläche gekommen, aber es war okay gewesen, es hatte sich gut angefühlt, die Wut musste einfach nur raus, egal, wie. Dieses unscheinbare Skateboard aber war längst nicht so anspruchslos. Es verlangte Konzentration. Es machte nur Spaß, wenn man sich eigene Ziele setzte. Und wer mit Hingabe dabei war, der machte Fortschritte, der hatte Erfolg, bei dem stellte sich irgendwann die Erkenntnis ein: Du kannst im Leben etwas erreichen und wenn es bloß der nächste Trick ist – Treppen runterfahren zum Beispiel. Eine großartige Erkenntnis. Endlich hatte ich dem Nichts etwas entgegenzusetzen. Aber es musste noch einiges geschehen, bevor meine jugendliche Wildheit in postjugendliche Weisheit überging.

ZARATHUSTRA ODER
DIE AUSSICHT AUF GLÜCK

Seit einiger Zeit bin ich verheiratet. Ich will nicht behaupten, dass sich meine Ehe den Bäumen verdankt, wahr ist aber, dass wir sie mit den Bäumen abgestimmt haben.

Und zwar mithilfe des keltischen Baumkalenders. Der Impuls, meine Freundin zu heiraten, war natürlich ein spontaner, aber nachgegeben habe ich ihm erst, als mir die Gelegenheit günstig erschien, das heißt: Meinen Antrag habe ich ihr am Tag der Olive zur Tagundnachtgleiche im Herbst gemacht. Beide haben wir dann vereinbart, exakt ein halbes Jahr später zu heiraten, nämlich am Tag der Eiche im Frühling. Den Ausschlag für unsere Wahl hatte eine Eigenschaft gegeben, die beiden Bäumen gemeinsam ist: Olivenholz steht für Beständigkeit, es verwittert nicht, und genauso steht das unverwüstliche Eichenholz für Dauer und Verlässlichkeit. Und darauf kam es uns beiden an: Wenn wir heirateten, sollte es auf Lebenszeit sein.

Um den Segen der Bäume in unsere Ehe zu holen, sind wir aber noch einige Schritte weitergegangen. Eheringe sollten sein, da waren wir uns sofort einig, aber Ringe aus Holz? Die wären nicht für die Ewigkeit. Also Silberringe, in die unsere Hölzer eingearbeitet werden sollten, nämlich Olivenholz, Eichenholz und Walnussholz. Wir sind ja beide im Zeichen der Walnuss geboren, sie im Frühjahr, ich im Herbst (sie trägt folglich die Blüten, ich die Früchte), und so herrschte auch in diesem Punkt rasch Einigkeit.

Zunächst hatten wir überlegt, diese Hölzer aus den Ästen frischer Bäume herauszuschneiden, aber solches Holz arbeitet über Jahrzehnte, folglich mussten wir zusehen, an gut abgelagertes

Holz zu kommen. Kein Problem bereitete die Beschaffung von Olivenholz – das hatte mein Schwiegervater in seiner Werkstatt. Auch uraltes Eichenholz fand sich dort. Aber abgelagertes Walnussholz aufzutreiben gestaltete sich schwieriger. Wir benötigten ja nicht viel, aber erst mal mussten wir drankommen. Schließlich machte meine Frau eine Werkstatt ausfindig, die alte Möbel restaurierte, und dort hatten sie tatsächlich ein Stück Walnussholz übrig. Was wir letztendlich brauchten, waren allerdings winzig kleine Teile, und jetzt ging es mit dem Zurechtschneiden und Schleifen los, dann rutschte einem das Kügelchen aus den Fingern, dann suchte man es auf dem Boden … Die ideale Arbeit für zwei stoische Pedanten wie meine Frau und mich.

Am Tag der Eiche waren die Ringe fertig. Auf einem Baum geheiratet haben wir nicht. Die Hochzeit fand auf einem Bauernhof statt, aber unter freiem Himmel, barfuß auf einer Wiese und natürlich unter Bäumen, aber auch mit Beteiligung der Bäume. Der Torbogen, den wir durchschritten haben, bestand aus rosa Magnolien- und grünen Birkenzweigen, und den Brautstrauß hatte ich mit einer Wurfschnur selbst aus Ahorn- und Walnusszweigen gebunden. Eigentlich hätte mir die Symbolkraft der Walnusszweige gereicht, jenes Baums, in dessen Zeichen wir beide geboren waren und jetzt zusammengefunden hatten, aber der Ahorn hatte gerade seine gelblichen Blüten ausgetrieben, und ich wollte Farbe in meinen Strauß bringen.

Nun gut, man weiß nie. Aber wenn Eiche, Olive und Walnuss halten, was sich die Kelten von ihnen versprachen, setzt meine Hochzeit vielleicht tatsächlich den Schlusspunkt hinter eine Vergangenheit, die durch Heimatlosigkeit geprägt war. Das Leben auf der Straße, im Unfrieden mit mir und der Welt, hat mir zwar die Fähigkeit verliehen, mit allen möglichen Umständen zurechtzukommen, flexibel im Denken zu sein, mich ungewohnten Situationen anzupassen. Die weniger erfreuliche Folge aber war, dass ich mich seither mit stabilen Verhältnissen schwertue. Ich lege mich ungern fest. Aufgrund der familiären Zerrüttung habe ich es auch lange Zeit nicht mit Familie versucht. Mir fehlte in meinem Leben der Ankerpunkt, und mein Traum, irgendwo auf Dauer unterzukommen, wäre womöglich nie in Erfüllung gegangen, hätten sich nicht nach meiner Straßenpunkzeit zwei glückliche Zufälle ereignet.

Denn einstweilen blieb es bei meinem Zerwürfnis mit der Gesellschaft. Mit der Schule hatte es zwar gerade noch mal geklappt, weil meine Mutter da hinterher gewesen war und mir nach meinem Abgang vom Gymnasium einen Platz an der Volkshochschule besorgt hatte, wo ich es doch noch zur Fachoberschulreife brachte – wenn auch lustlos, hauptsächlich meiner Mutter zuliebe. Nach meinem Abschied von der Straße bin ich dann mit einem Mädchen zusammengezogen, das ich auf den Chaostagen kennengelernt hatte; wir hielten uns mit Sozialhilfe und Ein-Euro-Jobs über Wasser, sie jobbte neben dem Abi in der Gastronomie. Aber versöhnt war ich nicht. Mein Teenager-Dasein war durchzogen von Selbstmordgedanken. Und ich fand's normal, mit dem Leben abschließen zu wollen – war ja auch eine Scheißwelt …

So weit, mich ganz aufzugeben, war ich aber nicht. Mit 19 rang ich mich deshalb zu einer Ausbildung zum Landschaftsgärtner durch. Und nachdem ich zwei Jahre lang Hecken geschnitten hatte, stand eines Tages eine gute Freundin bei mir im Zimmer unserer WG und sagte: »Ich habe hier ein Buch für dich, ich könnte mir denken, dass es dir guttut.«

So kam ich an Nietzsches *Zarathustra*. Ich war gerade 20 geworden, im perfekten Alter für dieses Buch, und bis heute habe ich nichts Gewaltigeres gelesen. Anderthalb Jahre lang hat mich dieses Buch in Atem gehalten, weil ich an vielen Tagen nicht mehr als eine halbe Buchseite verkraftete. Diese betörende Mischung aus Menschenliebe und Menschenverachtung, aus Lieben-Wollen und Verachten-Müssen, dazu diese immense Vorfreude auf einen Aufbruch, auf etwas völlig Neues – das war ehrlich und stark, und ich fühlte mich verstanden, ich fühlte mich erkannt. Bei diesem Zarathustra mochte Größenwahn im Spiel sein, aber ich begriff: Nur der Größenwahnsinnige hat die Chance, seine Grenzen kennenzulernen. Seine eigenen wohlgemerkt – nicht die, die eine verzagte Zivilisation dem Einzelnen setzt.

Kurzum, es ist ein Buch über einen großen Aufbruch, einen Neuanfang im Menschheitsmaßstab, und kein Wunder, dass es bei einem Leser in meiner Situation schlummernde Kräfte freisetzte. Bis heute stehe ich im Banne Zarathustras, wenn auch in abgeschwächter Form – damals reichte seine Wirkung auf mich von dem brennenden Wunsch, alles Herkömmliche in Schutt und Asche zu legen, bis zu Weltschmerz und Lebensmüdigkeit, und dazwischen die ganze Skala der Gefühle. Ich habe auch viel gelacht, nicht zuletzt über mich selbst, weil mir die eigene Unzulänglichkeit so drastisch vor Augen geführt wurde. Und natürlich, dieses Buch sparte nicht mit Provokationen, aber Boshaftigkeit vermochte ich nirgends zu erkennen – Nietzsches Verachtung galt ja nur dem Menschen in seinem gegenwärtigen Zustand, nicht dem Menschen in seiner Möglichkeitsform, und noch ist sein Übermensch nicht unsympathisch, noch will sein Recht mit Gewalt durchgesetzt werden, noch wird er als göttlicher Narr dargestellt.

Im Rückblick würde ich sagen: Es gab nur zwei Möglichkeiten – entweder, dieses Buch haut mich so um, dass ich mich nicht mehr davon erhole, oder ich gehe gestärkt aus dieser Begegnung hervor. Das Zweite war der Fall. Ganz simpel ausgedrückt hat mir Nietzsche dazu verholfen, meine Depression hinter mir zu lassen und mich an den Gedanken zu gewöhnen, dass es selbst für mich eine Aussicht auf Glück gibt. Was folgte daraus? Mir wurde klar, dass ich gern Gärtner war. Dass ich gern draußen an der frischen Luft arbeitete. Dass ich meine Gärtnerlehre abschließen wollte. Und zum ersten Mal schlich sich eine bürgerliche Überlegung bei mir ein: Dann hast du eine Ausbildung, dann hast du eine gewisse Sicherheit. Aber ich wollte mehr. Wie sich Zarathustra jeden Tag klarer darüber wird, was genau den neuen Menschen ausmacht, so wollte auch ich jetzt über mich Klarheit gewinnen. Dem stellte sich allerdings ein Hindernis in den Weg.

Denn natürlich verstand ich den Zarathustra nur ansatzweise. Wenn Nietzsche einen philosophischen Witz aufbaute und ich beim Lesen das Gefühl hatte, aha, jetzt gleich kommt sie, die bildgewaltige Pointe, die Metapher, die alles erklären und bei dir die Erleuchtung auslösen wird – dann stand diese Pointe auf Altgriechisch da! Also Erleuchtung vertagt … Und warum? Weil es mir schlicht und ergreifend an Bildung fehlte. Folglich war ich gezwungen, etwas gegen meine Unwissenheit zu unternehmen, und mir dämmerte: Ich musste – und wollte plötzlich auch – Philosophie studieren.

Das habe ich getan. Dafür hatte ich nach Abschluss der Lehre zunächst das Abitur nachzuholen, aber das nahm ich auf mich. Ich wusste ja, wofür, und nachdem ich das Abitur in der Tasche hatte, war ich sicher, die beste Entscheidung meines Lebens getroffen zu haben. Vielleicht wäre ich Philosoph geworden, doch dann kamen, noch während meines Studiums, die Bäume dazwischen. Nietzsche aber blieb mir erhalten. Sein Zarathustra hatte mich getroffen, als wäre ich von einem Intercity erwischt worden, und die Folgen hielten jahrelang an. Wann immer ich später nicht weiterwusste, suchte ich in meinem Gedächtnis nach einer passenden Passage aus diesem Buch, oder ich habe mich treudoof gefragt: Was würde Zarathustra jetzt machen? Wenn ich dann trotzdem keine Lösung fand, half Nietzsche mir wenigstens, eine vertrackte Situation gelassener zu sehen.

DIE CHANCE MEINES LEBENS

Eines Morgens klingelte bei mir das Telefon. Es war halb acht, für einen Studenten in den Semesterferien also noch Nacht. Am anderen Ende war eine Männerstimme, und sie fragte mich, ob ich Bock hätte, einen Baum zu fällen. »Mir ist ein Mitarbeiter ausgefallen. Er hat mir deine Nummer gegeben und gesagt, du seist fit und könntest arbeiten.«

»Wann denn?«

»Jetzt gleich.«

»Okay. Gib mir eine Stunde Zeit. Ich muss noch mit dem Hund raus. Hol mich um neun Uhr ab.«

Ich Gas gegeben, schnell ein Müsli reingezogen, den Hund ausgeführt. Um neun wartete er im Auto vor meiner Tür. Zeljko hieß er und hatte eine Baumpflegefirma. Unser Job an diesem Tag bestand darin, zwei Hamlocktannen an einem Hang in einem kleinen Garten zu fällen, nur wir beide, ich als Bodenpersonal, er mit der Säge im Baum. Zum ersten Mal wurde ich Zeuge, wie jemand am Seil im Baum arbeitet, wie ein gefällter Baum mit einer Ablassvorrichtung behutsam Stück für Stück zu Boden befördert wird. Ich war ganz schön begeistert von dieser Vorgehensweise. Dass da viel Know-how drinsteckte, war nicht zu übersehen.

Dabei hatte ich selbst bereits in Bäumen gearbeitet, während meiner Ausbildung zum Landschaftsgärtner. Um die Jahrtausendwende waren die ersten »Einhand-Motorsägen« herausgekommen, auf einmal hatte jeder Gärtner eine, und mein Chef hatte mich damit in die Bäume geschickt – ohne Seil. Diese Abstecher ins Geäst hatten jenseits aller Sicherheitsvorkehrungen stattgefunden, aber von denen wusste ich gar nichts – das freihändige

Klettern kam meinem Sportsgeist entgegen, und so war ich am Stamm hochgeklettert, hatte mich oben mit einer Hand an einem Ast festgeklammert und mit der anderen gesägt. Heute kann ich nur den Kopf darüber schütteln. Aber ich hatte mich nie mit Baumklettern beschäftigt, ich wusste nicht einmal, dass es das gibt, und ich hatte keine blasse Ahnung, dass man es sogar beruflich betreiben konnte …

Nachmittags waren beide Tannen gefällt. Ich war schwer beeindruckt von dem, was ich erlebt hatte – eine Kombination von Körpereinsatz und Technik, von Geschicklichkeit und Intelligenz, verbunden mit einer gehörigen Dosis Abenteuer und gekrönt von einem sichtbaren Ergebnis. Dieser Zeljko durfte sich jederzeit wieder bei mir melden. Dazu kam es dann einige Wochen später auch, und allmählich wurde es Zeljko zur Gewohnheit, mich anzurufen, wenn er jemanden brauchte. Damit stand ich nun immer häufiger vor der Frage: Vorlesung oder Bäume? – und meine Entscheidung fiel zunehmend zugunsten der Bäume aus. Mein Studium litt, aber noch hoffte ich, beides unter einen Hut zu kriegen.

Aus unserem Arbeitsverhältnis war inzwischen eine Freundschaft geworden. Nun spielen sich Freundschaften auch mal in Kneipen ab, und eines Abends, im Zustand fortgeschrittener Freimütigkeit, sagte ich ihm: »Wenn ich nicht bald selbst ans Klettern komme, musst du dir einen anderen suchen.« Ein folgenreicher Satz. Denn Zeljko war sofort einverstanden, nahm meine Ausbildung selbst in die Hand, ich absolvierte die vorgeschriebenen Kurse, und damit hatte mein Leben die nächste unvorhergesehene Wendung genommen.

Ich hatte mir viel von meinem Studium versprochen. Jetzt versprach ich mir von den Bäumen noch mehr, nämlich die Chance, meine körperlichen mit meinen geistigen Fähigkeiten in Einklang zu bringen, in einer Arbeit, die ich mir durchaus als Lebensaufgabe vorstellen konnte. Es war die Chance, auf die ich mehr als zwei Jahrzehnte lang gewartet hatte, ohne es zu wissen.

Meinem Studium trauerte ich deshalb nicht nach. Es hatte mich schlauer gemacht und damit seinen Zweck erfüllt. Aber wahrscheinlich hatte es mir sogar den Blick dafür geschärft, wie perfekt diese Arbeit zu mir passte, denn so ohne weiteres war gar nicht zu verstehen, was hier an Können alles zusammenkommen musste.

Im Baum hatte man es mit praktischen Problemen zu tun. Die waren zwar mithilfe der Seilklettertechnik, aber nicht ohne ein gewisses Quantum an Intelligenz zu lösen. Die Intelligenz wiederum würde ohne gut ausgebildete körperliche Fähigkeiten gar nicht zum Einsatz gelangen, sie musste mit Kraft, Geschicklichkeit und Ausdauer einhergehen, und angesichts der Gefährlichkeit der Sache waren obendrein mentale Stärken gefragt, nämlich Konzentration, Geistesgegenwart, Mut und Verantwortungsbewusstsein. Und wenn man dann noch bedenkt, dass die praktischen Probleme womöglich eine spirituelle Seite haben, dass es da nicht bloß ums korrekte Sägen geht, sondern auch um ethische Fragen, wie sie die Begegnung mit einem Lebewesen immer aufwirft … Das war eine ganze Menge.

Erstaunlicherweise fühlte ich mich dieser Arbeit gewachsen, und nicht nur das. Ich hatte auch das Gefühl, in diesem Beruf meine Lebenseinstellung ausleben zu können. Und alles zusammengenommen versetzte mich die Aussicht, künftig mit Bäumen und in Bäumen zu arbeiten, in einen nie gekannten Zustand der Euphorie.

Mein Studium hatte aber noch anderes bewirkt, denn in diesen Jahren hatte meine Lebenseinstellung überhaupt erst Form angenommen. Ich war nämlich der Zarathustra-Spur weiter gefolgt, ich hatte mich auch mit der östlichen Philosophie beschäftigt, mit Buddhismus, mit Taoismus, und war zu dem Punkt gelangt, wo ich die Aufspaltung des Menschen in Körper und Geist für einen Irrweg hielt. Mich zumindest wollte ich nicht mehr in zwei Teile zerlegen lassen, die sich auch noch als Gegenspieler gegenüberstehen sollten. Mich sprach jetzt nur noch ein Denken an, das alle menschlichen Kräfte zu einer Einheit zusammenfasst.

Von der europäischen Philosophie war ich deshalb im Großen und Ganzen enttäuscht. Für unsere Denker war der Mensch hauptsächlich ein rationales Wesen. Das mag auf die antiken Philosophen Griechenlands auch zugetroffen haben, aber Otto Normalgrieche dürfte mindestens so viel Leidenschaft und Emotion wie Vernunft im Leib gehabt haben; es gab immerhin noch Dionysos und ein paar andere betont irrationale Götter. Der Rationalismus ist für mich jedenfalls der große Selbstbetrug des Abendlands, und bei Nietzsche fand ich immerhin den Versuch, Körper und Geist zusammenzudenken, wie es für die östliche Philosophie selbstverständlich ist.

Nietzsche war und blieb also ganz mein Fall. Und damit komme ich zu seinem wichtigsten Beitrag zu meiner Rückkehr ins Leben: Vielleicht wäre ich nie mit mir ins Reine gekommen, wenn sein Zarathustra mir nicht die Augen für den Wert geöffnet hätte, den Stolz und Scham für uns besitzen.

Aus einer linken Punkrockszene kommend, hatte ich für Stolz zunächst wenig übrig. Der klang mir nach Nationalismus und Nazis und billiger Kompensation der eigenen Erbärmlichkeit. Wie aber kam es dann, dass Zarathustra unverhohlen stolz war? Und wieso war dieser Zarathustra gleichzeitig mit dem Gefühl der Scham so vertraut? Es dauerte eine Weile, bis ich begriff, dass alle Ethik auf diese beiden Hauptbegriffe zurückzuführen ist, auf Stolz und auf Scham. Mir leuchtete es jedenfalls ein, dass der Wunsch, sich zu ändern, sich zu bessern, aus dem Schamgefühl heraus entsteht. Denn sobald man handelnd ins Weltgeschehen eingreift, muss man die Konsequenzen bedenken, für andere, aber auch für sich selbst, und dann taucht unweigerlich die Frage auf: Werde ich mich dafür schämen müssen? – oder werde ich stolz darauf sein und hinterher sagen können: Jawohl, das war übrigens ich! Mit anderen Worten: Werde ich zu meinem Handeln stehen können oder werde ich mich davon distanzieren müssen? Insofern ist auch Scham etwas Gutes, weil sie in mir den Ehrgeiz weckt, auf mich stolz sein zu können. Ohne Scham wäre Stolz tatsächlich sinnlos.

Man braucht ja Begriffe, um mit sich ins Reine zu kommen. Neue Begriffe. Mit den alten ist man nicht glücklich geworden, die taugen also nicht für einen Neubeginn, aber jetzt kommt Nietzsche und beschenkt einen gleich mit einer ganzen Familienpackung neuer Begriffe, und siehe da – plötzlich bekommt der ausrangierte Begriff der Scham wieder einen Sinn, nämlich als Gegenstück zum Stolz. Auf mich hatte das eine erlösende Wirkung, denn mit einem Mal war mir bewusst, wie viel Scham in mir steckte. Scham, die mir den Weg zum Stolz versperrte.

Diese Scham war mit dem Gefühl verbunden, nicht zu dürfen. In meinem Inneren hingen überall Verbotsschilder herum, und alle warnten mich davor, mich groß und stark zu fühlen, oder besser: Gebrauch von meiner Größe und Stärke zu machen. Damit war ich ja schon in meiner Kindergartenzeit auffällig geworden, als ich es für meine Aufgabe gehalten hatte, meine Überlegenheit da auszuspielen, wo ich eine Ungerechtigkeit selbst erfahren oder bei anderen erlebt hatte. Mein unerschrockener Einsatz für die Gerechtigkeit war mir nie gelohnt worden, immer hatte sich hinterher herausgestellt, dass Körpereinsatz in jedem Fall böse ist, und so hatte ich gelernt, mich zu schämen für das, was ich war, nämlich groß und kräftig und – in meinen Augen – unbestechlich. Irgendwann war daraus mein großes Leiden geworden, und man weiß ja, welche rebellischen Energien genau dieses Gefühl in der Pubertät freizusetzen vermag: es gut zu meinen, aber unablässig missverstanden zu werden.

Durch Zarathustra habe ich die Scham in mir entdeckt, und während des Philosophiestudiums habe ich gelernt, sie zu überwinden – mich also nicht mehr dafür zu schämen, so wie ich zu sein, nämlich lang und kräftig und gewissenhaft und manchmal ungeduldig. Mich anzunehmen, das war der erste Schritt. Und der zweite war, stolz darauf zu sein. Verbunden mit dem Auftrag:

Lenke diese Eigenschaften in sinnvolle Bahnen! Hör auf, den edlen Ritter zu spielen. Gib es dran, die Welt im Hauruckverfahren ändern zu wollen. Das Leben ist Entwicklung, nicht Revolution. Vertraue deiner Kraft, die zum Zuge kommen und sich ausdehnen und dabei ausdifferenzieren möchte – die Eiche macht es nicht anders. In der kleinen Eichel ist alles drin, was die mächtige Eiche braucht, um 500 Jahre alt zu werden, und alles, was auf dem langen Weg von der Eichel zum imposanten Baum passiert, ist Entwicklung (»Entwickelung«, wie Nietzsche schreibt). Beim Menschen verhält es sich genauso, und die einzige interessante Frage ist, ob unser Potenzial zum Zuge kommen darf oder abgewürgt wird.

Dies alles musste ich mir selbst beibringen. Und nicht zuletzt die Erfahrung, allmählich zum eigenständigen Denker heranzureifen, machte mich stolz. Ich hatte etwas erkannt, ich richtete mein Leben neu aus, ich konnte mich selbst überwinden – sogar dazu reichte meine Kraft aus! Ob es der richtige Weg war, nun professionell mit dem Baumklettern zu beginnen? Das war gar nicht so wichtig. Allein die Tatsache, überhaupt einen Weg eingeschlagen zu haben, nicht mehr festzustecken, die Lähmung überwunden zu haben und Fortschritte zu machen, war schon mit einem Glücksgefühl verbunden. Das war Freiheit, und bei dieser Freiheit sollte es bleiben. Die Bäume würden mir dabei jedenfalls nicht im Wege stehen, ganz im Gegenteil.

BÄUMEFÄLLEN ALS EXTREMSPORT

Irgendwo in Norwegen. Ringsumher eine endlose, ebene Schneefläche. Vor mir auf dem Boden mein Drachen, im rechten Winkel zum Wind. Meine Füße sind mit dem Snowboard, auf dem ich stehe, fest verbunden. Vorne laufen zwei Schnüre durch eine Stange und enden in einer Schlaufe, die ich bei mir im Trapez einhänge. Von hinten laufen zwei weitere Schnüre zu den Enden dieser Stange, mit denen werde ich lenken, und nun ziehe ich den Drachen an der Lee-Schnur in die Luft.

Der Wind fährt in den Drachen, der Drachen steigt auf, im nächsten Moment steht er über mir. Ich lasse ihn etwas nach links abfallen, damit der Wind noch besser reinpacken kann, und jetzt steht er vor mir, jetzt bin ich in der Powerzone, jetzt kann ich losfahren. Bei gutem Wind komme ich auf 30 Stundenkilometer. Auf dem Wasser wäre ich schneller, da hat man allerdings auch andere Windgeschwindigkeiten. Ein Vergnügen ist es aber allemal, mit Windenergie über dieses Schneefeld zu brettern.

Ja, das ist das Schöne: Die Trennung zwischen Körper und Geist wird im Extremsport nahezu aufgehoben, und dieses Zusammenspiel von Kopf, Körper und Herz hat für mich den denkbar größten Reiz. Ich brauche die Strapazen, die damit verbunden sind, aber schon deshalb, um im Alltag ruhig zu sein, denn auch da kommt es bisweilen zu Einsätzen, die stark in Richtung Extremsport gehen, die meine Gelassenheit auf die Probe stellen, und die Fällung jener vier Eschen, mit denen ich dieses Buch eingeleitet habe, war ein solcher Fall …

Vier Eschen fällen – als wir den Auftrag erhalten, klingt es nach einem Routineeinsatz. Wie üblich nehmen wir den Einsatzort vorher in Augenschein.

Was erwartet uns? Von der Straße aus gesehen nichts Besonderes, nur eine Reihe lückenlos aneinandergebauter, vier- bis fünfstöckiger Wohnhäuser. Aber mit dem Rücken stehen diese Häuser direkt an einem beinahe senkrechten Steilhang, wie man es in Wuppertal nicht selten erlebt, da geht es nach ein paar Metern, die als Gärtchen, Abstellplatz oder Terrasse genutzt werden, gleich hoch, und aus einem der rückwärtigen Fenster gesehen scheint dieser Hang zum Greifen nah. Auf Höhe der Dachrinnen geht der Hang wieder in flaches Gelände über, da kommen Gärten, die zu den Häusern der nächsten Straße gehören, und genau an der Kante des Abhangs stehen unsere vier Eschen – gewöhnlich riesige Bäume, in diesem Fall aber nicht zur vollen Größe gelangt. Immerhin überragen sie die Dächer der unteren Häuserzeile und damit beinahe das gesamte Tal, in dem sich Fluss und Stadt befinden. Von dort oben geht es also zur Talseite wirklich tief und steil hinunter, und aus der Krone einer dieser Eschen betrachtet bilden Hang und Hauswand eine regelrechte Schlucht.

Es ist die komplizierteste Situation, vor der ich bisher gestanden habe. Am einfachsten wäre es zweifellos, die Bäume zur flachen Seite hin zu fällen und das Holz durch einen der Gärten abzutransportieren, die zu der oberen Häuserzeile gehören. Das wäre allerdings eine ungeheure Schlepperei. Denn da oben sind die Wege lang, außerdem müsste man im Haus durch einen Keller, um mit den zersägten Bäumen auf die Straße zu gelangen, und letzten Endes werden hier ja Tonnen an Holz zusammenkommen, da würden drei Mann extra benötigt. Also bleibt uns nichts anderes übrig, als die Eschen so zu fällen, dass der Abtransport über das winzige untere Grundstück am Fuß des Hangs erfolgen kann; auch dann müssten alle gefällten Teile an Ort und Stelle kleingesägt werden, damit sie von einem Mann durchs Treppenhaus auf die Straße geschafft werden können, aber der Weg wäre bei dieser Lösung deutlich kürzer.

Allerdings stehen wir jetzt vor einer neuen Schwierigkeit: Man könnte die gefällten Kronenteile und Stammstücke natürlich einfach den Hang runterrutschen lassen, aber das sollten wir besser nicht tun – man stelle sich vor: Da donnert ein zentnerschweres Stammteil den Hang hinunter, reißt Steine mit, die Ladung kommt unten an, prallt auf, fliegt durch die Gegend, zerschlägt Fenster, trifft womöglich den Mann am Boden … nein, kommt nicht in Betracht, die Baumteile dürfen mit dem Hang gar nicht in Berührung kommen.

Also ein Ablasssystem installieren. Ein Seil über den Abgrund spannen, an dem die Bäume Stück für Stück kontrolliert in die Tiefe abgesenkt werden können. Dieses Seil müsste durch zwei Umlenkrollen laufen, eine hier, eine drüben, nur – dort drüben ist eine Hauswand. Hier, in einem der Nachbarbäume auf der Hangseite, kann man an einem starken Ast eine Rolle anbringen, das geht, das ist kein Problem, aber an einer Hauswand nicht. Oder doch?

Mir fällt ein: Außer Leuten, die in Bäumen klettern, gibt es auch welche, die an Hauswänden klettern. Vielleicht haben diese Kollegen eine Idee. Ich mache einen Termin mit dem Chef des Kölner Seilkommandos aus. Der schaut sich die Sache an und sagt: »Kein Problem, kriegen wir hin. Ich schicke euch jemanden vorbei.« Und tatsächlich: Sein Mann verankert uns eine Rolle am Haus, im Rahmen des letzten Fensters unterm Dach. Haben wir noch nie gemacht, einen Industriekletterer hinzuziehen, ist aber offensichtlich ein ziemlich genialer Einfall, und damit kann's losgehen.

Wir müssen eine Art improvisierte Seilbahn für Eschenstämme bauen. Dafür brauchen wir drei Seile, drei Umlenkrollen, eine Motorwinde und einen Poller, wie man ihn von Schiffsanlegestellen her kennt. Und jetzt Schritt für Schritt:

Das erste Seil, ein grünes, läuft durch die erste Umlenkrolle in einem Baum auf der Hangseite. Von dort aus sollte es senkrecht abwärts direkt auf den Poller zulaufen, tut es aber nicht, denn die knifflige Hanglage macht eine weitere Umlenkrolle nötig. Weil das Seil von oben kommt, wird dieser Poller mit Spanngurten an einem Stamm festgezurrt, sodass er waagerecht sitzt und das Seil dort aufgewickelt werden kann.

Das zweite Seil, ein gelbschwarzes, läuft durch die zweite Umlenkrolle am Gebäude und von dort aus zur Hangkante, wo auf der Höhe der Eschenstämme die Motorwinde steht. Sie wird von einem Mann bedient, der das gelbschwarze Seil mithilfe der Winde ablassen und wieder hochziehen kann.

Jetzt müssen beide Seilstränge über der Schlucht miteinander verbunden werden. Das geschieht mittels einer sogenannten Rigging-Platte, einer Aluminiumplatte aus dem Fundus des Industriekletterers, die als Verbindungsstück dient und mehrere Löcher aufweist.

In das erste Loch wird das grüne Seil verknotet, das zum Poller läuft. In das zweite Loch wird das gelbschwarze Seil geknüpft, das mit der Winde verbunden ist. Und in das dritte Loch kommt die Seilschlinge, die die gefällten Baumteile aufnehmen und halten wird. Die Rigging-Platte dient also als Verteiler, an dem die beiden Seilstränge zwischen Hang und Haus zusammenlaufen. Je nachdem, welches Seil man wie viel nachlässt oder anzieht, kann man eine Last in der Schlinge jetzt an jedem Punkt zwischen den beiden Rollen positionieren. Damit ist die Ablassvorrichtung fertig, und das Fällen kann beginnen.

Ich werde sägen. Wir fällen von oben nach unten, also muss ich ziemlich hoch hinauf. Dort oben befinde ich mich 15 Meter über den Dächern, und nicht nur das – dort hänge ich auch über der Schlucht, weil sich einige Stämmlinge weit über den Abhang hinausneigen, und jetzt soll ich dort draußen mit der Motorsäge große Schnitte machen ... Kräftemäßig kein Problem. Aber eine leicht panisch klingende Stimme in meinem Kopf meint: Moment mal. Ziemlich ungewohnte Perspektive. Ordentlich viel

Luft zwischen dir und dem Boden – 30 Meter dürften das sein …
Und außerdem: Wenn ich jetzt meine Schnitte mache und die
Last in die Schlinge an der Rigging-Platte fällt, wird mein
Stämmling hochfedern – dann hänge ich für einen Moment
nicht mehr am gespannten Seil, dann möchte ich für diesen Moment auch meine Motorsäge nicht in meiner Nähe haben. Kann
das überhaupt gut gehen? Mir ist sowieso mulmig. Obendrein
muss ich mir jetzt gut zureden: Doch, doch, das ist möglich, das
geht schon …

Und es geht auch. Ich lege keinen Pendelsturz hin. Ich baume-
le nicht über dem Abgrund. Es funktioniert sogar alles vorzüglich. Vor jedem neuen Schnitt wird das betreffende Kronenteil
an der Schlinge angeschlagen, also befestigt. Dann säge ich unterhalb ab – die Fällkerbe in Fallrichtung, den Fällschnitt auf der
Gegenseite. Einmal gegendrücken, und das Kronenteil kippt,
fällt und wird über das grüne Seil aufgefangen. Das ist der Augenblick, in dem der Mann am Poller die Seilreibung so dosieren
muss, dass der Fall des zentnerschweren Kronenteils sanft ab-
gebremst wird – das erfordert Fingerspitzengefühl, das geht nur
mit Erfahrung. Als Nächstes ist der Mann an der Motorwinde
dran. Über das gelbschwarze Seil zieht er das Kronenteil vom
Hang weg in Richtung Haus, bis es genau mittig über der
Schlucht schwebt. Jetzt brauchen die beiden nur noch ihr jewei-
liges Seil kontrolliert durchlaufen zu lassen, und die Last in der
Schlinge senkt sich und segelt in die Tiefe, bis sie den Boden
berührt, wo sie umgehend zersägt und anschließend durch den
Hausflur auf die Straße geschafft wird.

Drei Tage haben wir für diese vier Eschen gebraucht. Am ersten Tag waren wir zu fünft, am zweiten zu sechst, am dritten
wieder zu fünft. Und als wir fertig waren, sagte der Mann, der
unten kleingesägt hatte, im Hinblick auf die Rolle am Haus zu
mir: »Coole Idee von dir.« »Danke«, sagte ich, »aber nichts Besonderes.« Und darauf er: »Nur dass man erst mal drauf kommen muss.«

Das stimmte. Wir hatten vor dieser Baustelle einen ziemlichen Bammel gehabt. Ohne den Industriekletterer hätten wir wahrscheinlich dumm ausgesehen. Auch die überhängenden Stämmlinge hatten es in sich gehabt. Auf denen rauszuklettern hatte Überwindung gekostet. Da war ich wieder mal an eine Grenze gekommen, hatte sie wieder mal überschritten, und es war wieder mal ein gutes Gefühl gewesen.

TEAMGEIST UND TEAMWORK

Baumpflege ist grundsätzlich Teamarbeit. Man rückt ja immer – mindestens – zu zweit aus. Gewöhnlich ist es so, dass der eine klettert und sägt, während der andere am Boden aufräumt, bei Fällungen die Ablassvorrichtung bedient und, wenn es sein muss, den verletzten Kollegen aus dem Baum holt. In jedem Fall muss sich einer auf den anderen verlassen können – am besten blind.

Unfälle setzen die Zuverlässigkeit eines Kollegen natürlich auf die dramatischste Probe. Wenn man 20 Minuten lang verletzt im Gurt hängt, womöglich bewusstlos, versagt der Blutkreislauf und ein orthostatischer Schock, auch Hängetrauma genannt, tritt ein. Das ist lebensgefährlich. Pendelsturz, Kopfverletzung, Bewusstlosigkeit, Hängetrauma, Tod – so kann das Ende eines Baumkletterers aussehen.

Es reicht aber, sich mit der Säge zu verletzen. Ich habe mir als Angestellter mal mit der Handsäge in den Finger geschnitten, es blutete stark, und meine Kollegen waren überfordert. Die guckten mich von unten bloß groß an. Da musste ich die sogenannte Rettungskette selbst einleiten: »Einer von euch rennt zum Auto und holt das Erste-Hilfe-Set. Ich komme runter.« Ich seilte mich ab. Dafür braucht man eine Hand, ich konnte mir die Wunde also nicht zuhalten. Am Boden haben sie mir auf meine Anweisungen hin alles Nötige für einen Druckverband gereicht, und ich habe mir den Verband eigenhändig angelegt, bevor mich ein Nachbar ins nächste Krankenhaus fuhr.

So etwas darf nicht passieren. Mein Partner Moritz weiß aus Erfahrung, dass ich im Ernstfall einen Druckverband hinkriege. Für jeden von uns beiden ist es beruhigend, zu wissen: Mein

Compañero kann Druckverband. Aber natürlich erwarten wir vom anderen noch einiges mehr.

In erster Linie gute Arbeit. Also Lust auf die Arbeit, eine ganz urtümliche Lust auf alles, was mit Bäumen zusammenhängt. Ohne diese Lust wird die Arbeit nie gut. Ohne diese Lust bringt man schon den nötigen Mut dafür nicht auf. Lust bedeutet Mut, wie es der Schriftsteller und Filmemacher Alexander Kluge einmal ausgedrückt hat, und wenn es an Lust fehlt, bleibt man immer hinter seinen Möglichkeiten zurück. Nur wenn beide bereit sind, alles zu geben, macht die Arbeit Spaß, und Spaß soll sie machen, das ist unser gemeinsames Ziel – wir wollen beide mit einem Lächeln abends nach Hause kommen und zu unseren Frauen sagen können: Baby, heute hatte ich einen geilen Tag. Und wenn dann noch der Kunde zufrieden ist …

Natürlich muss der andere körperlich fit sein. Muskeln sollte ein Baumkletterer sowieso haben. Klettern ist eine Betätigung, bei der der ganze Körper beansprucht wird, nicht nur die äußeren, auch die tieferliegenden Muskelpartien; wer das betreibt, kann sich das Fitness-Center jedenfalls sparen.

Also Lust und Kraft. Moritz bringt beides mit. Der Rest ist Glücksache. Ob man zusammenpasst, merkt man ja erst, wenn man längere Zeit als Partner zusammengearbeitet hat. Am Anfang verband uns vor allem der gemeinsame Wunsch, uns selbstständig zu machen. Im Nachhinein muss ich sagen: Unser Zusammenschluss hat sich als sinnvoll erwiesen, weil wir ähnlich ticken, aber nicht gleich. Das ist ja bei einer Kooperation immer die spannende Frage: Ergänzen wir uns, oder ist das Ergebnis unserer Verschiedenheit am Ende doch Unverträglichkeit?

Moritz ist eher der vorsichtige Typ. Weniger impulsiv, eher abwartend, daher auch der bessere Geschäftsmann. Außerdem hatte er zu Beginn unserer Selbstständigkeit mehr Erfahrung, was das Einplanen von großem Gerät angeht, bei kranunterstützten Fällungen zum Beispiel oder bei der Entsorgung gefällter Baumteile mit einem Kran-Lkw. Er hatte als Angestellter eben vor allem im öffentlichen Bereich zu tun gehabt und städtische Aufträge abgewickelt, wohingegen ich hauptsächlich im privaten Bereich gearbeitet hatte. Wenn es um Privatkunden geht, bin ich ihm eine Nasenlänge voraus, denke aber oft nicht daran, eine Hubarbeitsbühne einzusetzen, schon weil ich keine große Lust drauf habe.

So gesehen ergänzen wir uns also. In anderer Hinsicht waren wir uns anfangs zu ähnlich. Wir kamen nämlich beide aus den Bäumen, waren beide Kletterer gewesen und mussten uns an die Bodenarbeit erst herantasten.

Mit anderen Worten: Im Baum waren wir gut, auf dem Boden waren wir schlecht. Mittlerweile läuft auch das gut, aber in den ersten Monaten stand ich bei einer Fällung am Poller jedes Mal vor der Frage: Wie viele Seilwindungen lege ich jetzt drauf? Also: Wie groß muss die Reibung sein bei diesem Stammteil, das sich gerade anschickt, ins Seil zu fallen? Unser Motto damals war: Lieber verbrannte Finger als ein zerquetschtes Bein. Das heißt, lieber weniger Wicklungen, weniger Reibung und ein Stammteil eher mit der Hand abzulassen versuchen, auch auf die Gefahr hin, dass es ungebremst runterrauscht und krachend in den Boden schlägt, als dass es oben im Baum dem Kletterer um die Ohren fliegt.

Was passieren kann. Im letzten Kapitel klang es so selbstverständlich, dieses Zusammenspiel zwischen dem Mann im Baum, dem Mann am Poller und dem an der Winde, aber der Vorgang des Ablassens ist voller Tücken, und falls dem Bodenpersonal ein Fehler unterläuft, kann es den Kletterer tatsächlich übel erwischen. Bei Fällungen kommt alles zum Tragen, was ein gutes Team ausmacht, Verlässlichkeit, Geistesgegenwart und jede Menge Erfahrung, denn wenn ein Stammteil erst mal fällt, dann fällt es, und jetzt muss die Kooperation funktionieren, muss jede Bewegung sitzen. Deshalb noch einmal ein genauerer Blick auf das Geschehen am Hang in Wuppertal, sozusagen der Blick hinter die Kulissen.

Das Abbremsen eines fallenden Teils geschieht allein über den Poller, und die Arbeit am Poller ist reine Handarbeit. Die Richtung, in die es fällt, bestimmt der Mann im Baum durch seine Schnitttechnik, aber der Mann am Poller hat es buchstäblich in der Hand, den Fall allmählich so weit abzubremsen, dass ein Stamm- oder Kronenteil rechtzeitig, in der Luft schaukelnd, zum Stehen kommt. Dazu muss er das Gewicht des Teils, das vom Kletterer ins Seil geschmissen wird, genau einschätzen, und diese Einschätzung bestimmt die Anzahl der Wicklungen, die er auf den Poller legt, noch bevor dieses Teil kippt und stürzt. Theoretisch könnte man das Gewicht eines Stamm- oder Kronenteils zwar auch berechnen, aber dann wären wir mit vier Eschen wochenlang beschäftigt, folglich verlässt man sich allein auf die Erfahrung desjenigen, der am Poller steht. Liegt er mit seiner Einschätzung richtig, braucht er das Seil nur durch die Hände gleiten zu lassen, ohne Kraftanstrengung, ohne Ziehen und Zerren, weil in diesem Idealfall die Reibung des Seils auf dem Poller ausreicht, um die Last nicht nur kontrolliert rutschen zu lassen, sondern auch langsam abzubremsen.

So beherrscht man selbst große Lasten einzig und allein durch die Zahl der Wicklungen. Vom Mann am Poller wird also einiges verlangt, einiges an Erfahrung, aber auch einiges an Schneid, denn Fehler des Kletterers kann ein gutes Bodenpersonal zur Not korrigieren – Fehler des Manns am Poller haben unweigerlich Folgen. An den Poller gehört deshalb ein beherzter, unerschrockener Typ.

Ein solcher Fehler wäre zum Beispiel, eine Vollbremsung hinzulegen. Das passiert, wenn der Mann am Poller das Gewicht des fallenden Teils zu hoch einschätzt und dementsprechend mehr Wicklungen als nötig auf den Poller legt. Beim Autofahren würde mir der Sicherheitsgurt in diesem Fall das Schlüsselbein zerdrücken, und der Effekt beim Fällen wäre ein ähnlicher: Wenn das Seil abrupt zum Stillstand kommt, überträgt sich der Ruck auf den Stamm, an dem das Seil durch die Rolle läuft, und somit auch auf den Menschen im Baum, der im selben Moment ordentlich durchgeschüttelt wird.

Und dieses Szenario lässt sich noch steigern. Der übelste Fall träte ein, wenn sich der Mann am Poller dermaßen verrechnet hätte, dass das Seil sofort blockieren würde. In der letzten, heikelsten Phase einer Fällung würde das abgesägte Stück unter diesen Umständen abknicken, umschlagen und dem Kletterer gegen die Beine prallen. Denn ein solches Teil fällt nicht auf dem schnellsten Weg senkrecht in die Tiefe, es beschreibt einen leichten Bogen, es wird zusätzlich beim Fallen schneller, und bei einer Verzehnfachung der Kraft auf einen Meter Fall schlummern in einem Baumstück von 200 Kilo plötzlich zwei Tonnen Gewicht, die sich nun auf die Beine des Kletterers zubewegen. Dann lieber zu wenige Wicklungen. Besser, die Last donnert runter, besser, dem Mann am Poller reißt das durchrasende Seil die Handflächen auf, als dass es dem Mann im Baum die Beine zerschmettert. Moritz musste das genauso erst lernen wie ich. Aber noch heute spüre ich ein Kribbeln, wenn ich am Ablassseil stehe, und das ist gut so, denn dieses Kribbeln warnt mich, es schärft meine Aufmerksamkeit, es macht mich hellwach. Adrenalin hilft auch in solchen Situationen, wo es gilt, Ruhe zu bewahren und hochkonzentriert zu agieren.

Es ist halt keine gewöhnliche Arbeit. Für uns bedeutet Teamarbeit auch, sich seiner Verantwortung für Leib und Leben aller anderen ständig bewusst zu sein. Vielleicht gibt es unter Baumkletterern deshalb dieses besondere Gefühl der Verbundenheit. Im Arbeitsalltag stehen allerdings oft ganz schnöde Dinge im Vordergrund, Umgangsformen zum Beispiel, die Wortwahl oder auch: einfach mal die Klappe halten.

Moritz gegenüber kann ich nicht so auftreten, wie ich es gewohnt war aus der Zeit, als ich Leute eingearbeitet habe. Damals, noch als Angestellter, haben viele meine Ungeduld zu spüren bekommen, schon da musste ich an mir arbeiten, damit meine hohen Ansprüche an Geistesgegenwart und schnelles Auffassungsvermögen nicht als verletzend empfunden wurden. Heute ist umso mehr Zurückhaltung meinerseits gefordert, aber das Schöne ist: Ich kann mich auf meinen Partner verlassen. Wir sprechen den Arbeitsablauf vorher kurz ab, und dann läuft es ohne große Worte. Bloß keine Arbeitsprozesse totquatschen. Wenn wir unterschiedliche Vorstellungen haben, wenn einer zum Beispiel genauso erpicht darauf ist, im Baum zu arbeiten, wie der andere, kürzen wir die Diskussion mit einem Grinsen ab und der Bemerkung: Na gut, heute bist du der Bestimmer. Mach mal, wie du meinst … Große Bäume teilen wir uns gelegentlich – einmal, um uns gegenseitig zu entlasten, zum anderen, damit jeder an diesem Tag in den Genuss des Kletterns kommt; wir klettern halt beide gern. Respekt voreinander, mit Humor kombiniert, das erleichtert die Zusammenarbeit ungemein.

Beide besitzen wir die Fähigkeit, Auseinandersetzungen über Streitfragen auf humorvolle Weise zu beenden. Das heißt nicht, dass wir unentwegt herumalbern, gemeint ist vielmehr die Großzügigkeit, eine abweichende Ansicht des anderen genauso gelten zu lassen wie die eigene. Man braucht nicht immer um die perfekte Lösung zu ringen. Für den Spaß an der Arbeit ist es viel wichtiger, sich zurücknehmen zu können. Moritz weiß das, und ich mag es, wenn die eigentliche Arbeit anschließend wie ein Uhrwerk abläuft. Manchmal kann ich das Kommentieren doch nicht lassen, dann habe ich meinen Verbesserungsvorschlag schon auf der Zunge, kaum dass Moritz einen Schnitt ansetzt, aber im nächsten Moment rufe ich mich zur Ordnung: Ist deine Bemerkung sicherheitsrelevant? Nein, ist sie nicht. Also Maul halten … Mittlerweile gehe ich Moritz mit meinen Kommentaren nur noch dann auf die Nerven, wenn's wirklich angebracht ist.

Vor einiger Zeit ist es zwischen uns zu einer Verstimmung gekommen. Ich hatte mich hängen lassen, Moritz war nicht mit der Sprache herausgerückt, und Unmut hatte sich aufgestaut. Irgendwann haben wir unsere Schwierigkeiten miteinander kurz angesprochen, aber kein weiteres Gewese drum gemacht, und siehe da – nach meinem Urlaub lief alles wieder glatt. Ist vielleicht ein sehr männlicher Zug, nicht auf Problemen herumzureiten, sondern die wunden Punkte nur kurz beim Namen zu nennen und dann wieder an die Arbeit zu gehen. Man hilft sich gegenseitig auf die Sprünge, findet augenzwinkernd zur alten Selbstverständlichkeit zurück, trinkt hinterher noch ein Bier zusammen, und das war's. Mal fällt das leichter, mal fällt es schwerer, aber so ist das Leben.

WAS DENKT SICH EIN BAUM DABEI?

Bäume wissen sich selbst zu helfen, habe ich gesagt. Sie sind ihr eigener Reparaturbetrieb. Aber können Bäume etwas wissen? Zum Beispiel wissen, was sie zu tun haben, wenn Störungen im Betriebssystem auftreten? Wissen, wie eine Störung zu beheben ist? Also wissen sie, was mit ihnen los ist, und können sie angemessen reagieren? Wie viel kriegen sie mit, und fällt ihnen immer das Richtige ein?

Lassen wir die Frage, ob Bäume wissen können, für den Augenblick beiseite. Was sich mit Sicherheit sagen lässt, ist, dass sie auf Eventualitäten vorbereitet sind, Veränderungen ihres Zustands registrieren und dann sehr wohl gezielte Gegenmaßnahmen ergreifen. Ein Baum begnügt sich also niemals damit, lebenswichtige Grundfunktionen wie Wachstum und Energieversorgung aufrechtzuerhalten, er weiß sich auch zu wehren und mit Widrigkeiten fertigzuwerden. Er ergibt sich nicht in sein Schicksal, wenn dieses ihm übel mitspielt. Wie ein Skater steht er nach jedem Sturz wieder auf, nur dass er dafür etwas länger braucht.

Grundsätzlich wappnet sich jeder Baum gegen unliebsame Zwischenfälle mit Reservestoffen, die in den Astgabeln eingelagert sind. Man muss sie sich wie eine Kette von Werkzeug- und Materialdepots entlang einer Eisenbahnstrecke oder einer Autobahn vorstellen. In Notzeiten – und das kann alles Mögliche sein, ein strenger Winter, ein heißer Sommer oder ein Astverlust – greift er auf diese Reservestoffe zurück, um einen Mangel zu kompensieren, zum Beispiel eine Wunde zu versorgen. Die benötigten Stoffe werden dann aus dem nächstgelegenen Depot an jene Stelle transportiert, die gerade besonders leidet. Im Fall einer Bruch- oder Schnittstelle etwa mobilisiert der Baum das Kallus, vom Kambium produzierte Zellkomplexe mit ungerichtetem Wachstum, die den Auftrag haben, die verletzte Stelle mit schützender Rinde zu überwallen und wieder zu verschließen. Ähnliches geschieht im menschlichen Körper bei einem Knochenbruch, wo die Kalluszellen an der Bruchstelle wie Klebstoff wirken und das Zusammenwachsen des Knochens bewirken.

Wie groß der Vorrat an Reservestoffen in den Depots ist, hängt freilich auch von der Jahreszeit ab. Erst gegen Ende der Vegetationsperiode im Spätsommer sind die Lager in den Astgabeln der Bäume wirklich prall gefüllt. Diese Stoffe werden ja von den Blättern im Zuge der Photosynthese erzeugt, und es dauert eben eine Weile, bis sie genug Zucker produziert haben, der wiederum als Ausgangsmaterial für andere Substanzen dient. Außerdem nimmt die Einlagerungsmenge in Richtung Stamm zu, weil dort die starken Äste und die dicken Astgabeln sitzen, und auch der Transport zu diesen weit entfernten Bestimmungsorten dauert.

Wenn wir mit unseren Sägen im Baum auftauchen, gibt es also einiges zu bedenken, bevor wir die Säge ansetzen. Nun schneiden wir sowieso nicht wild drauflos, wir versuchen ja ohnehin, die Schnittflächen zum Beispiel so klein wie möglich zu halten, aber obendrein sollten wir uns genau überlegen, wo wir die Säge ansetzen und wie der Schnitt verlaufen müsste. Denn genau dort, wo wir gewöhnlich schneiden, nämlich an den Astgabeln, sitzen zum einen die Depots mit den Reservestoffen, dort trennen sich zum anderen aber auch die Leitungsbahnen für den Transport von Wasser und Nährstoffen – und wie schneide ich jetzt?

Es gibt zwei Möglichkeiten. Mache ich einen geraden, senkrechten Schnitt, komme ich auf eine kleine Schnittstelle und kann zudem sicher sein, die Reservestoffe in der Astgabel verschont zu haben – hinterlasse aber einen Stummel, und ein Stummel ist eigentlich schlecht. Denn entweder lässt der Baum ihn absterben, dann erhalten wir einen Totholzstummel, den der

Baum nur mit größter Mühe überwallen kann – oder aber der Baum versorgt ihn weiter, und dann werden sich hier Stresstriebe bilden, ein Phänomen, auf das ich gleich näher eingehen werde. Schneide ich hingegen parallel zum zweiten Ast meiner Gabel, also schräg, hinterlasse ich zwar eine glatte, leichter zu überwallende Schnittstelle, aber erstens ist sie jetzt größer als im ersten Fall und zweitens riskiere ich, das Reservedepot zu beschädigen, womöglich ganz herauszuschneiden. Also wähle ich eine Zwischenlösung: Ich schneide so vorsichtig, dass die Reservestoffe nichts abbekommen und gleichzeitig nur ein Stummelansatz, eine Kante übrig bleibt, mit der das Kallus leichter fertigwird als mit einem ganzen Totholzstummel. Allerdings gibt es beim Schneiden kein Schema F, keine Patentlösung, denn im Grunde muss jeder Ast in seiner Einzigartigkeit erkannt und individuell behandelt werden. Wenn ich von mir behaupte, die Sprache der Bäume zu sprechen, ist genau das gemeint: einen Blick zu haben für die zahllosen Varianten, die sich im Wuchs eines Baumes zeigen.

Wie man sieht, kommt unser Alltagsgeschäft mit der Handsäge schon ziemlich nahe an Präzisionsarbeit heran, wenn man zu einem Baum so freundlich wie möglich sein will, aber das nur nebenbei; wenden wir uns wieder dem Verhalten des Baums und damit den Stresstrieben zu.

Wie gesagt kann ein Baum auf zweierlei Art reagieren, wenn ein Stummel – bei größeren Ästen ein Stumpf – nach einem Schnitt oder Bruch übrig bleibt. Er kann ihn abschreiben und stilllegen, weil er dem Baum nichts mehr nützt. Er kann aber auch unter dem Eindruck stehen, hier gebe es etwas zu kompensieren, hier müsse unbedingt Ersatz geschaffen werden, und wenn der Saftfluss jetzt weiterhin durch diesen Stumpf sozusagen ins Leere läuft, passiert Folgendes: Schlafende Knospen werden in dem beschädigten Ast aktiviert und schießen in größerer Zahl unter der Rinde hervor, als Langtriebketten, die den Vorteil haben, sehr schnell zu wachsen, weil sämtliche zur Verfügung stehende Reserveenergien hineingepumpt werden. Diese sogenannten Stresstriebe haben die Aufgabe, Blattmasse zu ersetzen und eine Lücke im Laubdach so rasch wie möglich zu schließen. Der Baum kann dabei aber auch seine Statik im Blick haben. Wenn es sich bei dem abgebrochenen Teil zum Beispiel um einen von zwei Stämmlingen handelt, fällt der als Gegengewicht des verbliebenen Stämmlings aus, der Baum bekommt ein Problem mit seinem Gleichgewicht, und auch ein solcher Verlust kann durch Stresstriebe ausgeglichen werden.

Die Produktion von Stresstrieben wird also durch einen Notfall ausgelöst, sie ist sozusagen eine sinnvolle Panikreaktion des Baums. Interessanterweise ist ein solcher Stresstrieb jedes Mal eine Miniversion des Mutterbaums, auf dem er wächst, das heißt: Sein Verhalten ist mit dem eines Jungbaums identisch, der gerade aus dem Keimling emporschießt und alle Energie in sein Höhenwachstum steckt, weshalb es auch Jahre dauert, bis Stresstriebe Früchte tragen – diese Triebe sind eben auf Größe und Volumen aus, sie sollen so schnell wie möglich Blätternachschub liefern, keine Früchte.

Der Baum denkt sich also etwas dabei, wenn ich so sagen darf. Aber gelegentlich leistet er sich auch eine Fehldeutung seiner Lage und hält sie für schlimmer, als sie ist, und der Magnolie beispielsweise unterlaufen solche Fehlschlüsse ziemlich oft. Sie ist ein ziemlicher Angsthase, und sobald man, egal wo, nur einen Tick zu viel abschneidet, treibt sie in der Nähe der Schnittstelle unweigerlich Ersatztriebe aus – offenbar empfindet die Magnolie Blattverlust als besonders bedrohlich und verliert sofort die Nerven. Schneide ich ihr diese Stresstriebe dann weg, weil sie so hässlich wie überflüssig sind, kann ich nur hoffen, dass sie mich nicht missversteht und erneut mit Stresstrieben reagiert, sonst muss ich gleich wieder ran. Dabei ist die Magnolie noch nicht einmal der zimperlichste Baum. Es gibt Artgenossen, von denen wir mittlerweile ganz die Finger lassen, die Blutpflaume zum Beispiel.

Kaum schneide ich bei ihr etwas ab, habe ich den größten Ärger am Hals. Sie hört gar nicht mehr auf, Stresstriebe zu produzieren. Da ist eine Blutpflaume, die ihr Wachstum bei neun Metern eingestellt hat, weil sie keinerlei Konkurrenzdruck ausgesetzt ist. Sie hat sich entschieden, sie ist mit ihrer erreichten Höhe zufrieden, und jetzt kommt ihr Besitzer und möchte sie um einen halben Meter gekürzt haben. Ich rate in solchen Fällen grundsätzlich ab. »Gut«, sage ich, »können wir machen, aber Sie werden keine Freude dran haben. Gegenwärtig ist Ihr Baum neun Meter hoch. Nehme ich einen halben Meter weg, sattelt er garantiert umgehend ein paar Meter drauf, und Ende nächsten Jahres wird er auf elf oder zwölf Metern sein. Mit einer Einkürzung erreichen Sie das Gegenteil von dem, was Sie bewirken wollen.« Besteht der Kunde trotzdem auf seinem Willen, wird er's bereuen. Blutpflaumen sollte man niemals reinreden, was ihre Höhe betrifft, sonst lernt man sie kennen …

Aber gut. Auch wenn manche Bäume übertreiben: Aus ihrer Sicht sind Stresstriebe sinnvoll. Wer Probleme damit hat, sind wir, ihr menschliches Gegenüber. Denn erstens sieht so ein dicker Ast, der unvermittelt abbricht und an dieser Stelle viele dünne Äste austreibt, hässlich aus. Schöner machen Stresstriebe einen Baum jedenfalls nicht, und bei Bäumen geht es uns Menschen fast immer in erster Linie um Schönheit. Zweitens aber fehlt Stresstrieben die Anbindung ans Kernholz, sie sind nicht stabil im Ast verankert, und wenn sie an Mächtigkeit zunehmen, besteht die Gefahr, dass sie ausbrechen. Aus diesem Grund lassen wir meist nur den vielversprechendsten Trieb stehen und nehmen die anderen vollständig oder zum größten Teil weg.

Ich will noch zwei weitere Beispiele dafür anführen, wie aufmerksam Bäume verfolgen, was mit ihnen los ist, und wie zweckmäßig sie reagieren. Es kommt vor, dass ein Nadelbaum, eine Tanne, eine Fichte, eine Douglasie, ihre Spitze verliert. Dieser oberste Teil wird auch als Leittrieb bezeichnet, und als ginge es darum, einen Führungsposten neu zu besetzen, konkurrieren jetzt die nächstgelegenen Äste darum, den Leittrieb zu ersetzen, das heißt: In dem Versuch, sich aufzurichten, verstärken sie das Druckholz an ihrer Unterseite. Jeder von ihnen will also die Spitze übernehmen, und nun kommt es vor, dass sich der aussichtsreichste Ast einer Kriegslist bedient: Er sendet Unterdrückungsstoffe an seine Konkurrenten aus, die sie am Fortkommen hindern, sozusagen als Beruhigungsmittel, damit das Gerangel nicht in einen wüsten Machtkampf ausartet. Im Prinzip verhalten sich Laubbäume übrigens ähnlich, und so kann man von einem üblichen Mittel sprechen, interne Streitfälle zu lösen und gleichzeitig ein Problem so schnell aus der Welt zu schaffen, wie es einem Baum eben möglich ist. Nicht immer jedoch funktioniert diese Kriegslist, und so erleben wir oft genug, dass ein Nadelbaum nach dem Verlust seiner Spitze bis zu sieben neue Spitzen ausbildet. Natürlich sind sie deutlich weniger stabil, als es die alte Spitze war, weshalb wir solche Bäume aus Gründen der Verkehrssicherung grundsätzlich nicht kappen.

Und nun zu einer Beobachtung, die mir mehr als alle anderen Phänomene in diesem Bereich zu denken gibt.

Zunächst das Problem: Stämme können sich auf zwei Arten in Stämmlinge teilen – einmal, indem sie V-förmig auseinanderstreben, zum anderen, indem sie U-förmig aus dem Stamm herauswachsen (dasselbe trifft auch auf größere Äste zu). Bei einer U-förmigen Vergabelung ist im Zwischenraum genug Platz; die beiden Stämmlinge können sich unabhängig voneinander bewegen, und auch, wenn der Baum weiterwächst, nicht nur in die Höhe, auch in die Dicke, bleibt den beiden Stämmlingen genügend Bewegungsspielraum. Bei einer V-förmigen Vergabelung aber stoßen die Stämmlinge unten zusammen. Wenn der Baum an Dicke zunimmt, reiben sie sich dort, am Stammkopf, aneinander, versuchen auch, sich gegenseitig wegzudrücken, und nun scheuert Rinde an Rinde, eine Schwachstelle entsteht.

Und mit der Zeit fällt Laub in diese Kerbe. Es vermodert und setzt dieser Schwachstelle noch weiter zu. Außerdem verrichtet

der Wind sein Werk, drückt die ohnehin schon anfällige Vergabelung zusammen, reißt sie wieder auseinander, und allmählich
entwickelt sich an dieser Stelle eine notdürftig, nur durch absterbende Rinde zusammengehaltene Wulst, Druckzwiesel genannt,
die jederzeit aufreißen kann, womit der Baum Gefahr läuft, auseinanderzubrechen. Ich habe Druckzwiesel gesehen, bei denen
der Bereich der eingewachsenen Rinde zwei Meter betrug – eigentlich hätte der Baum an dieser Stelle längst auseinanderbre-
chen müssen.

Genau dies war der Fall bei der Buche, die uns an einem ungemütlich kalten und feuchten Morgen in jenem Wuppertaler Garten erwartete, der anfangs den Schauplatz für meine Vorberei-
tungen zum Aufstieg abgegeben hat. Das Verblüffende war, dass
der Baum diese Schwachstelle schon selbst bemerkt zu haben
schien. Der eine Stämmling hatte nämlich in verschiedenen Höhen mehrere kräftige, fast waagerechte Äste zu seinem Gegenüber ausgeschickt, ganz offenbar zu dem Zweck, beide Stämmlinge miteinander zu verklammern. Noch schmiegte sich dieser
Ausleger bloß an den zweiten Stämmling an, doch früher oder
später würde er mit dem anderen Stämmling vollständig verwachsen, wodurch sich eine stabile Querverbindung zwischen
beiden Stämmlingen ergäbe und die Gefahr, dass der Stamm
eines Tages aufreißen könnte, gebannt wäre.

Und Ähnliches kann man immer wieder beobachten. Vor
allem Buchen sind Meister der Selbststabilisierung. Ich habe sogar schon erlebt, dass sich ein Ast in die Gabel eines anderen legt
und sich gewissermaßen von hinten kommend um diesen zweiten Ast herumwindet wie eine Würgeschlange, die ihr Opfer fest
im Griff hat – auch dies eine nachträgliche Stabilisierungsmaß-
nahme, die dem Baum notwendig erschienen war. Und jetzt darf
man sich, glaube ich, doch noch einmal die Frage stellen: Wissen
Bäume, was sie tun? Können sie nicht nur reagieren, sondern
auch vorausschauend handeln, planen, Prävention betreiben?
Mit anderen Worten: Haben sie ein – Bewusstsein?

Nun, egal wie ich diese Frage beantworte – ich begebe mich auf dünnes Eis. Aber ich habe eine Meinung und will sie nicht verschweigen: Wenn ich mir eine Magnolie anschaue, die eigenständig eine Kronensicherung aufbaut, wie man es als Baumpfleger nicht besser könnte, komme ich in Versuchung zu behaupten: Dieser Baum merkt, dass sein Bau eine konstruktive Schwachstelle aufweist, dass ihm ein Fehler unterlaufen ist, und er ergreift geeignete Maßnahmen, diesen Fehler zu korrigieren. Für mich sieht sein Verhalten nach Bewusstsein aus. Der Baum weiß vielleicht nicht, wer er ist, aber er weiß, was er tut, und er bekommt auch mit, was um ihn her sonst noch los ist. Bei dieser Aussage würde ich bleiben, sie scheint mir begründet.

Wenn wir uns bei Bäumen kein Bewusstsein vorstellen können, liegt es womöglich an uns. Als Europäer neigen wir dazu, in den Bahnen einer aufsteigenden Entwicklungslinie zu denken, die auf den Menschen als Krone der Schöpfung zuläuft. Wir unterstellen der Evolution oder einem Schöpfergott, es so eingerichtet zu haben, dass alles Leben auf Erden einem einzigen Ziel zustrebt. Alles nichtmenschliche Leben wäre demnach als eine Reihe von Vorstufen zu verstehen, als etwas mehr oder weniger Unvollkommenes, das nicht dieselbe Achtung wie unseresgleichen verdient. Ich halte diese Auffassung für Quatsch – schon die Unterscheidung in Menschen und Tierwelt ist dubios. Nicht ausgeschlossen, dass hier die Ursache für die derzeitige Zerstörung unseres Planeten liegt. Ich versuche daher, von diesem Denken Abstand zu nehmen.

Bisher ist es so: Je näher uns ein Lebewesen ist, desto mehr Sympathie bringen wir für es auf. Mitleid mit einem Delfin zu haben fällt den meisten leicht; eine Schabe wird sich vergeblich um unser Mitgefühl bemühen. Säugetiere schließen wir eher ins Herz als Insekten. Die Werteskala, die diesem Verhalten zugrunde liegt, lässt sich aber nicht aus der Natur ableiten; dort gibt es keine Hierarchie im Bereich dessen, was als lebenswert und nicht lebenswert zu gelten hat. Unsere selektive Wahrnehmung von Daseinsberechtigung beruht schlicht und ergreifend darauf, dass wir uns in Artverwandtes eher hineinversetzen können als in Fremdes und Entferntes. Das reicht als Begründung aber nicht, wenn wir der Schöpfung gerecht werden wollen. Warum sollte eine Schabe keinen, ein Delfin aber sehr wohl Anspruch auf unseren Respekt haben? Die Achtung vor dem Leben müsste Tiere aller Art, müsste auch Pflanzen, auch Bäume umfassen. Schabe und Baum repräsentieren Konzepte des Lebens, die sich in Jahrmillionen bewährt und behauptet haben – kann einen das nicht mit Ehrfurcht erfüllen?

Für mich ist es letztlich egal, ob ein Baum Bewusstsein hat oder nicht. Es kommt auch nicht darauf an, ob wir diese Frage beantworten können oder nicht. Vielleicht sollten wir unsere Einstellung durch etwas anderes bestimmen lassen, nämlich die Erfahrung, dass uns ein Baum – wie eine Schabe – in Erstaunen versetzen wird, sobald wir uns näher mit ihnen befassen. Die Frage, ob ein Baum Bewusstsein hat, wirft uns also auf unser eigenes Bewusstsein zurück. Ich plädiere deshalb dafür, auch in diesem Fall den Grundsatz gelten zu lassen: im Zweifel für den Angeklagten. Im Zweifel für ein Lebewesen, über das wir in spiritueller Hinsicht keine sichere Aussage treffen können. Schon möglich, dass es sich bei den angesprochenen Phänomenen um Strategien handelt, die sich im Zuge der Evolution zufällig durchgesetzt haben. Andererseits würfelt Gott nicht, wie Einstein sagt, und der Bauplan der Natur lässt, sobald wir ihn verstehen, überall eine eigene Vernunft erkennen. Gehen wir doch einfach versuchsweise davon aus, dass ein Baum Bewusstsein hat, und verhalten wir uns entsprechend.

UNGEBETENE GÄSTE

Es gibt Einsätze, die weit aus dem üblichen Rahmen fallen. Einsätze, die wir mit einem Schmunzeln hinter uns bringen, weil gar keine Gefahr im Verzug ist und der Anlass unter Pleiten, Pech und Pannen fällt – oder aber Einsätze, für die der Baum sozusagen gar nichts kann, die aber trotzdem dringend geboten sind.

So herrscht zum Beispiel Alarmstufe drei, wann immer der Eichenprozessionsspinner gesichtet wird, und das war im heißen Sommer 2018 ziemlich oft der Fall. Wobei niemand etwas gegen den winzigen und unscheinbaren nachtaktiven Schmetterling dieses Namens hat, wohl aber gegen dessen Raupen – und vor allem gegen die Nester, die diesen Raupen als Stützpunkte dienen. Diese Nester haben es buchstäblich in sich, aber gehen wir der Reihe nach vor.

Es beginnt damit, dass ein Eichenprozessionsspinner seine Eier irgendwo in der Krone einer Eiche ablegt, bis zu 300 Stück innerhalb weniger Tage. Die Eichenart ist ihm dabei egal, Stieleichen scheinen in der Gunst des Prozessionsspinners jedoch ganz obenan zu stehen. Im Frühjahr – je nach Wetter in den Monaten April oder Mai – schlüpfen die Raupen und spinnen sich in ein Nest ein; bis auf weiteres das Zuhause der ganzen Kolonie. Von diesem weißlichen, zumeist länglichen Gespinst aus unternehmen die Raupen, eine hinter der anderen in strenger Ordnung, gemeinsame Ausflüge den Ast entlang zu den jungen Trieben der Eiche, fressen sich dort satt und kehren in derselben prozessionsartigen Formation wieder in ihr Nest zurück – daher der Name. Seltsamerweise verlegen die Raupen ihre Behausung mehrmals. Das erste, noch kleine Gespinst befindet sich meist ganz in der Nähe ihrer Nahrungsquelle; später ziehen sie in immer größere Nester um, wobei sie jedes Mal näher an den Stamm heranrücken.

Bis hierhin würde die Sache nur den Prozessionsspinner und den Baum etwas angehen; sollte es einen Interessenkonflikt geben, müssten die beiden ihn unter sich ausmachen. Aber jetzt passiert Folgendes: In einem bestimmten Stadium ihrer Entwicklung produzieren die Raupen Gift, ein intensives Nesselgift, das beim Menschen alle möglichen allergischen Reaktionen bis hin zu chronischer Bronchitis auslösen kann, sobald Härchen des Prozessionsspinners in die Atemwege gelangen. Und dieses Gift setzt sich nicht nur in den Haaren ab, die wie Borsten von den gelb-braunen Raupenkörpern abstehen, es bleibt auch in größeren Mengen im Nest zurück, und jetzt kommen Leute wie wir ins Spiel.

Denn normalerweise kleben die Nester zwar am Stamm oder den Ästen der Eiche, ältere Nester aber können sich lösen und vom Baum fallen und einen Menschen treffen. In diesem Fall wäre Eile geboten, denn Nester sind in jedem Fall giftig, auch wenn sie längst verlassen sind. Das Nesselgift bleibt nämlich über Jahre hinweg wirksam, und selbst in zehn Jahre alten Nestern haften die Härchen immer noch dem Nestgewebe an – sollte etwas davon eingeatmet werden und mit den Schleimhäuten in Berührung kommen, besteht bei kleineren Kindern sogar Lebensgefahr. Und wenn man nun noch bedenkt, dass die Raupen des Prozessionsspinners einen Baum zu Tausenden befallen können, dass ein einziger Baum ein Dutzend Nester und mehr aufweisen kann, dann liegt hier wirklich ein Grund für rasches Eingreifen vor.

Wenn wir anrücken, um dem Spuk ein Ende zu bereiten, ist nichts wie sonst. Unsere normale Schutzkleidung können wir jetzt vergessen. Für den Prozessionsspinner kleiden wir uns in Weiß und sehen am Ende aus wie Wissenschaftler in einem Weltraumlabor: weißer Ganzkörperanzug, spezielle Handschuhe, grau-weißer Helm mit Visier und Luftfilter – und zum Schluss jede Ritze mit Klebeband abgedichtet, damit am ganzen Körper keine Hautpartie freiliegt.

Wenn wir hochgehen, haben wir statt der Säge Sprühkleber und Plastiktüten dabei, und dann wird jedes Nest als Erstes durch Einsprühen fixiert. Der Kleber verhindert, dass die mit Nesselgift gefüllten Härchen durch die Luft fliegen, und jetzt lässt sich jedes Nest als Ganzes abgreifen und in einer Plastiktüte verstauen. Damit haben auch die Raupen ausgespielt, denn Prozessionsspinnerraupen sind nur morgens und abends aktiv, tagsüber schlummern sie in ihren Nestern und wandern folglich mit in die Plastiktüte.

Wir gehen aber nicht deswegen gegen den Prozessionsspinner vor, weil wir dem Baum etwas Gutes tun wollen. Solche Aktionen sind reiner Selbstschutz. Ich weiß auch nicht, ob die Eiche ihrerseits etwas gegen diese Raupeninvasion unternimmt – oder überhaupt unternehmen kann. Sicher, sie könnte Gerbstoffe in die Blätter schicken, das würde sie weniger schmackhaft machen, aber die Raupe hat keine Wahl und würde das Brot wohl auch ohne die Wurst fressen.

Meines Wissens aber sind die Abwehrmöglichkeiten eines Baums in diesem Fall beschränkt, und der Eiche sind die Prozessionsspinnerraupen vermutlich auch ziemlich egal – sie verliert ein gewisses Quantum an jungen Blättern, aber der Schaden hält sich in Grenzen und ist bald ersetzt. Eichen sind bekanntlich nicht zimperlich, und der Einzige, der ihnen die Raupen vom Leib halten könnte, wäre der Kuckuck. Zwar haben mittlerweile auch etliche Singvogelarten die Spinnerraupen als Leckerbissen entdeckt, doch nur der Kuckuck geht auch dann noch auf Raupenjagd, wenn sich ihre Härchen mit Gift gefüllt haben. Allerdings kommt er mit dem Vertilgen von Spinnerraupen schon lange nicht mehr hinterher. Der Kuckuck ist ein scheuer Vogel, und je mehr die Besiedlungsdichte zunimmt, desto seltener wird er – aus Nordrhein-Westfalen dürften wir ihn weitgehend verjagt haben, und so hat der Prozessionsspinner zumindest in diesem Bundesland freie Bahn.

Moritz und ich haben übrigens unterschiedliche Erfahrungen mit diesen Raupen gemacht. Ich bin schon bei gewöhnlichen Arbeitseinsätzen an solchen Nestern vorbeigeklettert und hab's überlebt – ein paar Pusteln waren die einzige Folge; ich scheine dafür nicht anfällig zu sein. Moritz hingegen braucht eines Nestes nur ansichtig zu werden und bekommt prompt einen Ausschlag. Deshalb drängele ich mich vor, wenn dieser Job auf uns zukommt.

Es gibt andere Jobs, auch nicht ganz ungefährliche, auch nicht ganz seltene, die aber eher ins Gebiet der Vorabendunterhaltung fallen. So kommt es vor, dass nachmittags um halb fünf mein Telefon klingelt und eine Frauenstimme sagt:

»Unsere Katze ist im Baum! Und die Nachbarn sagen, sie hätten sie schon heute Vormittag da gesehen …«

»Okay, dann geben Sie ihr noch etwas Zeit.«

»Nein, nein, nein – können Sie die bitte runterholen, wir machen uns solche Sorgen.«

»Na gut, dann komme ich vorbei. Aber ich mache das beruflich, ich muss Geld dafür nehmen.«

»Kein Problem, Hauptsache, unsere Mucki kommt heil zu uns zurück.«

Es ist immer dasselbe. Die Katze ist seit drei Tagen verschwunden, und wenn sie dann in einem Baum entdeckt wird, glaubt die Besitzerin, aufgelöst wie sie ist, sie säße seit drei Tagen dort. Also – ich habe noch nie eine Katzenleiche im Baum oder darunter gefunden. Katzen klettern nun mal auf Bäume und kommen da irgendwann, irgendwie auch wieder runter. Stimmt, manchmal trauen sie sich nicht, also gut, ich habe mittlerweile selbst einen Kater und kann mich seither in Katzenbesitzer einfühlen – man hängt an dem Tier, man will es wieder zu Hause haben, also rücken wir aus. Früher war eine Katze für mich ein Fell mit fünf Enden, an denen man sich verletzen kann, und ganz unrecht hatte ich damit nicht, die tun wirklich weh, wenn eine Katze keinen Bock auf dich hat …

Wie dem auch sei, Gesichtsschutz und dicke Handschuhe sind bei solchen Einsätzen auf jeden Fall Pflicht. Außerdem habe ich einen Seilsack dabei, der ist aus robustem Stoff, da wird Mucki reingestopft, was immer rabiat aussieht, weil die Katze nicht will. Die Besitzer stehen dann unten und wimmern: »Seien Sie bloß freundlich zu ihr …«, aber keiner kommt auf die Idee, seiner Katze zu sagen, dass sie freundlich zu *mir* sein soll. Alles in allem – es sind wehrhafte und zähe Tiere, und einmal ist mir eine tatsächlich von ziemlich weit oben aus dem Baum gesprungen. Hatte einfach keine Lust auf Gerettetwerden. Da war ich fast bei ihr, und sie springt – was alle anderen früher oder später wohl auch getan hätten.

Katzenbesitzer sind auf jeden Fall sehr, sehr dankbar. Es gibt aber einen Menschenschlag, der mit den Katzenbesitzern um Platz eins in Sachen Dankbarkeit konkurriert, und das sind die Mitglieder von Modellflugvereinen.

Auch diese Leute rufen regelmäßig bei uns an. Sie haben wer weiß wie viele Stunden in ihre Bastelei gesteckt, in jedem Flugzeug pulsiert literweise Herzblut, jetzt hängt das Schätzchen im Baum, und ich meine, die eine oder andere Freudenträne entdeckt zu haben, wenn ich einem Modellbauer sein Flugzeug heil überreichen konnte. Was nie ganz einfach ist, weil sich Flugzeuge anders als Katzen im äußeren Geäst oder ganz oben in der Krone verfangen, wo man sehr schwer hinkommt – da muss ich mich jedes Mal richtig rauskämpfen, in jene Bereiche, wo die Äste dünner und dünner werden. Ich erinnere mich an ein Segelflugzeugmodell von zwei Metern Spannweite – mit einem derart kapitalen Flugapparat muss man sich erst mal durchs Geäst von ganz oben bis nach ganz unten fummeln.

Ich bin gespannt, was da noch alles auf uns zukommt. Auch Drachen können sich in Bäumen verfangen. Auch Fesselballons. Auch Drohnen. Aber die würde ich drinlassen, die Drohnen.

WIND UND WETTER

Eigentlich ist es überflüssig, in unserem Zusammenhang groß vom Wetter zu reden, denn – den Bäumen macht es normalerweise nichts aus, und uns *darf* es nichts ausmachen. Tut es aber manchmal natürlich doch, wie folgender nicht ganz ungefährliche Zwischenfall zeigt:

In der Endrunde der Deutschen Baumklettermeisterschaft in Iserlohn 2017 stand ich als Schiedsrichtergehilfe oben im Baum, als ein Gewitter am Horizont aufzog. Aus 30 Metern Höhe konnte ich die Vorgänge am Himmel besser beurteilen als die Schiedsrichter am Boden, weshalb sie die Entscheidung, abzubrechen oder weiterzumachen, mir überließen. Ich sah einstweilen keinen Grund zur Besorgnis und funkte »Weitermachen!« durch.

Eine krasse Fehleinschätzung … Im nächsten Moment schlug 50 Meter von mir entfernt ein Blitz ein. Das konnte nur »letzte Warnung« heißen. Entgegen aller Wahrscheinlichkeit war das Himmelsgeschoss nicht in meine Eiche, sondern in die nächste Wiese eingeschlagen, als wollte der Donnergott mir zu verstehen geben: Der nächste sitzt!

Und während der Regen losprasselte, während unten alle die Flucht ergriffen, warf ich meinen Seilsack runter, sprang ihm hinterher, ließ mich beinahe im freien Fall an meinem Klemmgerät ab und kam nur wenig später als der Seilsack unten an – gerade noch mal gut gegangen. Es war die schnellste Abfahrt meines Lebens, und von der halsbrecherischen Aktion übermütig geworden, sah ich zum Himmel auf und brüllte gegen den Lärm an: »Wie, war das schon alles?«

So viel zum Wetter, und was den Wind angeht … Der wird eher uns gefährlich als den Bäumen. Wenn es auffrischt und die ersten Böen in die Krone fahren, sollten wir uns ernsthaft fragen, ob wir weitermachen wollen, während Bäume dann erst zeigen, was sie können.

Jeder kennt das Schauspiel, das Bäume bei starkem Wind bieten. Sollte man bis dahin der Meinung gewesen sein, Bäume könnten sich nicht bewegen, wird man nun eines Besseren belehrt: Sie bewegen sich durchaus, sie sind sogar angesichts der enormen Festigkeit von Holz erstaunlich beweglich, nur ihren Standort zu wechseln, das ist ihnen nicht gegeben. Wobei nicht einmal diese Feststellung ganz stimmt, wie wir gleich sehen werden.

Physikalisch ist es so, dass die Kraft, die der Wind auf die Krone ausübt, im Stamm zusammenfließt und sich dort bündelt. Da diese Kraft aber schon im Geäst in Bewegung umgesetzt wird, kommt die Wucht eines Windes nur noch abgemildert im Stamm an, das heißt: Die Äste fangen viel Energie durch ihre Elastizität ab, bevor diese Energie den Stamm erreicht. Dabei ist immer wieder zu erleben, dass einzelne Kronenteile bei Bäumen ab einer gewissen Größe ein Eigenleben führen. Fasziniert beobachtet man dann, dass verschiedene Kronenteile durch die Dynamik, die die Holzstruktur zulässt, unabhängig voneinander in Schwingung versetzt werden, sodass wir unterschiedliche Bewegungsrhythmen im Baum wahrnehmen, als würden diese Kronenteile gar nicht zusammenhängen.

Erklären lässt sich die Eigendynamik ihrer Teile durch das schiere Volumen großer Bäume. Die windzugewandte Luvseite eines Baums ist einer Bö eben früher ausgesetzt als die windabgewandte Leeseite – die Leeseite reagiert also später als die Luvseite, und so können im Baum gegenläufige Bewegungen entstehen. Eine Belastungsprobe ist das für den Baum in jedem Fall, wirklich gefährlich aber wird es erst, wenn sich ein Stamm V-förmig in zwei Hauptstämmlinge gabelt. Dann nämlich schwingt der erste Stämmling bei einer Bö auf den anderen zu und bewegt sich, wenn die Bö den zweiten erfasst, schon wieder zurück, was eine V-Gabel auf die Dauer bei aller Elastizität von Holz zum Reißen bringen könnte.

Dazu darf es natürlich nicht kommen. Droht ein Baum auseinanderzubrechen, können wir versuchen, die Angriffsfläche zu reduzieren, indem wir einzelne Kronenteile einkürzen und auslichten. Wir können aber auch versuchen, die Schwingung im Baum durch eine sogenannte Kronensicherung zu reduzieren, und zwar mit Hohltau- oder Gurtbandmaterial, das die beiden Stämmlinge selbst bei Sturm an allzu wilden Bewegungen hindert. Dieses dehnungsfähige Material würde entweder in einer gewissen Höhe leicht hängend zwischen die beiden Stämmlinge gespannt, sodass nur die Schwingungsspitzen gezügelt würden. Es gibt aber auch die Möglichkeit, eine statische Sicherung aus stabilem Hohltaumaterial nur wenige Meter über der Gabel einzubauen, sodass der Baum an dieser Stelle praktisch stillgelegt wird, sich oberhalb dieser Sicherung aber weiterhin frei bewegen kann.

Solche Maßnahmen helfen bei Windgeschwindigkeiten, wie sie in unseren Breiten normalerweise auftreten. Bei orkanartigen Stürmen aber hilft gar nichts mehr. In diesen Fällen kann man nur hoffen, dass der Baum selbst irgendeinen Trick kennt, mit einer Naturgewalt fertigzuwerden, die sogar über seine Kräfte geht.

Natürlich ist es für einen Baum grundsätzlich eine Katastrophe, wenn seine Krone bei Sturm direkt über dem Stammkopf abbricht oder er in ganzer Länge mitsamt seinem Wurzelbett umfällt. Manchmal allerdings kommt es dann zu den erstaunlichsten Reaktionen. Es gibt Baumarten, die selbst ein solches Desaster kaltlässt. In einem Park entdeckte ich eines Tages eine Weide, die komplett umgekippt war, was mir aber erst bei genauerem Hinsehen auffiel. Offenbar hatte die Parkleitung damals, 10 oder 15 Jahre zuvor, beschlossen, sie einfach liegen zu lassen, und inzwischen hatte diese Weide dort, wo ihr Stamm den Boden berührte, unten neue Wurzeln und an der Oberseite neue

Schösslinge gebildet. Von weitem hatte es wie ein kleines Weidenarrangement ausgesehen, aber von wegen – es war ein mächtiger Weidenstamm, der an seinem neuen Standort etliche Meter vom alten entfernt einfach neu ausgetrieben und damit ein zweites Leben begonnen hatte.

Eichen würden das nicht schaffen. Aber Erlen sind dazu ebenfalls in der Lage – sie fallen um und wachsen weiter. Pappeln gelingt dasselbe gelegentlich auch. Voraussetzung ist natürlich, dass einem Baum dieses Malheur in einer unverbauten Naturlandschaft widerfährt. In einem Stadtgebiet würden Erlen, Weiden und Pappeln ihre Stehaufmännchen-Qualitäten nichts nützen, da würde ein Sturz ihr definitives Ende bedeuten. Und damit komme ich noch einmal zu Ela, jenem Orkan, mit dessen Auswirkungen wir es 2014 zu tun bekamen.

Ich war, damals noch als Angestellter, mit meinem Kollegen von Anfang an dabei. Gleich am folgenden Tag fuhren wir zu unserem ersten Einsatzort durch Essen; das Navi sagte uns: In fünf Minuten haben Sie Ihr Ziel erreicht, und dann waren wir noch anderthalb Stunden unterwegs. Wir hatten den Wagen voller Motorsägen, und es juckte uns in den Fingern, uns den Weg freizusägen, aber es war uns schnell klar geworden, dass die ganze Innenstadt von umgestürzten Bäumen verbarrikadiert war, wir hätten also komplette Straßenzüge freischneiden müssen, und damit wären auch wir an unsere Grenzen gestoßen. Ganz abgesehen davon, dass uns der Treibstoff für unsere Motorsägen ausgegangen wäre, noch bevor wir den Einsatzort erreicht gehabt hätten.

Außerdem herrschte am Tag nach Ela ein ausgesprochenes organisatorisches Chaos. Eigentlich hätten wir uns erst einmal einen Überblick verschaffen und alle Baustellen abfahren und kategorisieren müssen: rot = dringender Handlungsbedarf, gelb = Handlungsbedarf, grün = keine Gefahr, hat Zeit. Nach dieser Prioritätenliste wären wir dann die einzelnen Einsatzorte abgefahren, doch stattdessen … Klar, dass nach einem solchen

Sturm Kronenteile und ganze Bäume in privaten Gärten herumliegen. Aber das ist höchstens Gefahrenstufe gelb, und einen Privatmann hätte man vertrösten müssen: »Wir melden uns bei Ihnen, sobald alles andere erledigt ist.« Keine erfreuliche Auskunft, gewiss, aber in der ganzen Stadt hingen abgerissene Kronenteile von mehreren Zentnern über öffentlichen Straßen und Fußgängerzonen, überall drohten Äste runterzuknallen oder angebrochene Bäume umzufallen, und da ist es mit Betreten-verboten-Schildern nicht getan, zumal sich die Leute erfahrungsgemäß über Absperrungen und Flatterband hinwegsetzen. Folglich hätten wir als Erstes den öffentlichen Raum sichern müssen – stattdessen wurden wir von unserem Auftraggeber in Gärten geschickt …

Nun gut. Ela hat uns beinah ein halbes Jahr lang beschäftigt, erst in Essen, dann in Düsseldorf, und dabei machten wir gleich zu Anfang eine erstaunliche Entdeckung: Der große Platanenbestand in Essen war stark angegriffen, bei den meisten waren zumindest die Spitzen ausgebrochen, während sich die deutlich höher gewachsenen Säulenpappeln gut gehalten hatten. Merkwürdig deshalb, weil wir die Platanen mit ihrem außerordentlich harten Holz für widerstandsfähiger gehalten und den Pappeln mit ihrem viel weicheren Holz weniger zugetraut hatten.

Offenbar hatte ihre Biegsamkeit den Ausschlag zugunsten der Pappeln gegeben. Wahrscheinlich hatten sie sich im Halbkreis gebogen, hatten mit ihren Spitzen nahezu horizontal im Sturm gelegen, dabei aber kaum Äste eingebüßt – buchstäblich weggeblasen war nur das Totholz, als sie sich anschließend wieder aufrichteten. Hingegen hatten die tückischen Fallwinde, die mit enormer Geschwindigkeit niedergesaust waren und auf die Baumkronen gedrückt hatten, unter den starren Platanen ordentlich gewütet. Allerdings wären wohl auch die Pappeln gebrochen, hätte es vorher eine längere Trockenperiode gegeben. Zum Glück waren feuchte Tage vorhergegangen und die Klebekräfte im Holz der Pappeln im entscheidenden Augenblick groß genug gewesen.

Später las ich von Untersuchungen an Säulenpappeln mit verblüffendem Ergebnis. Man hatte zunächst die Kraft gemessen, die bei Sturm auf den Stammfuß einer normal hohen Säulenpappel einwirkt, und das Experiment dann an Pappeln mit gekürzten Spitzen wiederholt. Dabei hatte sich gezeigt: Die Kraft, die auf den Stammfuß einwirkt, ist bei eingekürzten Bäumen größer als bei Bäumen, die ihre natürliche Höhe erreichen – mit anderen Worten: Je höher eine Pappel in den Himmel ragt, desto stabiler ist sie.

Das widersprach allen gängigen Annahmen. Bis dahin war man davon ausgegangen, dass die Bruch- oder Entwurzelungsgefahr mit abnehmender Höhe ebenfalls abnimmt. Jetzt hatte sich gezeigt, dass es für die Standsicherheit einer Säulenpappel besser ist, sie in ihrer kompletten Länge zu belassen. Wie das?

Am ehesten ist dieser Sachverhalt zu verstehen, wenn man eine Angelrute zum Vergleich heranzieht: Diese Rute braucht eine gewisse Länge, um den Vorteil ihrer Biegsamkeit auch ausspielen zu können. Schneidet man das letzte Stück einer Angelrute ab, bricht sie leichter unter dem Gewicht eines Fischs als im ungekürzten Zustand. Das heißt: Die letzten 40 Zentimeter sind maßgeblich für die grundsätzliche Stabilität der Rute. Oder, auf unsere Erfahrungen nach Ela angewandt: Angesichts ihres weichen Holzes wandelt die Säulenpappel ihre enorme Höhe in Widerstandsfähigkeit um. Jedenfalls hatte sich wieder einmal bestätigt, dass Bäume je nach Baumart unterschiedliche Strategien verfolgen – nicht nur bei Hitze und Trockenheit, auch bei Sturm.

Selbstverständlich ist unter Bedingungen, wie wir sie in Essen und Düsseldorf vorfanden, an normale Baumpflege nicht mehr zu denken. An normales Klettern aber auch nicht. In einer Platane, der es die halbe Krone weggerissen hat, findet man keinen Ankerpunkt mehr. Man müsste an einem zehn Meter langen Ast rausklettern, aber oben ist alles weg, dein Ankerpunkt ist mit dir auf gleicher Höhe, also muss man sich jetzt auf Experimente einlassen, die einem unter anderen Umständen die Haare zu Berge stehen lassen würden. Das sicherste Verfahren wäre, von einer Hubarbeitsbühne aus zu arbeiten, doch war in diesem Fall gar kein Gedanke daran – einmal, weil alle Arbeitsbühnen im weiten Umkreis ausgebucht waren, zum anderen, weil sie in der Innenstadt gar nicht durchgekommen wäre. Und manchmal liegen ganze Kronenteile lose im Baum, aber verkeilt, Ast auf Ast, Ast unter Ast, und dann wird es wegen der Spannung in den verkeilten Ästen richtig schwierig. Sie macht diese Äste unberechenbar, geradezu gefährlich.

Drauflossägen ist wegen der komplizierten Druck- und Zugverhältnisse jedenfalls unmöglich. Um das Hauptproblem zu verdeutlichen, will ich von einer vereinfachten Situation ausgehen: Jeder mehr oder weniger horizontal verlaufende Ast hat im Normalfall auf der Oberseite Zugholz und auf der Unterseite Druckholz. Das heißt, wenn ich oben reinsäge, reißt der Ast irgendwann, weil ihn sei eigenes Gewicht nach unten zieht. Wenn ich hingegen unten reinsäge, klemmt die Säge früher oder später, weil das Holz auf der Unterseite zusammengedrückt wird. Das ist die Regel, und deswegen arbeiten wir grundsätzlich mit dem sogenannten Stufen- oder Versatzschnitt: Erst schneiden wir von der einen Seite etwa bis zur Hälfte hinein, dann, leicht versetzt, von der anderen Seite, ebenfalls nur bis zur Hälfte. So, unter Berücksichtigung der Spannungsverhältnisse im Holz, lässt sich ein Ast oder Stämmling kontrolliert durchtrennen.

Aber nehmen wir an, dass ein abgerissener Ast zwischen zwei starken Ästen der verbliebenen Krone eingeklemmt ist. Er sitzt fest, er muss herausgesägt werden, aber nicht nur das: Diese beiden setzen den abgebrochenen Ast auch unter enorme Spannung, wodurch die Druck- und Zugkräfte in dem eingeklemmten Ast durcheinandergeraten. Unter diesen Umständen muss ich mit Zugholz rechnen, wo normalerweise Druckholz wäre, und umgekehrt, und sollte ich jetzt die Spannungsverhältnisse falsch einschätzen, kann der Ast an der Schnittstelle, sobald sich die Spannung löst, schlagartig in die Höhe schnellen, dorthin, wo ich stehe und wo ich nicht, wie am Boden, ausweichen oder wegrennen kann, wo ich kaum Bewegungsfreiheit habe. Bei diesem Hochschnellen kann es einem das Grinsen aus dem Gesicht schlagen, da wirken gewaltige Kräfte.

Und nun stelle man sich vor, dass komplizierte Spannungsverhältnisse dieser Art nach einem Sturm wie Ela in jedem beschädigten Baum herrschen können. Oder nehmen wir die folgende Situation an: Ein Stämmling ist der Länge nach aufgerissen. Wenn ich oben mit dem Fällen beginne, kann er unten weiter aufreißen und auf meiner Höhe schlagartig weiter auseinanderklaffen. Soll ich mich an einem solchen Stämmling wirklich kurzsichern? Das Seil mag dann halten, aber mir wird es womöglich die Hüfte zerreißen. Damals habe ich deshalb tatsächlich auf die Kurzsicherung verzichtet, um mich schleunigst in Sicherheit bringen zu können, sollte das Holz in Bewegung kommen.

Und schließlich der nicht seltene Fall, dass ein entwurzelter Baum mit seiner Krone im Nachbarbaum liegt. Dieser Nachbarbaum ist zwar stehen geblieben, aber – kann ich mich darauf verlassen, dass er nicht seinerseits schwere Schäden abgekriegt hat? Spätestens in dem Moment, als die Krone des anderen in sein Geäst krachte? Und jetzt soll ich den entwurzelten Baum so freischneiden, dass er fallen kann. Eigentlich müsste ich eine Hubarbeitsbühne bestellen. Das geht gerade nicht, also ankere ich mich im stehenden Baum, gehe dort hoch und klettere auf den entwurzelten hinüber – in der optimistischen Annahme, dass mein Ankerpunkt hält. Für diese Aktion ist er nämlich meine einzige Sicherung, denn eine Kurzsicherung werde ich jetzt bestimmt nicht installieren; ich will den entwurzelten Baum ja dazu bringen, zu Boden zu fallen … Und wieder hilft einem kein Lehrbuch weiter.

Mit anderen Worten: Ela hatte für uns ein langes Nachspiel.

Ich habe in dieser Zeit gelernt, zu improvisieren. Und letztlich war es wie beim Extremsport: Du gehst ein erhöhtes Risiko ein. Du bist gezwungen, zu Wildwest-Methoden zu greifen. Und gleichzeitig schärfst du deine Instinkte, verfeinerst dein Gefahrenbewusstsein und übst dich in der Kunst, die Nerven nicht zu verlieren. Für mich ist das Chaos, das Ela angerichtet hatte, jedenfalls ein Training der Extraklasse gewesen.

DAS GROSSE BÄUMERATEN

Wenn Kinder Bäume malen, kommt meist eine Tanne dabei heraus. Tannen und Fichten sind eben Bäume, die es dem kleinen Maler genauso leicht machen wie dem Betrachter – aufrecht stehendes Dreieck, gezackte Silhouette? Alles klar – eine Tanne. Oder Fichte.

Laubbäume stellen einen als Maler vor deutlich größere Schwierigkeiten. Kindern kommt in diesem Fall ihr Abstraktionsvermögen entgegen, sie werden sich wahrscheinlich mit einem grünen Kreis auf einem dicken, braunen Strich behelfen, aber auch der versierteste Betrachter wird dann nicht sagen können, um welche Art von Baum es sich handelt. Das Bewusstsein für die ungeheure Mannigfaltigkeit von Laubbäumen entwickelt sich erst mit den Jahren, und selbst dann bleibt es für viele bei groben Unterscheidungsmerkmalen: Säulenpappel und Trauerweide erkennt man am Wuchs, Eiche und Ginko an den Blättern, Birke, Buche und Platane an der Rinde und die Kastanie an ihren Kerzen. Danach wird's schwierig. Linde, Esche, Ulme, Erle, Blutpflaume, Nuss- und Maulbeerbaum bleiben womöglich ein Leben lang unidentifiziert.

Bäume bestimmten Arten zuzuordnen ist aber auch kein leichtes Geschäft. Wer zum Beispiel hofft, wenigstens die gängigen Baumarten anhand typischer Kriterien bestimmen zu können, wird schon deshalb enttäuscht, weil jede Gattung sich in zahlreiche Unterarten aufsplittert. Wer von Eiche spricht, müsste eigentlich vorher klären, welche Eichenart denn nun gemeint ist: Scharlacheiche, Sumpfeiche, Roteiche, Steineiche, Zerreiche, Korkeiche oder Stieleiche? (um nur einige Eichenarten zu nennen), und dürfte einigermaßen irritiert sein zu erfahren, dass alle Eichen unter die Buchengewächse fallen. Um an dieser Stelle gleich Klarheit zu schaffen, sei gesagt: Was am ehesten unserer Vorstellung von einer »deutschen« Eiche entspricht, ist die Stieleiche mit ihrer enormen Wuchshöhe von bis zu 45 Metern, ihrem knorrigen, bisweilen zerzaust wirkenden Erscheinungsbild, ihrem gefurchten Stamm, ihren weit ausladenden Ästen und den typischen, gelappten Blättern. Wenn ich in diesem Buch von Eiche spreche, ist grundsätzlich die Stieleiche gemeint.

Und dann kommen einem auch die Jahreszeiten dazwischen. Im Frühherbst steht einem noch allerlei zur Verfügung, womit sich ein Baum zu erkennen gibt, Blätter und Früchte vor allem, im Winter aber bietet einem der kahle Baum nur noch seine Rinde und seine aufs Skelett abgemagerte Wuchsform an, und beides ist nicht immer aufschlussreich. Aber bei insgesamt 60 000 Baumarten weltweit kann man ohnehin nicht alle kennen. Auch ich komme manchmal ins Grübeln und kann von Glück sagen, dass ich mich zusätzlich mit dem Geruch von Hölzern oder Blättern auskenne: das Holz der Kornelkirsche beispielsweise verströmt einen leichten Marzipangeruch, und Walnussblätter riechen, wenn man sie zerreibt, nach Terpentin. Aber gewöhnlich verlasse ich mich doch auf meine Augen, wenn sich die Frage der Baumart stellt.

Das Erste, was mir auffällt, wenn ich mich einem Baum von Weitem nähere, ist natürlich sein Habitus, seine Wuchsform. Manche Bäume erkenne ich am Habitus sofort. Ziemlich zuverlässig lassen sich auf diese Weise zum Beispiel Erlen identifizieren – die haben in aller Regel einen von unten bis oben durchgehenden, pfahlartigen Stamm, von dem in loser Folge einige mehr oder weniger waagerechte Äste abgehen; im Grunde sind Erlen also ähnlich simpel konstruiert wie Fichten, was bei Laubbäumen eine Seltenheit ist. Auch Linden, Birken, Platanen, Weiden und Pappeln geben diesbezüglich keine Rätsel auf, die verraten sich schon auf die Entfernung – und nicht nur für den Fachmann – durch ihren unverwechselbaren Habitus.

Andere Baumarten aber nicht. Der Habitus ist jedenfalls kein todsicherer Indikator, auch weil er vom Standpunkt des Betrachters abhängt. In einer Parkanlage gehe ich deshalb einmal um den ganzen Baum herum, um den Habitus von allen Seiten auf mich wirken zu lassen. Sollte ich dann immer noch nicht schlauer sein, schaue ich mir die Blätter an. Je nachdem, wie das Sonnenlicht durch die Krone fällt, sehe ich dann schon: Aha, gefiederte Blätter – also wahrscheinlich eine Esche. Oder doch nicht? Schnurbaum, Götterbaum und Flügelnuss kämen nämlich gleichfalls in Frage, denn alle vier haben einen Blattstiel, an dem rechts und links schmale, fransenartige Blätter angeordnet sind.

Folglich muss ich noch näher herangehen und genau hinsehen: Wie sitzen die Blätter am Blattstängel? Haben wir ein Terminalblatt, endet der Stängel also in einem einzigen Blatt, oder läuft er in zwei Blättern aus? Und dann: Liegen sich zwei Blätter an der Blattachse gegenüber oder sind sie versetzt angeordnet, also nicht gegenständig, sondern wechselständig? Unterschiede offenbaren sich oftmals erst in solchen Details. Markante Abweichungen sind bei Blättern jedenfalls gar nicht so häufig, und längst nicht alle Bäume machen es einem in dieser Hinsicht so leicht wie der Ahorn mit seinem wild gezackten, tief eingekerbten Blatt oder die Eiche, deren Blattränder das bekannte Wellenmuster aufweisen. Wobei die Blattform zwischen Spitzahorn, Bergahorn, Silber-, Feld- und Eschenahorn schon wieder so stark variiert, dass die Bestimmung zu einer Wissenschaft für sich wird.

Gelegentlich hilft einem auch ein Blick auf Rinde oder Borke weiter. Von wenigen Ausnahmen abgesehen – Birke, Platane und Buche gehören dazu – ist die Rinde aber nicht sehr aussagekräftig. Das Wachstum von Bäumen ruft nämlich an ihrer Außenseite in vielen Fällen denselben Effekt hervor: Gleichzeitig mit dem Höhenwachstum dehnt sich der Stamm aus, nimmt an Volumen zu, die ursprünglich glatte Rinde platzt auf, und es bilden sich vertikale Risse, die vom Kambium ständig aufgefüllt und verschlossen werden müssen. Jene äußere Schicht des Kambiums, die neue Rindenzellen produziert, ist also laufend mit Reparaturarbeiten an Stamm und Ästen beschäftigt, und so ergibt sich nach und nach der schuppige oder gefurchte, irgendwie zusammengeflickte Charakter der Borke vieler Baumarten. Die Unterschiede sind daher in den meisten Fällen gering. Immerhin lässt sich an der Borke der Linde beispielsweise eine relativ regelmäßige, senkrecht verlaufende Furchenstruktur erkennen, während sich die Borkenplatten von Eichen, Ahorn und anderen Bäumen gegeneinander verschieben und ihre Borke daher in jedem Fall ähnlich schuppig wirkt. Blattform und Borke zusammengenommen erlauben einem immerhin, bestimmte Arten ein- oder auszuschließen.

Ein eindeutiger Indikator hingegen sind die Fruchtkörper. Ob es sich um Zapfen, Beeren, Kapseln oder Steinfrüchte, um Eicheln oder Kastanien handelt, kein Fruchtkörper ist wie der andere, und Gleiches trifft auch auf die Blütenstände zu. Alles in allem bietet ein Baum also eine ganze Reihe von Anhaltspunkten, die es erlauben, ihn einer Art zuzuordnen, und aus diesem Indizienmix kombiniere ich mir mein Ergebnis zurecht. Nicht immer mit Erfolg. Linden zu bestimmen beispielsweise ist eine Lebensaufgabe. Ihre Unterarten weisen so geringe Unterschiede auf, dass man wahnsinnig werden könnte, und dann kreuzen sie sich auch noch wild untereinander … Es kann also durchaus vorkommen, dass ich danebenliege, und hin und wieder muss ich passen – dann bleiben zwei, drei Möglichkeiten übrig, aber entscheiden kann ich mich für keine.

Nun komme ich als Baumpfleger nicht geradewegs in Teufels Küche, wenn ich einen Baum falsch bestimme oder unsicher bleibe. Ein Großteil unseres Baumwissens ist auf alle Baumarten anwendbar, und gelegentlich reicht es völlig aus, Nadelbäume und Laubbäume auseinanderhalten zu können.

Dass sich Laub- und Nadelgehölz vom Bauschema her unterscheiden, weiß natürlich schon das malende Kind. Aber die Unterschiede reichen tiefer. Sie betreffen, um nur ein Beispiel zu nennen, auch die Art und Weise, wie sie mit Schädigungen umgehen.

Nehmen wir an, ein tendenziell horizontaler Ast zeigt Schwächen, er droht zu reißen – ein Laubbaum wird dann dessen Oberseite stabilisieren, also mit einer Verstärkung des Zugholzes reagieren, während Nadelgehölze umgekehrt vorgehen, Druckholz aufbauen und auf diese Weise die Unterseite des Astes verstärken. Zumindest als Zapfenpflücker sollte man das wissen. Genau deshalb nämlich ist es ratsamer, den Ast einer Douglasie mit dem Pflückstock nach oben zu sich heranzuziehen, als sich selbst auf einem Ast hinauszubewegen.

Aber natürlich haben alle Baumarten ihre ganz bestimmten Eigenarten, Schwachstellen und Empfindlichkeiten, und schon deshalb sollte ich beim Identifizieren eine gewisse Treffsicherheit an den Tag legen. Um ein Beispiel zu nennen: Viele Bäume bluten, wenn man im Frühjahr Schnitte an ihnen vornimmt, dann also, wenn viel Druck im Holz ist, wenn die Säfte sprudeln – das ist nichts Besonderes, und schlimm ist es auch nicht. Zwei Bäume aber reagieren besonders heftig, nämlich Walnuss und Ulme. Sie hören an einer Schnittstelle gar nicht mehr auf zu tropfen, weshalb wir im Frühjahr einen Bogen um sie machen und Pflegemaßnahmen grundsätzlich auf den Spätsommer oder den Herbst verschieben.

Oder nehmen wir die durchaus unterschiedliche Strapazierfähigkeit von Borke. Bei einer Eiche etwa ist sie so resistent, dass man schon mal kurzfristig ohne Kambiumschoner arbeiten kann, wenn man das Seil durch eine Astgabel umlenkt – eine Eiche verübelt das nicht, deren Borke hält der Seilreibung eine ganze Weile lang stand. Bei einer Ulme hingegen dürfte ich mir das nicht erlauben. Ulmenborke reißt so schnell, dass ich bei einer solchen natürlichen Umlenkung mit dem Seil gleich ins Kambium schneiden würde. Kurzum: Mit welchem Baum wir es zu tun haben, darf uns natürlich nicht gleichgültig sein. In der

Praxis kommt es auch selten vor, dass mir ein unbekannter Baum begegnet. Meistens reicht ein Blick, und ich weiß, wen ich vor mir habe. Es gibt eben bei jeder Baumart einen ganzen Strauß von Besonderheiten, und jede Art ist deshalb interessant, jede ein Wunder für sich.

Aber dieses Wissen, so weit ich es für die Arbeit eben brauche, betrifft nur einen Aspekt in meinem Verhältnis zu Bäumen. Für mich als leidenschaftlichen Baumliebhaber zählen genauso die Gefühle und Erinnerungen, die ich mit bestimmten Arten von Bäumen verbinde. Zu manchen Arten fühle ich mich stärker hingezogen als zu anderen, und da spielen objektive Faktoren gar keine Rolle mehr, da kommt es auf Qualitäten an, die mich als Menschen wie als Baumkletterer ansprechen. So gesehen haben es mir drei Baumarten besonders angetan, nämlich die Walnuss, die Eiche und der Mammutbaum. Warum?

Die Walnuss mag ich schon deshalb, weil ich dem keltischen Baumkalender zufolge in ihrem Zeichen geboren bin. Außerdem ist sie ein Einzelgänger, was mir ebenfalls an ihr gefällt, und wie alle Einzelgänger hat sie eine Marotte entwickelt, nämlich eben die, nach einem Schnitt stärker als andere Bäume zu bluten. Mich beeindrucken solche ausgeprägten Charaktereigenschaften an Bäumen, für mich sollen sie ruhig ihre Schrullen und Eigenwilligkeiten haben, das macht ja auch bei Menschen den Umgang mit ihnen lohnender. Mir passt aber natürlich ebenfalls, dass die Walnuss für Heimatlosigkeit steht und für die lebenslange Suche nach einem sicheren Ankerpunkt, dass sie im Reich der Bäume darüber hinaus Lust und Leidenschaft und Hingabe symbolisiert.

Abgesehen davon ist sie mit ihrer breiten, gewölbten Krone aber auch ein traumhafter Kletterbaum. Sie erreicht eine Höhe von 25, allenfalls 30 Metern und gehört damit weniger zu den gewaltigen als vielmehr zu den schönen Bäumen, denn ihre langen, starken Äste streben trichterförmig nach oben, als wollten sie tatsächlich den Himmel stützen, und ihr Laubdach ist so dicht, als wollte sie alles in Schutz nehmen, was sich in ihrem Schatten aufhält. Mit anderen Worten: Ihr Anblick erfreut das Herz. Und obendrein hält ihr Duft die Mücken fern, weshalb ein Glas Wein, an einem lauen Sommerabend unter einem Walnussbaum genossen, mehr Freude als unter anderen Bäumen bereitet.

Als Nächstes käme bei mir die Eiche, der man Charakter ebenso wenig wie der Walnuss absprechen kann. Auch sie ist ein vorzüglicher Kletterbaum, wobei ich jetzt von solitär stehenden Bäumen spreche, also jenen, für die wir als Baumpfleger im Arbeitsalltag gewöhnlich zuständig sind. In einem Wald verhalten sich Eichen nicht anders als andere Bäume auch, da warten auch sie mit der Krone, bis sie ganz oben angekommen sind, und verlieren dadurch für den Kletterer an Reiz. In jedem Fall aber kommt man bei Eichen auf eine beträchtliche Höhe, und was das angeht, bin ich wie so gut jeder andere Baumkletterer aufs Heftigste in den Mammutbaum verliebt.

Es gibt bei uns nur zu wenige davon. Leider. Ihre ursprüngliche Heimat ist Amerika und Asien, genauer gesagt: Küstenmammut und Bergmammut stammen aus Kalifornien, während die Heimat des Urwaldmammuts in China liegt, wo er als ausgestorben galt, bis man in einer Bergregion doch noch einige Exemplare fand. Und alle werden riesig. Auch die Douglasie kann es in ihrer nordamerikanischen Heimat auf 80 Meter und damit die doppelte Höhe einer großen Buche bringen, aber um an einen ausgewachsenen Mammutbaum heranzureichen, müsste man drei solcher Buchen aufeinandersetzen. Der höchste bekannte Mammutbaum kommt auf 115 Meter und stößt damit fast an die absolute Grenze, die dem Wachstum von Bäumen durch die Spielregeln der Natur gesetzt sind. Auch Bäume wachsen nämlich nicht in den Himmel. Spätestens bei 120 Metern ist für jeden Baum auf dieser Erde Schluss.

Um das zu verstehen, müssen wir uns noch einmal mit dem Innenleben von Bäumen beschäftigen. Wie kommt das Wasser in Bäumen überhaupt von unten nach oben, von den Wurzeln bis ins letzte Blatt? Die Antwort lautet: durch Unterdruck. Dieser Unterdruck entsteht, weil Blätter ununterbrochen Wasser verdunsten und daher ständig Nachschub brauchen. Vereinfacht ausgedrückt saugen Zehntausende von Blättern pausenlos das dringend benötigte Wasser an, von den feinsten Wurzeln durch Stamm und Äste bis zu sich hinauf in die äußerste Peripherie der Krone, um ihre Aufgabe erfüllen und mit der Photosynthese fortfahren zu können. Auf diese Art kommt es in den Leitungsbahnen eines Baums zu zahllosen hauchdünnen Säulen aufsteigenden Wassers, die wegen der Kohäsionskräfte der Wassermoleküle nicht abreißen. Das ist, wenn man so sagen darf, eine geniale Sache, weil sich der Wassertransport von unten nach oben nicht einem Kraftakt des Baums verdankt, sondern der Sonnenenergie, die die Verdunstung im Blatt herbeiführt und dadurch den Saugeffekt quasi automatisch auslöst. Energiesparender geht's nicht mehr.

Doch leider ist auch dieser genialen Lösung eine Grenze gesetzt. Ab einer gewissen Höhe nämlich reißt der Wasserfaden im Baum doch, weil die Schwerkraft über die Kohäsionskraft des Wassers siegt. Diese natürliche Grenze liegt bei 120 Metern, und deshalb könnte kein Baum seinen Wipfel mehr mit Wasser versorgen, wenn er sich einfallen lassen sollte, über diese Grenze hinauszuwachsen. Also bleiben selbst Mammutbäume unterhalb der 120-Meter-Marke.

Überwältigend ist die Anmutung eines Baums dieser Größenordnung natürlich trotzdem. Bei uns machen sich Mammutbäume zwar rar, aber sie kommen vor. Man fahre nur einmal über die höhergelegene Bundesstraße an Bad Honnef am Rhein vorbei, traditionell eine wohlhabende Gegend – da schießen hier und da aus dem Panorama der Dächer, Park- und Gartenbäume tatsächlich Mammutbäume heraus. Sie erscheinen doppelt so hoch wie alles andere um sie her, und man gewinnt den Eindruck, dass sich vor hundert Jahren jeder Einwohner von Honnef, der etwas auf sich hielt, einen Mammutbaum in den Garten gestellt haben muss.

Ein großartiges Bild jedenfalls, und unvergesslich das Erlebnis, in einem Mammutbaum zu klettern.

Ich habe das mehrmals gemacht, und schon die Borke ist ein Erlebnis: Sie fühlt sich beinahe kuschelig weich an und lässt sich, da extrem dick, regelrecht eindrücken, zumindest bei Berg- und Küstenmammut. Auch ihr Wuchs ist mehr als eigenartig. Innen sind sie recht luftig. Das Kronenvolumen ist lang und schmal, das Verhältnis von Breite zu Höhe lächerlich, auch die komplizierte Kronenstruktur von Laubbäumen entfällt, aber es gibt ein regelrechtes Geäst, und selbst als erfahrener Baumkletterer hat man dergleichen noch nie gesehen: Die Äste wirken, als hätten sie sich nicht entscheiden können, in welche Richtung sie wachsen sollten, sie kennen keinen klaren Verlauf und schlagen Haken nach links und rechts, nach oben und unten – höchst bizarr. Der Weltmeister auf dem Gebiet skurriler Wuchsformen ist der Bergmammut, dessen Geäst tatsächlich von allem abweicht, was wir an Laub- und Nadelbäumen kennen.

Und da Mammutstämme und -äste sich nach oben hin kaum verjüngen, kann man bedenkenlos bis in die Spitze klettern und seinen Kopf oben hinausstrecken. Der Ausblick ist ein Traum. Er verursacht Herzklopfen. Man braucht eine Weile, um wieder zu sich zu kommen. Die Aufregung muss sich legen, bevor man entspannt dieses Gefühl genießen kann, zwar noch irgendwie mit der Erde verbunden, aber gleichzeitig allem Irdischen enthoben und entrückt zu sein. Mammutbäume sind eine Art Himmelsleiter, und was mich angeht: Das Gefühl der Erhabenheit, das einen in einem Mammutbaum überkommt, ist stärker als der Eindruck, den der Blick von einem Berggipfel aus macht.

Beides ist schön. Beides ist ergreifend. Aber im Gebirge fehlt mir die prickelnde Intimität mit dem Lebewesen Baum, der die fantastische Aussicht genauso zu genießen scheint wie man selbst. In solchen Augenblicken erlebe ich das Klettern wie eine

Verschwörung von Mensch und Baum gegen alles, was nur die Niederungen des Daseins kennt und sich mit diesen Niederungen begnügt. Die Großartigkeit des Baums überträgt sich als Hochstimmung auf den Menschen, und ich frage mich, warum ich nicht häufiger in einem mächtigen Baum einfach mal verharre und den Augenblick der beglückenden Exklusivität genieße, mit dem mich dieser Baum gerade beschenkt ... wo ich doch diesen wunderbaren Job schon habe.

BAUM UND ZEIT

Je mehr ich mich mit dem auseinandersetze, was aus der Zivilisation pausenlos auf mich einströmt, desto höher ist die Wahrscheinlichkeit, dass ich feststelle: Damit will ich gar nichts zu tun haben. Und wenn ich mir überlege, woran ich teilhaben will und woran nicht, komme ich zu demselben Ergebnis: An verdammt vielem möchte ich keinesfalls teilhaben. Aber wie kann man sich die Zivilisation vom Leib halten, wenn sie allgegenwärtig und damit so selbstverständlich geworden ist wie die Luft, die wir atmen?

Tagtäglich gellen einem tausend Appelle in den Ohren. Sie machen das große Hintergrundrauschen der Zivilisation aus und werden im Einzelnen kaum noch wahrgenommen – verhalte dich so! Tu das! Strebe dies an! Wünsch dir jenes! Mach das und das aus dir! Wer dies alles macht, wünscht und anstrebt, wird mit der Zeit auf ein zweidimensionales Wesen reduziert, der verwandelt sich in einen Plattfisch. Und dieses Trommelfeuer unsinniger Appelle wird einstweilen wohl nicht aufhören. Ist es zwecklos, sich dagegen aufzubäumen? Es erfordert auf jeden Fall die bewusste Entscheidung, zu dieser Zivilisation auf Distanz zu gehen. Und diese Entscheidung wird Konsequenzen nach sich ziehen.

Also nach Alaska auswandern, sich eine Holzhütte bauen, einen kleinen Garten anlegen, das Gewehr schultern und auf die Jagd gehen? Dann sollte man tunlichst im Frühjahr damit anfangen, um vor dem Herbst fertig zu sein, sonst hat man ein Problem … Aber es geht auch anders. Ich habe es mit Yoga und Meditation ganz gut hingekriegt, mich auf die wesentlichen Dinge zu konzentrieren, und das Wesentlichste überhaupt ist die eigene Atmung. Es gelingt mir so, das Tosen der Zivilisation zum Schweigen zu bringen, selbst zur Ruhe zu kommen und einen Weg zu finden, auf dem ich von den banalen Glücksvorstellungen unserer Zeit so wenig wie möglich belästigt werde. Ein anderer dieser Wege ist das Klettern.

Auch im Baum gehe ich zur Zivilisation auf Distanz. Wenn ich klettere, befinde ich mich ganz in meinem Körper, denke nicht über die nächste Steuererklärung nach und nicht über meinen Kühlschrank, der wieder aufgefüllt werden müsste, und nicht über das Für und Wider diverser Stromanbieter – der Druck ist weg, der Machtanspruch der Zivilisation ist gebrochen, ich fühle mich frei. Der Baum gibt mir mehr, als mir die Zivilisation je bieten könnte.

Denn ich bin anspruchsvoll. Ich will von der Welt so viel wie möglich mit meinen Sinnen erobern, ich will mir neue Dimensionen des Erlebens erschließen. Solange ich mich dem Absolutheitsanspruch der Zivilisation unterwerfe, werden mir diese Dimensionen verschlossen bleiben. Bewusste Wahrnehmung setzt Wachsamkeit und Achtsamkeit voraus. Auch Konzentration, auch Selbstbeherrschung. Man darf kein Spielball seiner Impulse sein. Besser, man geht auf Abstand, zur Außenwelt, aber auch zu sich selbst, man übt sich in Geduld, und hier kommt wieder der Baum ins Spiel.

Er ist ein guter Lehrmeister in diesen Disziplinen. Er führt mir täglich vor Augen, was Geduld ist. Er lehrt mich Gelassenheit. Er macht mir vor, wie man gänzlich unaufgeregt mit kleinen und großen Missgeschicken fertigwird. Und wenn ich trotzdem niemals seine Meisterschaft in diesen Dingen erreichen werde, liegt es auch daran, dass sein Atem sehr viel länger ist als meiner. Was man ruhig wortwörtlich verstehen darf, denn ein Baum atmet den ganzen Tag über ein, um dann nachts wieder auszuatmen.

Auf eine Lebensdauer von vielen Jahrhunderten eingerichtet, ist jedenfalls alles, was zu meinen Lebzeiten passiert, für den

Baum nur eine Aneinanderreihung flüchtiger Augenblicke. Aus unserer menschlichen Perspektive gesehen lebt er im extremen Zeitlupentempo, Wörter wie »sofort« oder »unverzüglich« sind ihm unbekannt. Ich schneide ihm einen Ast ab, und ein Jahr später bemerkt er, dass ihm etwas fehlt – woraufhin sich dieser Baum viel Zeit nimmt für die Frage, was unter diesen Umständen zu tun sei. Nein, er hat die Ruhe weg. Sein Zeitgefühl ist nicht das unsere, weil er davon ausgehen kann, dass es nicht so schnell mit ihm vorbei sein wird – und dass ihm, wenn es so weit sein sollte, womöglich noch etwas einfällt. Eine Sekundärkrone zum Beispiel. Oder Stockaustriebe.

Sicher, irgendwann kommt ein Baum an sein naturgemäßes Ende, aber das muss keineswegs das Ende sein. Der vermutlich älteste Baum der Welt steht in Schweden unfern der nördlichen Waldgrenze. Es ist eine kleine, unscheinbare Fichte, also nicht gerade das, was man sich unter einem uralten Baum vorstellt, und ihre sichtbaren Teile sind bis auf wenige Partien abgestorben, aber genetische Untersuchungen ihres Wurzelsystems haben ergeben, dass diese Fichte ihr Wachstum unmittelbar nach der letzten Eiszeit aufgenommen hat, mit anderen Worten vor etwa 9500 Jahren.

In unseren menschlichen Denkmustern gefangen, erscheint es ausgeschlossen und wie ein Wunder, dass in unserer Welt ein Wesen mit einem Alter von knapp 10 000 Jahren existieren soll. Aber es ist kein Wunder, es gibt eine Erklärung dafür: Diese Fichte hat sich immer wieder von ihren Wurzeln her erneuert. Ihr derzeitiger Stamm ist lediglich mehrere hundert Jahre alt, er ist der vorerst letzte in einer ganzen Reihe von Stämmen, die durch die Jahrtausende aufeinander gefolgt sind; was ihre sichtbaren Teile angeht, ist diese Fichte also nichts Besonderes. Ungewöhnlich ist an ihr nur die Fähigkeit ihres Wurzelwerks, immer wieder neu auszuschlagen, nachdem Stamm auf Stamm gekommen und gegangen ist. Es sieht so aus, als hätte diese Fichte das Rezept für ewiges Leben entdeckt, doch im Prinzip ist sie kein

Einzelfall. Viele Baumarten sind dazu fähig, auf die eine oder andere Weise noch einmal von vorn zu beginnen, wenn das Ende naht.

Schauen wir uns die einzelnen Altersphasen eines Baums einmal an.

Von einem Jungbaum sprechen wir so lange, wie ein Baum seine Kronenstruktur noch nicht voll ausgebildet hat. Wenn er nicht gerade am ungeeignetsten Ort der Welt steht, weist er in dieser Phase eine hohe Vitalität auf – klar, er will auf Höhe kommen, sich behaupten, eine Krone aufbauen und ist deshalb ziemlich schnell in allem, was er tut. Wenn die Kronenstruktur im Groben steht, ist der Punkt erreicht, wo wir von der Reifephase eines Baums sprechen. Der Stamm gabelt sich jetzt, die Stämmlinge suchen sich ihren Weg nach oben, die unteren Äste greifen nach den Seiten aus, seine typische Wuchsform mit ihren individuellen Abweichungen hat Gestalt angenommen, und daran wird sich nicht mehr viel ändern, es sei denn, es passiert Unvorhergesehenes wie ein Sturm. Damit ist auch die Zeit gekommen, in der ein Baum an seine Vermehrung geht. Dass er nun erstmals Früchte trägt, ist ebenfalls ein Indikator für den Beginn der Reifephase.

Bis zur Alterungsphase vergehen je nach Baumart viele Jahrzehnte bis etliche Jahrhunderte. Ist sie erreicht, lässt seine Vitalität nach, und dieser allmähliche Kräfteschwund macht sich auf dreierlei Weise bemerkbar: Erstens werden die Triebketten kürzer, das heißt, die Abstände zwischen den Knospen an den Astspitzen schrumpfen, das Wachstum verlangsamt sich zusehends. Zweitens nimmt die artenspezifische Blattdichte ab, und drittens lässt seine Abschottungsfähigkeit nach, und Wunden werden nur noch zögerlich oder gar nicht mehr überwallt. Statt auf Wachstum setzt der Baum nun in erster Linie auf Stabilität und steckt seine verbliebenen Energien in die Verstärkung von Stamm und Ästen, erreicht daher in dieser Phase auch sein imposantestes Aussehen.

Bei einem Baum, dessen Lebenszeit sich über 600 Jahre erstreckt, mag die Alterungsphase 200 Jahre betragen. Am Ende bleibt das übrig, was wir als Baumruine oder als Hohlbaum bezeichnen. Nun haben wir ein Exemplar vor uns, das viel erlebt und manche Blessur davongetragen hat, das schon von Pilzen zerfressen ist und allmählich in zwei Richtungen abstirbt: von oben nach unten und von außen nach innen. Zunächst weicht das Leben aus den Spitzen, abgestorbene Äste brechen nach und nach ab, und mit der Zeit zieht sich die gesamte Krone zurück, während im Stamm Hohlräume entstehen. Was für ein Krüppel, denkt man, wenn man vor einer derartigen Baumruine steht, aber der Eindruck täuscht – selbst in diesem Stadium nämlich gibt ein Baum noch nicht auf.

Etwas Erstaunliches ist dann zu beobachten: Während der Baum von seiner Peripherie her abstirbt und schrumpft, erscheinen an seinem Stammkopf neue Triebe und schießen in die Höhe. Was sich da ankündigt und mit der Zeit Gestalt annimmt, ist eine sogenannte Sekundärkrone, eine Ersatzkrone, mit der sich ein Baum auf seinen zweiten Frühling vorbereitet. Diese Sekundärkrone wird niemals den Umfang der ersten Krone erreichen, es ist auch fraglich, ob es ihm überhaupt gelingt, aber sollte er damit Erfolg haben, hat er gute Aussichten auf weitere hundert Jahre Lebenszeit.

Die Sekundärkrone ist die eine Form der Altersvorsorge, die Bäume betreiben. Es steht ihnen aber noch eine zweite Möglichkeit zur Verfügung, ihr Weiterleben auf lange Zeit zu sichern, und die besteht in der Produktion von Stockaustrieben.

Bei dem Besuch eines Kunden in Norddeutschland entdeckte ich auf einer Wiese eine ganze Gruppe junger Lindenaustriebe, alle bereits an die 15 Meter hoch. Dort, wo sie wuchsen, war der Boden aufgewölbt, und mir kam der Verdacht, dass es sich hier um eine sogenannte tausendjährige Linde handeln könnte. Von dem ursprünglichen Baum an dieser Stelle war zwar nichts mehr zu sehen, der musste schon vor längerer Zeit zusammengefallen und weggegammelt oder beiseitegeschafft worden sein, aber die Bodenwölbung ließ auf das Wurzelwerk eines sehr alten Baums schließen, oder besser gesagt auf seinen Stock, womit der unterste Teil des Stamms im Boden gemeint ist, die Schnittstelle zwischen Wurzeln und Stamm. Dieser Stock war also offenbar immer noch aktiv, und bei den neuen Lindentrieben handelte es sich in Wirklichkeit um die Stockaustriebe jenes Baums, der vorher jahrhundertelang an dieser Stelle gestanden hatte. Dafür sprach auch das Alter des Gehöfts, auf dessen Grundstück sich diese Lindentriebe befanden und dessen Scheune nachweislich vom Anfang des 17. Jahrhunderts stammte. Wenn der ursprüngliche Baum damals gepflanzt worden war, hatte er es auf rund 400 Jahre gebracht, war dann vielleicht einem Sturm zum Opfer gefallen und erlebte nun gerade seine zweite Jugend – und womöglich nicht seine letzte.

Bei den klassischen tausendjährigen Linden – oder ebenso alten Eichen – ist der ursprüngliche Baum, Stamm und Krone also, oft gar nicht mehr vorhanden. Sie sind nur noch als Wurzelwerk und Stock existent, und was sich in Form von Stockaustrieben als neues Leben bemerkbar macht, ist im Grunde ein sehr altes Leben. So überdauern Bäume ihren eigenen Tod und erfinden sich im Sterben neu. Wenn alles gut geht, haben wir dann ein Bild vor uns, wie ich es vor einiger Zeit aufgenommen habe: Auf diesem Foto sind drei eng beieinanderstehende, ausgewachsene Linden zu sehen – ursprünglich aber muss dort eine einzige Linde von enormem Stammdurchmesser gestanden haben. Als dieser Baum dann, von Pilzen zerfressen, von der Witterung zerzaust, seinem Ende entgegensah, hatten sich Stockaustriebe gebildet, die sich an seiner Stelle zu hohen Bäumen entwickelten, während sich der Stamm ihres Vorgängers mit der Zeit vollständig zersetzte. Der alten Linde werden auf diese Weise noch einmal 400 bis 600 Jahre Lebenszeit vergönnt sein, und am Ende dürften tatsächlich 1000 Jahre und mehr zusammenkommen.

Man sieht: Wir dürfen uns nicht dadurch täuschen lassen, dass es einem Baum an allem fehlt, was einen Baum für uns ausmacht. Auch ohne Krone, selbst ohne Stamm kann er durchaus noch lebendig sein. Wir dürfen eben nicht von uns ausgehen. Bei einem Baum sitzt das zentrale Organ nicht oben, sondern unten, im Erdreich, und alles, was für uns sichtbar daraus hervorwächst, dient allein dazu, den Wurzelbereich am Leben zu erhalten. So gesehen sind Stamm, Äste und Blätter lediglich als Verdauungs- und Fortpflanzungsapparat zu verstehen, während der eigentliche Baum ein Bewohner der Unterwelt und für uns unsichtbar ist. Dort scheint es, Untersuchungen zufolge, sogar gehirnähnliche Strukturen zu geben, was Peter Wohlleben zu der Bemerkung veranlasst hat: Wenn wir einen Baum mit einem Menschen vergleichen, müssen wir ihn, den Menschen, auf den Kopf stellen, denn seine Kommandozentrale befindet sich unter unseren Füßen, und die Zerstörung seiner Wurzeln würde für den Baum in etwa das Gleiche bedeuten wie der Gehirntod für uns Menschen.

Davon abgesehen allerdings kommen Bäume auch dann auf eine enorme Lebenszeit, wenn wir Stamm- und Stockaustriebe nicht gelten lassen wollen und nur jenes Gebilde ins Auge fassen, das aus dem Keimling hervorgegangen ist. Ausnahmen machen in diesem Punkt die Birken, die es in unseren Breiten meines Wissens auf höchstens 120 Jahre bringen. Auch Buchen wären mit 200 Jahren schon sehr alt. Eichen hingegen sind tatsächlich so langlebig, wie es ihnen nachgesagt wird, und der absolute Veteran unter den deutschen Stieleichen steht in dem Städtchen Erle im nördlichen Münsterland.

Die 1500 Jahre, die ihr nachgesagt werden, dürften zwar übertrieben sein, aber auch seriöse Schätzungen billigen dieser Eiche ein extrem hohes Alter zu, sie schwanken zwischen 800 und 1400 Jahren. Was die Zahl ihrer Lebensjahre angeht, reicht jedenfalls, so weit bekannt, keine andere Eiche in Deutschland an sie heran, und unter Historikern gilt sie als das älteste Exemplar einer Feme-Eiche in Mitteleuropa. Das heißt: Unter diesem Baum wurde wohl spätestens seit dem 13. Jahrhundert Gericht gehalten, vielleicht schon zu der Zeit, als der Stauferkaiser Friedrich II. über das Heilige Römische Reich herrschte. In voller Pracht steht natürlich auch diese Eiche so wenig wie der erwähnte Methusalem unter den Bäumen, die schwedische Fichte – ganze 11 Meter misst die Erler Eiche heute noch, und auch ihr Stamm ist mittlerweile hohl. (Was die Altersbestimmung von Bäumen angeht, machen es einem alte Tanzlinden am einfachsten, weil sie nicht selten in historischen Dokumenten erwähnt werden.)

Die Bäume, mit denen ich es in meinem Job zu tun bekomme, sind in der Regel weitaus jünger. Wirklich alte Bäume kommen schon wegen der Bombardierungen während des Zweiten Weltkriegs im städtischen Raum kaum noch vor. Umso mehr freue ich mich, dann doch einmal in einem Baum zu klettern, der seine 200, 300 Jahre auf dem Buckel hat.

Auf besagtem Gehöft in Norddeutschland bin ich dazu gekommen. Dort wuchs gleich neben der Scheune eine Eiche, deren Stammdurchmesser schon das meiste übertraf, was ich bis dahin gesehen hatte, und als ich unter ihr stand, kam ich mir klein vor. Vermutlich war sie zur Entstehungszeit dieses Gehöfts am Anfang des 17. Jahrhunderts gepflanzt worden und befand sich jetzt in ihren besten Jahren.

Man weiß ja, dass es im norddeutschen Bereich lange Zeit Brauch war, bei Hofgründungen eine Eiche zu pflanzen; nicht nur wegen der guten Geister, die bekanntlich in Eichen wohnen, sondern auch aus einem pragmatischen Grund: Die Eiche war in der Antike nicht von ungefähr der Baum des Blitze schleudernden Zeus. Sie wird höher als die meisten anderen Bäume und eignet sich daher vorzüglich zum Blitzableiter. Die Gründer dieses Gehöfts werden in dieser Eiche eine natürliche Hausrats- und Lebensversicherung gesehen haben, und auch in dieser Funktion erweist sich noch einmal ihre Beziehung zu den himmlischen Mächten.

Bäume sind also nicht nur die größten Landlebewesen, sie sind auch mit Abstand die langlebigsten. Sie stehen buchstäblich über dem Theater, das eine Generation unserer Spezies nach der anderen zu ihren Füßen veranstaltet. Man kann diese Tatsache einfach nur zur Kenntnis nehmen und zum Tagesgeschäft übergehen. Aber dieses Tagesgeschäft sind in meinem Fall eben Bäume, ich habe sie als Vorbild für Ausgeglichenheit und Gelassenheit täglich vor Augen und lasse mir daher von ihnen gerne meine Vorstellungen von Zeit und Wichtigkeit zurechtrücken.

UND ZUM ABSCHLUSS
EIN SALTO VORWÄRTS

Einmal im Jahr kommen sie zusammen, Baumkletterer aus ganz Deutschland, und nehmen einen Stadtpark in Beschlag. Jedes Mal ist es ein anderer, die Austragungsorte wechseln, aber der Termin ist immer der gleiche, das Wochenende nach dem Himmelfahrtstag, und genauso zuverlässig wird es sich um einen Park handeln, in dem ausgesprochene Prachtexemplare von Bäumen stehen.

Es ist ein Haufen von Individualisten, der sich da trifft. Vom Typus her tanzt jeder aus der Reihe. Viele reisen gern, aber die wenigsten dürften im Sommer einen All-inclusive-Urlaub machen, denen liegen eher Kanufahren oder Gebirgswandern oder Bergsteigen und Zelten. Naturverbundenheit ist der gemeinsame Nenner, und wenn sie sonst noch etwas verbindet, ist es der lockere Ton, die entspannte Art des Umgangs und der eigenwillige Schädel, in dem viel Platz für ausgefallenes Gedankengut ist.

Der Anlass für dieses Treffen ist die Deutsche Baumkletter-Meisterschaft, aber der Wettbewerb steht für viele eher im Hintergrund. Wer zu den Meisterschaften kommt, der will in erster Linie eine schöne Zeit mit Gleichgesinnten verbringen. Man tritt also nicht nur gegeneinander an, man tauscht auch Erfahrungen und Geschichten aus, man schwelgt in dem beflügelnden Gefühl des Zusammenhalts, das sich unter Menschen ähnlicher Mentalität und ähnlicher Lebensauffassung von selbst einstellt, und hat Spaß miteinander. Am besten versteht man die Meisterschaften als Ritual, als Gelegenheit, sich vier Tage lang selbst zu feiern. Aber gekämpft wird natürlich auch, denn schließlich will hier jeder seinen Körper an seine Grenzen bringen – und das Tarzangefühl genießen.

Eigentlich ist die Meisterschaft eine Revue dessen, was wir sowieso das ganze Jahr über treiben, nur in verschärfter Form. Was da verlangt wird, beherrscht im Prinzip jeder: die Schnur mit dem Wurfsäckchen in einen Baum einwerfen – erste Disziplin. Am Seil aufsteigen – zweite Disziplin. Einen Baum abklettern und bestimmte Arbeitsschritte simulieren – dritte Disziplin. Rettung eines Verletzten aus dem Baum – vierte Disziplin. Speed Climbing – fünfte Disziplin, und die hat nun gar nichts mit unserem Arbeitsalltag zu tun, das ist vor allem eine Gaudi, da hängt man zwar am Seil, klettert aber wirklich mit Händen und Füßen am Stamm nach oben, und das möglichst affenartig.

Gut, aber es tritt eben nicht jeder zu einer Meisterschaft an. An diesen Tagen sind die Könner unter sich, jetzt will man es den anderen bei aller Freundschaft doch zeigen, und da sollte man besser über sich hinauswachsen und ein Höchstmaß an Geschmeidigkeit, Geschicklichkeit, Kraft, Geistesgegenwart, Nervenstärke und technischen Fertigkeiten an den Tag legen, um auf Punkte zu kommen.

Was wird von den Schiedsrichtern bewertet? Einmal natürlich die Geschwindigkeit, mit der man die einzelnen Parcours durchläuft. Wie rasch es einem beim Einwerfen gelingt, eine der gekennzeichneten Astgabeln zu treffen, wie schnell man oben und wie bald man wieder am Boden ist, nachdem man sämtliche Stationen im Baum abgeklettert hat. Dann Präzision und Professionalität – bloß keine Verstöße gegen die Regeln, die Sicherheitsvorschriften vor allem! Die Schiedsrichter sind alle erfahrene Kletterer, denen entgeht kein Fauxpas, die können auch zwischen Absicht und Versehen unterscheiden. Bei der letzten Meisterschaft hatte ich mich an einer Stelle so unglücklich im Baum positioniert, dass ich die Handsäge nicht mehr in den Köcher zurückbekam und mir nicht anders zu helfen wusste, als sie für einen kurzen Moment zwischen die Zähne zu nehmen, bis ich mich umgedreht hatte und die Säge wegstecken konnte. Die Einzigen, die sich von meiner Piratennummer nicht beeindruckt zeigten, waren die Schiedsrichter, aber klar – im Wettkampf ist das Sägeblatt abgeklebt, im Normalfall aber hätte ich mir bei dieser Aktion die Lippen aufgeschnitten. Also Punktabzug. Durch einen katzenartigen Sprung im Baum mit sicherer Landung hätten sich dieselben Schiedsrichter andererseits sehr wohl beeindrucken lassen. Auch Courage zählt.

Auf jeden Fall geht es im Wettkampf heiß her. Du stehst unter Zeitdruck, du stehst unter Strom, vorübergehend ist nicht mit dir zu spaßen, doch nicht alles ist Können, manches ist auch Glück, und bekanntlich ist das vor allem beim Einwerfen so. Der Veranstalter hat für diese Disziplin zwei große Bäume mit kräftigen Stämmlingen ausgesucht und an jedem vier Astgabeln markiert. Die unterste Gabel bringt 3 Punkte, die höchste 9, und jetzt hat jeder Teilnehmer maximal sechs Minuten Zeit, mindestens ein Seil im Baum zu installieren, besser zwei – nur die Schnur einwerfen reicht nicht. (Mancher hat, wie erinnerlich, für eine einzige Schnur schon mal 30 Minuten gebraucht …)

Moritz gehört meiner Gruppe an. Er geht vor mir in den Parcours. Der Rest feuert ihn an, das ist so üblich, wir stehen um ihn herum und schreien, während Moritz die erste 9-Punkte-Gabel anpeilt. Die Zeit läuft. Er verfehlt sie, trifft stattdessen die 7-Punkte-Gabel eine Etage tiefer, könnte jetzt das Seil einziehen, lässt die Schnur aber hängen und macht sich sofort an den zweiten Stämmling heran – wenn er dort mehr Glück hat und das Einwerfen ruck, zuck hinter sich bringt, kann er's anschließend am ersten Stämmling noch einmal versuchen. Und diesmal trifft er die 9-Punkte-Gabel, aber nicht gut, die Schnur bleibt weiter oben hängen, an einem dünnen Ast, jetzt muss er sie hin- und herziehen und -zerren und -zurren, bis sie endlich doch in der gewünschten Gabel landet, verliert dadurch Zeit, zieht das Seil dann ein, kehrt zur 7er-Gabel zurück und bringt, gerade noch rechtzeitig, auch dort das Seil in der Gabel unter. Damit steht Moritz beim Einwerfen auf Platz eins, und seine Freude ist groß.

Jetzt gehe ich rein. Moritz kommt mir entgegen, guckt mir in die Augen und sagt:»Nee, Alter, komm … Gönn mir das.« Von mir keine Reaktion. Am ersten Stämmling treffe ich ebenfalls die 7er-Gabel, am zweiten ebenfalls die 9er-Gabel, mache also das Gleiche wie er, nur schneller, und verdränge ihn von Platz eins. Moritz ist so sauer, wie Kumpel nur sauer aufeinander sein können. Später kommt ein Australier, trifft beide 9-Punkte-Gabeln und wird mit diesem Coup Erster. Zweiter ich. Dritter Moritz. Aber Einwerfen ist immer ein Krimi. Die nervenaufreibendste Disziplin, weil der Baum mitspielen muss. Wenn er nicht will, dann will er nicht.

Als Nächstes Aufsteigen. Jetzt geht es darum, in möglichst kurzer Zeit eine bestimmte Höhe zu erreichen. Früher war Footlocking die angesagte Aufstiegsmethode, ein Verfahren aus der Pionierzeit des Baumkletterns und etwas umständlich: Ich greife das Seil mit den Füßen, indem ich meinen rechten Fuß links vom Seil anlege, den linken Fuß rechts vom Seil, mit dem rechten Fuß das Seil von links nach rechts ziehe und hochhebe und den linken Fuß drin einklemme – daher der deutsche Name Fußklemmtechnik. Auf diese Weise kann ich mich mit den Beinen hochdrücken, während ich meinen Klemmknoten vor mir herschiebe.

Meine Bestzeit bei 15 Metern Aufstiegshöhe liegt knapp über 20 Sekunden; der Weltmeister schafft es in 13 Sekunden. Aber wie gesagt, das ist Old School, so steigt fast niemand mehr auf. Heute gibt es schnellere und sicherere Methoden; sollte nämlich der berühmte Waschbär um die Ecke kommen, brauche ich beim Footlocking für den Abstieg viel zu lange.

Mittlerweile ist es im Wettkampf erlaubt, so aufzusteigen, wie man will. Damit bin ich oben, und jetzt die dritte, die Königsdisziplin: verschiedene Stationen im Baum abklettern und Arbeitsvorgänge wie Totholz entfernen oder Äste einkürzen simulieren.

Hier sollte der Zufall keine Rolle spielen. Von den Schiedsrichtern am Boden mit ihren Stoppuhren keine Sekunde aus den Augen gelassen, installiere ich mein Klettersystem, stoße einen Warnruf aus, schlage die erste Glocke an, und ab jetzt läuft die Zeit. Solche Glocken hängen an allen Stationen im Baum, ihr Ton signalisiert den Schiedsrichtern, dass ich die jeweilige Aufgabe erledigt habe, und jetzt heißt es, mich so schnell, so sicher und so souverän wie möglich durch den Baum bewegen, also über die Äste von Station zu Station rennen, den Warnruf nicht vergessen und dann die Säge ziehen. Worauf die Schiedsrichter besonders achten, ist mein Kräftedreieck aus Kurz- und Langsicherung und dem Halt, den meine Füße finden; dieses Kräftedreieck stelle ich dadurch unter Beweis, dass ich die Säge mit beiden Händen führe, also ohne mich irgendwo festzuhalten. Anschließend Glocke anschlagen, Säge in den Köcher zurückstecken, Kurzsicherung lösen, und ab zur nächsten Station.

Richtig schwierig wird's gegen Ende, wo die Teilnehmer Gelegenheit bekommen, ihre perfekte Beherrschung der Seilklettertechnik zu demonstrieren. Wer es richtig macht, belastet einen Ast ja höchstens mit 30 Prozent seines Körpergewichts, den Rest müsste das Seil abfangen, und jetzt läuft man im unteren Bereich des Baums in Richtung Peripherie, auf einem Ast, von dem am Ende eine Schnur mit einem Gewicht herabhängt. Nach außen hin wird dieser Ast natürlich immer dünner, folglich senkt er sich mit jedem Schritt ein bisschen ab, und wenn die Schnur den Boden berührt, bevor die Glocke ertönt, hat man's vergeigt, dann gibt's für diese Station deutlich weniger Punkte.

Im nächsten Baum erwartet uns der »Verletzte«. Hat er eine Schnittverletzung? Ist er dehydriert? Ist sein Seil zu kurz, sodass er aus eigener Kraft nicht mehr herunterkommt? Alles möglich. Die Situation erfordert auf jeden Fall, dass man sich etwas einfallen lässt. Also mit ihm reden. Sich erkundigen, was er braucht, ob er noch im Baum versorgt werden muss. Und dann aufsteigen. Ihm vielleicht die Wasserflasche reichen oder einen Müsliriegel anbieten. Ihm beruhigend zureden. Verhindern, dass er in Panik gerät – das wäre das Schlimmste. Aber das Komplizierteste ist, ihn aus dem Baum herauszuholen.

Ich baue mein eigenes Klettersystem im Baum ein. Vielleicht sind sogar zwei Systeme nötig, oder eine Umlenkung direkt über ihm, sodass ich mich von oben punktgenau zu ihm hinbewegen kann. Eventuell muss ich für den Verletzten zusätzlich einen Flaschenzug installieren, um ihn anzuheben und in Position zu bringen. Das Übelste aller Rettungsszenarien ist ein Bewusstloser, der mit seinen 120 Kilo wie ein nasser Sack im Seil hängt. Mit dem Flaschenzug kriege ich ihn vom Ast runter, sorge mit einem improvisierten Brustgurt dafür, dass er nicht aus seinem Gurt rutschen, dass er mir auch nicht entgleiten kann, ich stelle eine Verbindung mittels Karabinern her, nehme dann seinen Körper fest zwischen meine Beine und manövriere mich so durchs Geäst mit ihm nach unten. Ein ziemlicher Aufwand, aber für einen Verletzten kann sich ein Baum eben sehr schnell in einen ausgesprochen unwirtlichen Aufenthaltsort verwandeln. Für einen Retter, wie man sieht, auch.

So, dies alles wird durchaus ernst genommen. Man will schon der Beste sein. Das ändert allerdings nichts daran, dass die ganze Meisterschaft ein riesiger Spaß ist. Bisweilen geht es mit einem durch. Ich erinnere mich an einen Belgier, der am Ende keine Lust mehr aufs Reglement hatte und seine letzte Disziplin mit einem Salto vorwärts beendete. Von den Schiedsrichtern gab's dafür Punktabzug, von uns anderen Begeisterungsschreie. Unser Tanz über dem Abgrund hat eben auch hohen Unterhaltungswert, und selbst Übermut wird von den Teilnehmern honoriert.

Man fiebert mit, man freut sich mit, man leidet mit. Man ist ja nicht nur unter Gleichgesinnten, man ist auch unter Ebenbürtigen, das schweißt noch enger zusammen, und der Erfolg des anderen ist fast so schön wie der eigene. Das heißt: Man wünscht dem anderen nicht gerade den Sieg, aber Glück wünscht man ihm doch, und deshalb geht die ganze Veranstaltung unter Anfeuerungsrufen, Johlen und Applaus über die Bühne, oder es herrscht gebanntes Schweigen, wenn einer aus der eigenen Gruppe in den Baum geht.

Denn jeder kämpft zwar für sich, aber die einzelnen Parcours werden in kleinen Gruppen absolviert, und innerhalb dieser Gruppen ist der Zusammenhalt besonders stark. Bei der Meisterschaft in Tübingen 2016 bekam meine Gruppe vom Ausrichter den Buchstaben J zugeteilt – »J wie …« Mir fiel auf die Schnelle nichts anderes ein als »… jeil!« Gut, alles klar. Und dieses »jeil« wurde während des Wettkampfs zum geflügelten Wort. Wir haben uns gegenseitig die Bäume hoch- und runtergeschrien, und immer, wenn es dramatisch wurde, ließ die ganze Gruppe ihr fettes, rheinisches (und meinetwegen auch berlinerisches) »Jeil!« ertönen. Bei der letzten Disziplin – in diesem Fall der Aufstieg – ging Moritz als Erster an den Start, um gleich hinterher für alle Bier zu holen, eigentlich eine nette Idee. Er stieg also auf, schlug die Glocke, ließ sich wieder ab und rannte schon los, Richtung Getränkeverkauf, blieb aber plötzlich stehen und kam zurück. »Nee«, sagte er, »kommt, das hier ziehen wir noch gemeinsam durch.« Und alle blieben wir bis zum Schluss. Unser Geheul verebbte erst, als der Letzte aus unserer Gruppe fertig war.

So viel Begeisterung kommt auch bei den Schiedsrichtern gut an. Als in Tübingen abends die Sieger in den Einzeldisziplinen bekannt gegeben wurden, fiel für uns zum Schluss eine Extrawürdigung ab. »In Sachen Teamgeist«, verkündete der Sprecher, »hat sich eine Gruppe massiv hervorgetan. Jeder weiß wahrscheinlich, von wem ich rede. Also, kommt doch mal nach vorne, alle, die zur Gruppe J gehört haben … ja, genau: J wie jeil.«

Und so sollte es sein. So wünsche ich mir den Geist einer Deutschen Meisterschaft, weil ich auf Zusammenhalt auch im Arbeitsalltag größten Wert lege. Der Teamgeist macht für mich den Reiz und die Schönheit unseres Jobs ganz wesentlich aus. Normalerweise spricht man nicht groß drüber; umso mehr genieße ich es, auf den Meisterschaften regelrechte Vulkanausbrüche von Teamgeist zu erleben. Mir ist es jedenfalls genauso viel wert wie ein Sieg, dieses Miteinander-Fiebern und Sich-gegenseitig-Anfeuern, dieses Zusammenhalten, dieses Gemeinschaftsgefühl.

Schier unüberbietbar aber ist das Vergnügen, an Meisterschaften im europäischen Ausland teilzunehmen. An Veranstaltungen, wo zusätzlich ein Geist der kulturellen Grenzenlosigkeit herrscht, wo auch die Anreise schon zu kurzen, abenteuerlichen Eskapaden genutzt werden kann. Bei den niederländischen Meisterschaften im letzten Jahr war ich zwar bis in die Endausscheidung vorgestoßen, hatte dann aber beim Einwerfen versagt, war Vierter und damit Letzter geworden und wollte es jetzt wissen: Die spanische Meisterschaft stand vor der Tür, und ich meldete mich kurzentschlossen an.

Der Austragungsort lag in der Nähe von Barcelona. Mittags, nachdem ich eine Baumkontrolle auf dem Gelände einer Kita hinter mich gebracht hatte, setzte ich mich ans Steuer, fuhr nach Süden, legte bei Lyon den ersten Stopp ein, verjagte in der Nacht Typen, die sich an meinem Wagen zu schaffen machten, setzte meine Reise am nächsten Morgen fort, erreichte nachmittags das Küstenstädtchen Leucate am Mittelmeer und dachte: Einen Versuch ist es wert – leichter Wind, also ab zum Strand, den Drachen klargemacht und raus aufs Wasser. Nein, der Wind reichte nicht. Aber dann, wie auf Knopfdruck, frischte er auf und blies mit satten 25 Knoten in meinen Schirm. Nach einer Stunde fand ich es klüger, meine Kräfte zu schonen, brutzelte mir was, teilte Abendessen und Wein mit dem Franzosen, der mit mir zusammen im Wasser gewesen war, und erreichte den Austragungsort anderntags pünktlich zur Mittagszeit.

Überschwängliche Begrüßung der spanischen Freunde, die ich von den deutschen Meisterschaften her kannte. Dann Begutachtung des Veranstaltungsorts und Materialcheck – wie bei uns müssen auch in Spanien alle Gerätschaften den Sicherheitsvorschriften entsprechen. Anschließend kleine Fiesta aus Gründen der Wiedersehensfreude und am nächsten Morgen Wettkampf. Es wurde ein langer Tag. Herausragend die französischen Teilnehmer, weniger herausragend ich – Unkonzentriertheiten schlichen sich ein, die lange Anreise machte sich bemerkbar, doch immerhin Platz 5 im Speedclimbing und bei der Rettung, wo die Kommunikation mit dem »Verletzten« meinerseits vom Englischen übers Spanische ins Deutsche wechselte – der Chefschiedsrichter übersetzte alles. Und abends dann wieder gefeiert – die Aufregungen und Höhepunkte eines herrlichen Wettkampftags, das traumhafte Wetter, nicht zuletzt die alten und vor allem die neuen Freundschaften. Meinen spanischen Kumpeln bei der Endausscheidung zuzuschauen brachte ich nicht mehr übers Herz, zu groß die Spannung, zu stark die Emotionen, also machte ich mich auf den Heimweg und war zwei Tage später wieder im normalen Einsatz …

Also, natürlich will man zeigen, was man kann. Aber jede schöne Begegnung, jede Erfahrung der Verbundenheit ist mir wichtiger als der Erfolg.

ZYPRESSEN GEHÖREN NICHT
IN DIE WÜSTE

Es wird niemanden überraschen, dass ich mich als Baumlobbyist verstehe. Als Anwalt und Verteidiger der Bäume. Aber wir leben in einer Zeit, die es mit der Natur ganz generell nicht gut meint. Wohin wir auch schauen, überall zeigt sich dasselbe Bild: Der Mensch nutzt die Macht, die er über die Natur gewonnen hat, gewissenlos aus. Ohne die Folgen absehen zu können oder auch nur zu bedenken, greift er tief in die Ökosysteme dieser Erde ein, nur um hinterher mit betretener Miene die Verluste zu registrieren. Aus bestimmten Bereichen des Great Barrier Reefs an der Nordostküste Australiens beispielsweise wurde der Hai weitgehend verdrängt. Seither nehmen dort die Kraken überhand, die ein Massaker unter den dortigen Muschelvorkommen anrichten, was wiederum dazu führt, dass das Meerwasser nicht mehr ordentlich gefiltert wird, und letztlich zur Folge hat, dass das ganze Ökosystem des Reefs zusammenbricht.

Kleine Ursache, große Wirkung – diesen Satz sollte man sich in der Ökologie als Faustregel grundsätzlich zu eigen machen. Wir müssen nun einmal davon ausgehen, dass jedes Lebewesen innerhalb des Ökosystems seine spezielle Funktion hat und der Untergang einer Gattung unabsehbare Folgen hätte. Das wäre ein guter Grund, sich als Mensch etwas zurückzunehmen und nicht ganz so selbstherrlich aufzutreten. Am Ende geht es auch immer um uns, denn die Natur wird jede Rechnung an uns weiterreichen, und die Forderungen summieren sich. Ob wir tatsächlich rechtzeitig zur Vernunft kommen, erscheint mir allerdings fraglich, solange wir unser Verhältnis zur Natur als Machtkampf begreifen und der Zivilisation den absoluten Vorrang einräumen, solange wir uns gegenüber allem Lebendigen, das uns nicht vollständig gleicht, von vornherein im Recht fühlen. Der Mensch wäre die Krone der Schöpfung? Wenn der Baum ein bisschen eitler wäre, könnte er hergehen und sich mit gutem Grund selbst zur Krone der Schöpfung erklären, denn ohne den Baum wären die Tage der Menschheit gezählt.

Deshalb stehe ich auf dem Standpunkt: Lasst uns doch einfach so tun, als wäre alles wichtig, was hier auf Erden kreucht und fleucht und wächst. Dass dem Baum dabei eine ganz eminente Bedeutung zukommt, steht außer Frage. Nicht nur, dass er uns mit Sauerstoff versorgt, nicht nur, dass er uns den Dreck aus der Luft filtert und Schatten spendet, er bietet auch seinerseits vielen anderen Lebewesen einen Lebensraum. Jedes Nest zählt, wenn wir das Artensterben eindämmen wollen, und ein Nistplatz in der Stadt ist Gold wert. Amsel und Taube werden so bald nicht aussterben, aber bestimmte Tierarten sind auf bestimmte Baumarten angewiesen, und einige Vogelarten haben sich auf den städtischen Bereich spezialisiert. Vor allem alte, absterbende Bäume erfüllen in dieser Hinsicht zahlreiche Funktionen – denken wir nur an den Specht, der dort in seiner Höhle wohnt, denken wir nur an das ganze Kleinvieh, das uns gewöhnlich nicht weiter interessiert, für den Specht aber wertvoll ist, denn Käfer sind sein Futter; und wenn Pilze einen toten Baum finden, den sie befallen können, greifen sie keinen gesunden an.

Darüber hinaus ist jeder Baum in einem Stadtgebiet für mich ein Botschafter der Natur. Das liegt an seiner Sichtbarkeit. Angesichts seiner Größe wird er eher wahrgenommen als ein schön angelegtes Blumenbeet. Jeder Baum am Straßenrand, in einem Park, in einem Garten erinnert uns daran, dass wir uns eigentlich auf seinem Terrain befinden, und gibt uns durch seine souveräne Großartigkeit zu verstehen, dass wir auf ihn angewiesen sind, nicht er auf uns. Der Baum kommentiert damit auf geradezu ironische Weise den menschlichen Irrsinn, sich auf eine

Feindschaft zwischen Kultur und Natur festzulegen, als wäre der Kampf zwischen beiden unumgänglich und der Gegensatz zwangsläufig.

Ich will mit diesen Anmerkungen keiner Romantisierung des Baums das Wort reden. Überhaupt keinen Baum mehr zu fällen wäre auch keine Lösung – unsere Bedürfnisse sind nun mal andere als die kleiner Völker, die im Regenwald leben. Aber wir wären gut beraten, eine Versöhnung zwischen Zivilisation und Natur anzustreben, als Stadtmenschen also zum Beispiel Bäume überhaupt erst einmal wahrzunehmen, einen Blick für ihre Großartigkeit zu entwickeln, ein Bewusstsein für ihre Bedeutung, ihre lebenswichtigen Funktionen, und ihnen aus diesen Gründen Verständnis und Respekt entgegenzubringen, sie womöglich ins Herz zu schließen. Sollte jemand noch weiter gehen und einen Baum im eigenen Garten pflanzen wollen, will ich ihm gerne mit ein paar Tipps behilflich sein. Eine ausführliche Anleitung zum Bäumepflanzen ist hier nicht zu erwarten, wohl aber ein Überblick über die wichtigsten Faktoren, die man berücksichtigen sollte.

Zunächst einmal ist es unumgänglich, die richtige Baumart für den jeweiligen Standort auszuwählen. Ich kann, um es drastisch auszudrücken, keine Sumpfzypresse in die Wüste pflanzen, oder anders gesagt: Beim Standort muss ich die Lichtverhältnisse, die Bodenbeschaffenheit und die Nachbarschaft berücksichtigen.

Um mit den Lichtverhältnissen zu beginnen: Eine Häuserschlucht weist grundsätzlich Standortbedingungen auf, die durch vertikalen Lichteinfall bestimmt sind, es sei denn, die Straße verläuft von Ost nach West. Ich werde also bei hoher Bebauung in den meisten Fällen längere Schattenphasen einkalkulieren und dementsprechend eine Baumart aussuchen müssen, die mit den gegebenen Lichtbedingungen gut klarkommt. Eine Eibe gehört nicht ganztägig in die pralle Sonne, eine Eiche oder Birke – beides Lichtbaumarten – genauso wenig auf Dauer in den Schatten.

Wenn ich gründlich sein will, müsste ich außerdem eine Bodenanalyse durchführen – wie hoch ist der pH-Wert, der Nährstoffgehalt des Bodens? Welche Bodenart liegt überhaupt vor, ist es ein lehmiger oder ein sandiger Boden, und in welcher Tiefe beginnt der Fels? Bei uns in Wuppertal haben wir an einigen Stellen massiven Fels in einem halben Meter Tiefe, da sollte ich lieber ganz vom Bäumepflanzen absehen, es sei denn, ich hätte einen Sprengmeister bei der Hand. Handelt es sich hingegen um poröse Erdschichten, kann ich ein großzügiges Pflanzloch ausheben, das nicht nur den Wurzelballen vollständig aufnimmt, sondern auch Substrat einzufüllen erlaubt, als bodenverbessernde Maßnahme, die es genau dieser Baumart erleichtert, dort Wurzeln zu schlagen.

Dadurch hätte ich allerdings nur die Anwachsbedingungen verbessert. Irgendwann aber wird sich das Wurzelwerk in den natürlich gewachsenen Boden ausbreiten und womöglich durch lehmige Schichten kämpfen müssen – Bäume, die luftige Böden lieben, hätten dann ein Problem, weil ihre Wurzeln früher oder später aufgeben und verkümmern werden. Möglich, dass sich der falsche Boden erst in zehn oder 20 Jahren auf die Vitalität des ganzen Baums auswirkt, aber dann ist es zu spät, für den Baum wie für den Menschen, der seine Freude an ihm haben wollte.

Und dann die Umgebung, die Nachbarschaft. Es gibt Baumarten, die traditionell als Gebäudeschutz genutzt werden, um Regen und kalte Winde von einem Haus abzuhalten, um direkte Sonneneinstrahlung zu verhindern – solche Bäume haben eine Dämmfunktion und wirken gleichzeitig als natürliche Klimaanlagen. Ich darf aber nicht nur die Funktionen eines Baums, ich muss auch seine Bedürfnisse einkalkulieren, und wenn ich eine Stieleiche zwei Meter von einer Hauswand entfernt pflanze, sollte ich mich nicht wundern, wenn sie mir eines Tages durch die Fenster wächst. Es bedarf dann eines gewissen Aufwands, die Fassade freizuhalten. Aber auch die Nähe zu einem Nachbargrundstück kann auf lange Sicht Anlass zu Streitigkeiten geben. Ich kann jeden verstehen, der in seinem Garten eine Esche pflanzt, damit seine Enkel noch an ihn denken. Wenn allerdings der Nachbar mit einem Riesenbaum an seiner Grundstücksgrenze nicht einverstanden ist – und zwar der Nachbar in 50, 60 Jahren –, dann werden die Enkel beim Gedanken an ihren Großvater wohl eher die Augen verdrehen.

Aber das sind schon die wesentlichen Faktoren. Wer Lichtverhältnisse, Bodenbeschaffenheit und Umgebung in Betracht zieht, dürfte keine Enttäuschung erleben. Bäume werden von Privatleuten ja in aller Regel aus ästhetischen Gründen gepflanzt, und die ästhetische Genugtuung wird sich spätestens in der zweiten Generation garantiert einstellen. Eine weitere interessante Frage wäre allerdings, ob es zwischen Bäumen, die sehr dicht beieinanderstehen, zu Unverträglichkeiten kommen kann, ob sie sich womöglich gegenseitig das Leben schwer machen könnten – auch dies ein Aspekt, der bei einer Pflanzung in Betracht zu ziehen wäre.

Peter Wohlleben führt dazu das Beispiel zweier Buchen an, die im Wald eng beieinander wachsen. Beiden ist es gelungen, trotz des Konkurrenzdrucks in die Höhe zu schießen, mittlerweile haben sie es auf über hundert Jahre gebracht, und nun sind zwei unterschiedliche Szenarien möglich. Im ersten wirken die beiden von weitem wie ein einziger Baum. Ihre Kronen gehen fließend ineinander über, und erst, wenn man zwischen ihren Stämmen stehend nach oben blickt, lässt sich erkennen, dass jeder dem anderen seinen Spielraum lässt, vergleichbar einem alten Ehepaar, das gelernt hat, die Sonderbarkeiten des jeweils anderen kommentarlos zu ertragen. Sie gönnen einander den vorhandenen Platz, kommen dem anderen nicht in die Quere und versuchen, gemeinsam zu überleben. Vielleicht findet über die Wurzeln zwischen beiden sogar ein reger Austausch statt.

Und dann wieder stößt man auf die gleiche Konstellation, doch diesmal scheint weder der eine noch der andere Baum etwas von dem Motto »leben und leben lassen« zu halten. Offenbar fühlen sie sich voneinander belästigt, jedenfalls schießt der eine seine Äste in die Krone des anderen ab, bohrt sie regelrecht hinein und legt sich mit den Ästen des Nachbarbaums an. Dadurch entstehen an den Reibungsflächen Verletzungen, und einzelne Astpartien sterben ab. Jetzt davon zu sprechen, dass diese beiden wie ein altes, unverbesserliches Ehepaar miteinander streiten, hört sich vielleicht etwas weit hergeholt an, aber wenn man die zeitliche Wahrnehmung von Bäumen bedenkt, könnte hier tatsächlich so etwas wie ein Schlagabtausch vorliegen. Für einen Menschen wäre es allerdings eine Lebensaufgabe, einem solchen Schlagabtausch beizuwohnen. Wer diesen Giganten beim Kämpfen zuschauen wollte, müsste jedenfalls mehr als eine Tüte Chips einstecken, denn sollte ein Baum seinem Nachbarn nicht wohlgesonnen sein, würde er sich für seinen Schlag fünfzehn Jahre Zeit nehmen, und dann müsste man sich auf fünf weitere Jahre einstellen, bevor der andere Wirkung zeigt …

So weit die Beobachtungen von Peter Wohlleben. Was meine eigenen Erfahrungen angeht, kann ich sie nur bestätigen: Manchmal klappt's mit der Nachbarschaft, manchmal nicht. Das scheint gar nichts mit der Baumart zu tun zu haben, es müssen sich hier andere Faktoren auswirken. Vielleicht herrscht in der Welt der Bäume tatsächlich so etwas wie Sympathie und Abneigung. Es gibt ja seit alter Zeit Beobachtungen, die auf solcherlei Regungen schließen lassen könnten. So lautet zum Beispiel eine alte Volksweisheit: Die Linde ist die Amme der Eiche. Dem liegt die Erfahrung zu Grunde, dass im Schatten einer uralten Linde oftmals eine junge Eiche heranwächst. Eichen benötigen in der ersten Wachstumsphase Schatten, und diese Linde mit ihren 300, 400 Jahren, schon im Begriff, abzusterben, spendet der kleinen Eiche eben diesen Schatten. So scheinen sich Bäume tatsächlich gegenseitig zu unterstützen, auch wenn sie nicht derselben Art angehören. Und umgekehrt mitunter ungeachtet aller Verwandtschaft unausstehlich zu finden.

DO IT YOURSELF

Ich glaube, dass wir im Verhältnis zur Natur neue Wege einschlagen müssen – und mit »wir« meine ich einen großen Teil der Menschheit. Aber damit es dazu kommt, muss ich selbst neue Wege einschlagen. Wer darauf wartet, dass sich die Menschheit ändert, meint es mit einer ernsten Sache nicht ernst.

Neue Wege kosten Überwindung. Alte Wege sind bequemer. Sie erscheinen auch sicherer, und vor allem: Man ist dort nicht allein.

Was kann einen dazu bringen, trotzdem neue Wege einzuschlagen? Sicher keine Appelle an das schlechte Gewissen. Sicher keine Standpauke zum Thema ökologische Verantwortung. Aber wir besitzen doch die Fähigkeit, zu staunen. Wir sind doch jederzeit bereit, uns faszinieren zu lassen. Beides, Staunen und Faszination, mobilisiert unsere Neugier, und hat uns die Neugier erst gepackt, tun sich neue Wege wie von selbst auf. Es bedarf eigentlich nur einer Initialzündung, der alten Wege überdrüssig zu werden, und Faszination ist der Auslöser jeder freiwilligen Veränderung. Sie ist ein glückerfüllter Schockzustand, in dem wir die Energien für eine Richtungsänderung sammeln. Die neuen Wege bieten sich dann nicht nur an, sie drängen sich auf.

Ich hoffe, es ist mir gelungen zu zeigen, dass die Begegnung mit Bäumen eben diese Faszination auslösen kann. Selbstverständlich kann jede andere Beschäftigung mit der Natur ebenfalls Staunen auslösen, es gibt in der Natur ja gar nichts, was uns als ein Geschöpf unter Milliarden anderen kaltlassen könnte, aber Bäume machen einem das Staunen wahrscheinlich leichter als unscheinbarere Lebewesen. Was mich angeht, ist diese Faszination jedenfalls nicht folgenlos geblieben. Darauf warten, dass sich die Menschheit ändert, war in der zweiten Hälfte meines Lebens keine Option mehr.

Die Rückkehr in die Komfortzone der Zivilisation aber auch nicht. Irgendwann hatte ich es zwar satt, mit aller Welt auf Kriegsfuß zu stehen, aber eine reumütige Rückkehr in den Schoß der Gesellschaft sollte es nicht geben. So kam, mit tatkräftiger Unterstützung von Nietzsches Zarathustra, bei mir nach »Leck mich am Arsch« als Nächstes »Bleib dir treu und mach das Beste draus«. Gib deinen anarchistischen Energien eine positive Richtung. Mach so viel wie möglich selbst, aus eigener Initiative und aus eigener Kraft. Und außerdem: Schüttele die Fesseln öffentlicher Institutionen, gesellschaftlicher Konventionen und diesen ganzen bürokratischen Betreuungs- und Versorgungsapparat ab. Lass dich nicht von wohlmeinenden Staatsdienern bevormunden. Mach dein eigenes Ding. Also raus aus der Scheinselbstständigkeit des Totalverweigerers, rein in die wahre Unabhängigkeit des Kämpfers, des Kriegers.

Denn so würde ich mich heute bezeichnen. Als einen Krieger, der den Krieg verabscheut. Doch auch im Frieden kann es nicht schaden, kriegerisch zu sein – immer dann nämlich, wenn es darum geht, sein Leben zu gestalten. Also nicht nur über die Runden zu kommen, sondern es so zu gestalten, dass man es schön findet. Das Kriegerische besteht dann darin, die eigenen Energien auf ein Ziel zu richten, ohne bei der Verfolgung dieses Ziels jemand anderen überwinden zu wollen als sich selbst. Das Hauptthema des Kriegers ist seine Persönlichkeit, sein Leben; er stürzt sich in sein inneres Getümmel, und seine Gegner sind die eigene Niedergeschlagenheit, die eigene Feigheit, die eigene Angst. Sein letztes Ziel besteht darin, mit sich selbst ins Reine zu kommen. Klarheit zu schaffen und herauszufinden, wann es sich lohnt, seine Energie nach außen zu lenken, und wann es sinnvoller ist, seine Kraft zur Selbstüberwindung einzusetzen.

Und jetzt kommen die Bäume ins Spiel, die ständige Nähe zur Natur, als Gegenmacht und Gegengewicht zu einer Zivilisation, in der es kaum noch möglich ist, ein eigenes Leben nach eigenen Vorstellungen zu führen. Wir richten dir schon alles so ein, wie du es gerne hättest – suggeriert mir diese Zivilisation, aber gefragt worden bin ich nicht. Wir schleifen dir alle Ecken und Kanten weg, damit du geschmeidiger durchs Leben kommst – säuselt sie, aber darum gebeten habe ich nicht. Doch wenn es gefährlich wird – und es wird immer gefährlich –, heißt es: Zieh den Kopf ein! Bring dich sofort in Sicherheit, wenn dir dein Leben lieb ist … Und mit einem Mal merken wir, dass wir uns die ganze Zeit in einer falschen Sicherheit gewiegt haben, dass man uns einlullen wollte, dass wir kampfunfähig gemacht werden sollten. Doch jetzt ist es zu spät. Wir haben unsere Selbstständigkeit verkauft.

Die Natur hingegen verspricht nichts. Die Bäume kümmern sich gar nicht um mich. Ich bin ihnen herzlich egal. Wir spielen mit offenen Karten. Ja, es ist nicht ungefährlich, mit einem kleinen Brett in eine große Welle zu geraten. Ja, es kann ins Auge gehen, im Baum zu springen oder von Wipfel zu Wipfel zu wechseln. Wer dann Angst hat, hat recht. Aber er weiß jetzt, wovor er Angst hat. Er kennt jetzt seine Grenzen. Er hatte die Möglichkeit, seiner Angst auf den Grund zu gehen, und nun sitzt sie ihm nicht mehr als diffuse Ängstlichkeit im Nacken, nun ist sie zum realistischen Gefahrenbewusstsein geworden, und plötzlich kommt einem die Welt schon sehr viel weniger bedrohlich vor.

Besser also, man gewöhnt sich frühzeitig daran, den Chor der wohlmeinenden Warner zu ignorieren und sich bedrohlichen Situationen zu stellen. Denn wenn ich sie gemeistert habe, nehme ich aus dieser Erfahrung ein gestärktes Selbstbewusstsein mit und darf sogar berechtigten Stolz empfinden. Dann falle ich jedenfalls nicht mehr auf meine Angst herein, die mir weismachen will, ich sei überfordert. Dann weiß ich, was ich kann – und was ich nicht kann.

Letztendlich heißt das große Ziel Unabhängigkeit. Ein Leben, das so weit wie möglich auf freien Entscheidungen beruht. Es ist der Versuch, sich das elementare Freiheitsgefühl, wie man es in der Natur empfindet, in der Zivilisation zu bewahren. Wer für die Ausstrahlung von Bäumen empfänglich ist, wird in ihnen dieses Ideal der Unabhängigkeit verkörpert sehen. Ich zähle mich deshalb zu jener wachsenden Gruppe von Menschen, die Do-it-yourself für eine brauchbare Lebensphilosophie halten: etwas mit möglichst wenig Geld aus eigener Kraft auf die Beine stellen. Ich bin ein Freund davon, mir etwas zeigen zu lassen und dann drauflos zu probieren. Ich versuche grundsätzlich, autark und nach eigenen Regeln zu leben, so wie ich es als Straßenpunk auf Bauwagenplätzen und in Hüttendörfern kennengelernt habe, wo sich alternative Lebensformen außerhalb der kapitalistischen Strukturen etabliert hatten. Und mir sind Leute ungeheuer sympathisch, die sich von ihrem Ersparten einen alten VW-Bus kaufen, eine Matratze reinschmeißen, einen Gaskocher reinstellen, irgendwo ein Surfbrett erstehen und losfahren und es drauf ankommen lassen, wo sie landen.

Do it yourself. Nimm es selbst in die Hand. Hab deinen eigenen Kopf. Und übernimm die Verantwortung. Es ist auch eine Frage von Stolz, sein Lebenskonzept konsequent zu verfolgen, ohne dabei die große Wirkung im Auge zu haben. Wird sich viel dadurch ändern, dass ich seit einiger Zeit vegan lebe? Vermutlich nicht. Aber vom Standpunkt der größtmöglichen geistigen Unabhängigkeit aus ist diese Frage zweitrangig. Ich will es, ich tue es. Und ich will es, weil ich Farbe bekennen möchte. Ich will es aber auch deswegen, weil ich meinen ökologischen Fußabdruck so klein wie möglich halten möchte. Für meine Versorgung sollen Tiere jedenfalls nicht sterben müssen, mein Geld werden die Fleisch- und Milchkonzerne nicht bekommen, ich falle als Konsument für sie aus. Wenn man das Schlechte lässt, ist schon viel Gutes getan.

Und schließlich … Wenn es die Faszination ist, die uns dazu bringt, neue Wege zu beschreiten, dann müssen wir uns von der Natur erst einmal ansprechen lassen. Wir müssen aufhören, sie als schmückendes oder störendes Beiwerk zu betrachten, und anfangen, sie an uns heranzulassen, sie mit wachen Sinnen in uns aufzunehmen.

Es liegt nämlich an uns, von welcher Seite wir eine Sache betrachten. Unsere Angst wird uns von allen Dingen die hässliche Seite zeigen. Unsere Neugier, unsere Lebenslust wird uns von allen Dingen die schöne, oder wenigstens die interessante Seite zeigen. Auch die Natur ist so gesehen eine Frage meines Standpunkts. Hitze, Kälte, Sturm und Regen wird man vorsichtshalber meiden, wenn man sich gegen ihre Schönheit verschließt. Wenn man sich ihnen aber aus Neugier oder Abenteuerlust aussetzt, wird man sie als bereichernde Erfahrung genießen können. Es liegt also ganz an uns. Wir bestimmen die Grenzen unseres Erfahrungshungers, wir entscheiden, wann der Punkt gekommen ist, mit Abwehr zu reagieren und einen Rückzieher zu machen. Schon bei Nieselregen? Oder regt sich mit einem Mal doch der Wunsch, herauszufinden, wie sich ein Sommerregen, wie sich ein eisiger Wintermorgen anfühlt?

Für mich ist es jedenfalls zur Lebensaufgabe geworden, alles mit wachem Bewusstsein zu tun. Alles, was auf mich zukommt, auf mich einwirken zu lassen. Ich lege es darauf an, ein immer engeres Verhältnis zu allen Erscheinungsformen der Natur zu entwickeln. Wäre das ein gangbarer neuer Weg? Vielleicht sieht man ihn erst, wenn man mehr als die ersten Schritte auf ihm gegangen ist.

DANK

Speziellen Dank in Sachen Buchentstehung als auch besonderen Dank im Bereich der Baumpflege möchte ich hier an folgende Menschen richten:

an meine geliebte Frau Tamina für all deine Unterstützung und Liebe; an meinen Compañero Mo, dass du mir den Rücken frei gehalten und damals als Erster gekündigt hast; an Pierre für alle Gespräche und Erkenntnisse; an Caroline für den Anstoß; an einen Globetrotter, der mich noch mal auf den Horizont verwiesen hat; an Jule für den Nietzsche-Tipp; an Zeljko für den verhängnisvollen Anruf; an Peter und Tim für die lehrreichen gemeinsamen Baustellen; an Jan für deine Freundschaft; an Gruppe J für all den Spaß und besonders dem Sucker und Basti für Zusammenhalt und Freundschaft.

TOOOOOOOOOO THE TREEEEEEEEEES – AAAAAAA-HUUUUUU!!!